高等院校旅游学科21世纪规划教材

旅游心理学
原理与应用 （第二版）

徐文燕 编著

上海人民出版社　格致出版社

作者简介

　　徐文燕，管理学博士，南京财经大学旅游管理系教授，江苏省"青蓝工程"中青年学术带头人，主要从事旅游管理（含饭店管理）专业教学和科研工作。发表学术论文 50 余篇，主持教育部人文社科项目等省部级科研项目 6 项、其他科研项目 5 项，主编及参编教材 7 部，出版专著及合著 3 部。

内容提要

　　本书是高等院校旅游学科主干课程通用教材。全书分为3篇，共10章，从旅游心理学基本原理、旅游消费心理和旅游服务心理三个方面，系统阐述了旅游心理学的基本原理及其在旅游实践中的应用。结合国内外最新相关研究成果，以案例分析为导向，注重理论的应用性和方法的可操作性。

上篇　旅游心理学基本原理

第一章

旅游心理学的研究框架

核心提示

    心理学是研究人的行为和心理活动规律的科学,是一门兼有自然科学和社会科学性质的边缘科学或中间科学。旅游心理学是一门应用学科,它以心理学的基础理论为指导,研究旅游活动中的人的心理现象及心理规律。旅游心理学的主要研究方法有观察法、案例法、调查法、测量法、实验法。

    学习要点——1.旅游心理学研究的对象和内容;2.旅游心理学的研究意义和研究方法;3.旅游心理学的理论基础。

    基本概念——旅游心理学、案例法、调查法、测量法、实验法、观察法。

第一节　旅游心理学的研究对象及内容

    旅游活动涉及的人主要包括现实的和潜在的旅游者、旅游业的从业人员以及旅游地的社区居民,这些人在旅游活动中均有各自不同的心理活动,进而表现出不同的行为。在旅游中,旅游体验是旅游者的终极目标,旅游体验就是由一系列心理活动完成的。因此,旅游业从诞生之日起就注定了要与心理学结下不解之缘。

一、旅游心理学的研究对象

旅游行为是旅游者在其一系列心理活动的支配下产生的异地探险、调换环境、改变生活体验和认识世界的行为,是旅游心理的外部表现。旅游心理学就是研究与旅游现象有关的人的心理活动及其规律的学科。旅游心理学一方面研究旅游者的心理活动及其规律,解释人们为什么旅游、影响人们旅游决策的因素是什么,以及依据这些决策的购买行为具有什么规律;另一方面研究为旅游者提供服务的旅游企业的服务心理,探讨提高旅游服务技巧、满足旅游者需求、提供高质量的服务产品的途径。

(一)旅游消费心理及行为

消费者行为是所有营销活动的关键。了解旅游者的消费心理与行为模式有助于旅游产品的开发与销售。旅游者对于旅游产品的购买总是夹杂着感情色彩,其行为无一不受心理因素的影响,旅游者总是按照自己的需要、动机、兴趣、偏好等购买旅游产品并接受相关服务,在这一过程中旅游者会将自己稳定的、独特的、本质的心理特征表现出来。分析和研究旅游者的心理因素如何影响其消费行为虽然困难重重,但是对了解并预测旅游者行为、提供适合的产品与服务却十分必要。

(二)旅游服务心理及行为

旅游产品的独特性表明旅游业所提供的服务产品的价值是旅游者获得的美好体验的源泉,也是旅游者的心理期望。作为旅游业的从业人员,即旅游产品的提供者,一方面要了解旅游者的心理诉求,提升服务品质,另一方面要具备良好的心理素质和心理条件,掌握心理服务的规律和技能。研究旅游服务中的心理现象及规律有助于改进旅游服务措施,推进旅游服务创新。

旅游心理学从旅游企业管理者角度出发,研究旅游消费心理及行为,研究旅游服务心理及行为。旅游心理学是心理学的分支学科,是研究旅游活动中人的心理活动和心理现象产生及发展规律的学科。

二、旅游心理学的研究内容

（一）研究旅游者心理

旅游者是指为了愉悦的目的而前往异地并作短暂停留的人。旅游者的心理活动是旅游者在旅游活动过程中对旅游刺激物的心理反应，是人脑所具有的特殊功能和复杂的活动方式，处于内在的隐蔽状态，不具有可以直接观察的现象形态，因而无法从外部直接了解。但是旅游者的心理活动支配其行为，其行为反映其心理特点。

旅游者在一系列心理活动支配下，为实现预定旅游活动目标而作出各种反应、动作、活动和行动。这些反应活动包括旅游知觉、旅游动机、旅游态度、旅游学习、旅游活动中的情绪情感、旅游者人格特征、旅游审美心理等。作为旅游活动的主体，旅游者的这些心理活动及其行为是旅游心理学研究的主要内容。

（二）研究旅游工作者心理

旅游工作者是指旅游业的所有从业人员，包括旅游交通、旅游景区、旅行社、旅游饭店、旅游商场、旅游娱乐公司等旅游企业的工作人员。

旅游从业者的工作具有工作时间长、体力脑力负荷量大、突发事件多、心理压力大、工作要求高、与旅游者处于互动关系等特点。旅游工作者的心理素质、工作效率和工作技术直接关系到旅游服务质量、旅游者的心理感受、旅游产品创新等方面。因此，旅游心理学要研究旅游交通服务、导游服务、旅游饭店服务等领域的工作者的心理活动特点、应具备的心理品质以及心理素质要求。

（三）研究旅游管理者心理

旅游心理学虽然没有专门研究管理，但它的研究内容涉及管理心理。旅游业服务质量的提高和工作成败的关键，在于科学的管理。各类旅游企业的管理者的心理影响着管理行为及管理效果。旅游心理学研究如何遵循人的心理和行为规律而采取有效的管理措施，调动员工的工作积极性、创造性，以实现组织目标。

（四）研究旅游地居民心理

旅游地居民是指旅游吸引物所在地的常住居民。旅游地居民因其居住地作为旅游地后，会与旅游者、旅游业经营者产生人际互动，在相互影响中表现出特有的心理现象。旅游地居民心理是动态变化的，它会随着旅游地的外部环境以及旅游地居民内在认知等变化而发生变化。通过研究旅游地居民心理的影响因素,进行旅游地居民的分类,有助于正确处理旅游地居民、旅游者、旅游开发商以及旅游管理部门之间的关系。

(五)研究旅游活动中的人际关系问题

在旅游活动中,吃、住、行、游、购、娱各个环节会形成各种人际互动关系。个体之间的关系包括旅游者之间的关系、旅游者与旅游工作者的关系、旅游工作者之间的关系、旅游者与目的地居民之间的关系等。群体之间的关系包括旅游消费者与旅游企业之间的关系、目的地居民与当地政府之间的关系、开发商与目的地居民之间的关系、旅游企业之间的关系等。各种人际关系所产生的心理因素,以不易觉察的方式对旅游经营效果产生重大的影响。在这种复杂的人际环境中,旅游活动的各方参与者如何妥善而巧妙地处理好人际关系,达到旅游经济效益与社会效益的统一,是旅游心理学研究中的重要论题。

(六)研究旅游资源开发中的心理问题

研究旅游者的心理需求对旅游资源开发、旅游景区规划和旅游设施设计的影响等问题,可以更好地创新旅游产品,提升服务品质,满足旅游者的个性化需求。运用旅游心理学原理精心设计和安排旅游设施,创新开发旅游资源,合理组合旅游产品,使旅游企业的产品开发与市场营销更符合目标市场的需求特点,在市场竞争中获得优势。

第二节　旅游心理学的研究方法及意义

一、旅游心理学的研究方法

旅游心理学是一门应用学科,它以心理学的基础理论为指导,研究旅游活动中人的心理现象及心理规律。作为一门边缘学科,心理学的研究方法往往兼有自然科学和社会科学两方面的特点。旅游心理学是心理学的分支学科,其研究方法也具有此类特点。由于旅游心理学的主要研究对象是旅游者和旅游从业者,这类人群具有空间上的流动性、时间上的短暂性、构成上的复杂性等特点。因此旅游心理学在研究方法上又与普通心理学有不同之处。

心理学运用刺激变量、机体变量和反应变量进行描述研究、相关研究和因果研究。主要的研究方法如下。

（一）观察法

观察研究法是在自然情况下，有计划、有目的、有系统地直接观察被研究者的外部表现，了解其心理活动，进而分析其心理活动规律的一种方法。

观察法应在自然条件下进行，研究者不应去控制或改变有关条件。否则，被试者行为表现的客观性将受到影响。观察法的优点在于能保持被观察者心理及行为的自然性和客观性，所得材料客观可靠；缺点是由于研究者处于被动地位，只能消极地等待其所需要的现象发生，对所观察到的现象不易做定量分析。

（二）案例法

案例研究法是研究者深入实践，对旅游者或旅游工作人员进行全面的、较长时间的、连续的观察、调查、了解，研究其心理发展的全过程，在掌握各方面资料的基础上进行分析整理，得出结果。

案例研究法的研究结果对教学、科研以及旅游实际工作等都有很大的实证意义，通过典型的案例来了解旅游活动中人的心理、行为及其发展规律，可以全面、具体、典型地揭示有关问题。案例研究法既包括定性研究也包括定量研究。

（三）调查法

调查研究法是对那些不可能深入了解的心理现象，通过调查、访问、谈话、问卷等方法搜集有关资料，间接了解被试者心理和行为的一种方法。调查法主要包括访谈法、问卷法、材料分析法等。

访谈法由经过训练的访问者，针对某一论点，以一对一的方式提出一系列探究性问题，以了解被访者对某事的看法，或为什么作出某种行为。访谈法在理解个人如何作出旅游决策、如何评价旅游产品以及旅游者生活中的情绪和个人倾向尤为有用。

问卷法通过对一组具有代表性的样本采取问卷调查的形式收集研究所需的资料。在实际调查时，研究人员还可以采用拦截访问、办公室访问、个别电话访问、集中电话访问、计算机辅助访问、留填问卷、邮寄问卷等具体调查技术来获得第一手的资料。

（四）测量法

测量研究法是指使用测量工具对具有某一属性的测量对象给出可以比较的数值搜集相关数据的方法。

通过一些心理测试量表，可以测试出被试者有关的心理品质，这种方法被称为心理测试，是测量法中的重要方法。这一方法往往用在对旅游从业人员的心理测试上，用以研究员工的心理品质与服务行为的关系，对研究旅游管理心理具有积极作用。心理测量法是一种标准化的心理测验，包括能力测验、性格测验、人才素质测评等。

（五）实验法

实验研究法是有目的地严格控制或创造一定的条件，引起某种心理现象以进行研究的方法。可分为实验室实验法和自然实验法两种。

实验室实验法通常是在实验室内借助各种仪器进行的，它较多地运用于对心理过程的研究和对心理现象的生理机制的研究。

自然实验法是由实验者有目的地创造一些条件，在比较自然的情况下进行的。它既可以用于一些比较简单的旅游心理现象的研究，又可以用于研究旅游者和旅游工作者的个性特征。

二、旅游心理学的研究意义

（一）有助于创新旅游产品

与物质产品相比，旅游产品具有明显不同的特性，即无形性、生产与消费的同时性、不可储存性、季节性、互补性，同时还具有心理体验性。

第一，研究旅游心理学有助于旅游业提供满足旅游者现实和潜在需求的旅游产品。

旅游企业只有把握当前的旅游市场需求，才能把握潜在的旅游需求，也就能把握旅游者未来的需求，甚至可以引导旅游者的旅游需求。旅游心理学的研究将为旅游企业提供把握旅游需求、创新旅游产品的理论依据。

第二，研究旅游心理学有助于为旅游者提供丰富多彩的旅游体验。

旅游的终极产品是一次体验、一种经历、一种印象、一次享受……旅游产品的核心在于体验。旅游者在旅游活动中，获得的旅游收获与旅游享受是一种无形的心理体验。旅游产品的特征决定了旅游者只能获得体验。旅游产品的设计必须针对旅游体验,使之能够满足旅游者的需求与期望。旅游体验项目的设计可以从旅游知觉、旅游动机、旅游态度,以及旅游活动中的情绪情感等原理中获得理论上的指导和启迪。

（二）有助于提高旅游服务质量

第一,研究旅游心理学有助于提高顾客满意度。

需要层次论揭示了人类从重视生理需要的满足转向重视心理需要的满足是客观的必然,旅游业的发展适应了这种转变。旅游者一般不只是为满足低层次的需要,而更多是为了获得尊重、友谊等高层次的精神需要。旅游者更看重的是服务的品质。通过对旅游者心理活动的分析研究,为旅游企业创造超值服务提供了理论依据。

第二,研究旅游心理学有助于转变旅游服务观念。

在旅游管理实践中,管理者已经逐渐认识到"快乐的员工是具有生产效率的员工",只有实现"员工第一",才能实现"顾客第一"。旅游工作者能否积极主动、创造性地为顾客服务,是能否提高旅游服务质量的关键。旅游心理学从旅游管理心理、员工心理的角度,研究如何调动员工的积极性、引导员工培养良好的心态,并与旅游者建立良好的关系。

（三）有助于增强旅游企业市场竞争力

第一,研究旅游心理学有助于旅游市场营销。

旅游市场需求状况的变化和买方市场的形成,使旅游企业间竞争的焦点集中到争夺旅游者上。旅游企业为在激烈的竞争中求得生存发展,必须千方百计开拓市场,借助各种营销手段争取旅游者,满足其多样化、个性化的旅游需要。旅游市场营销的实质是将各种营销手段作用于旅游者,以引起其心理反应,激发其购买欲望,促进其购买行为的实现。只有加强对旅游者心理与行为的研究,根据旅游者心理活动的特点与规律制定和调整营销策略,企业才能不断满足旅游者的旅游需要,在瞬息万变的市场环境中应付自如。

第二,研究旅游心理学有助于提高旅游企业的经营和管理水平。

现代旅游业的发展更加依赖于科学的预测和正确的决策。旅游心理学的研究可以帮助旅游企业管理者科学分析旅游者的心理规律,准确进行目标市场定位,实施产品差别化战略,满足旅游者个性化需求。旅游心理学的研究还可以有效地帮助旅游服务人员正确认识服务对象,正确处理服务关系,使其积极主动地、富有创造性地去完成旅游服务工作,以强健的、完善的心理素质去迎接四海宾朋。旅游心理学还通过对旅游企业员工心理问题进行分析,为旅游企业人力资源开发、团队精神培养、凝聚力工程建设和领导科学决策提供有益的启示。

（四）有助于合理开发旅游资源

第一,研究旅游心理学有助于旅游资源开发原则的贯彻。

旅游资源的开发和规划应该以满足旅游者需求为导向,为旅游者创造独特的经历和体验。其开发原则为:差异性、参与性、真实性、挑战性。差异性要求保持项目与众不同的个性,参与性是指旅游者主要通过精神参与和身体参与完成旅游活动,真实性就是以旅游资源的原真性开发为旅游者创造真实的氛围,挑战性是指旅游资源的开发和规划要关注旅游者不断挑战自我、超越自我的项目设计。

第二,研究旅游心理学有助于科学、合理地安排旅游设施。

旅游设施是旅游业发展的保障条件。将旅游资源变为现实的旅游产品,并为广大旅游者所接受,必须遵循和利用旅游心理学的知识,注重旅游设施建设的心理因素,使旅游者在旅游活动中得到极大的心理满足。为此旅游设施的安排一定要考虑到旅游者的心理活动规律。

（五）有助于社会关系和谐

研究旅游心理学有助于构建旅游者、旅游地居民、旅游开发商和政府管理部门之间的和谐关系。在旅游项目的开发过程中,常常会涉及旅游者、旅游地居民、旅游开发商和当地政府之间各自的利益,矛盾冲突在所难免。

旅游目的地的环境质量非常脆弱,随着到访者的增加,一些目的地就会出现环境超载现象,导致环境质量恶化,从而引起旅游地居民不满。此外,旅游目的地资源通常是各个利益群体共享的资源,在经济利益驱动下,投资商和当地政府投资于旅游设施和接待服务业的行为,使目的地的社会结构、经济格局、景观环境乃至文化品质都发生变化,旅游地居民的心理也会随之发生变化。旅游心理学关注和研究旅游目的地发展历程中伴随的心理问题,找出其发生、发展、变化的规律,为政府制定旅游政策、旅游开发商科学决策、旅游地构建和谐稳定的社会秩序提供理论依据。

练习思考

1. 简述旅游心理学的研究对象。
2. 现代旅游心理学的研究方法有哪些？
3. 研究旅游心理学的现实意义是什么？
4. 如何理解旅游心理学的研究内容？

实训练习

设计一份旅游者消费心理调查问卷或访问提纲（主题自定），并对身边的同学、朋友进行一次调查，分析调查结果。

案例分析

关于旅游地形象的调查

在旅游地形象调查中，常常使用问卷来了解公众对旅游地的印象，包括知晓度、美誉度、形象度和满意度调查。以下是一份关于某旅游地形象调查的问卷示例。

旅游地形象调查问卷设计

1. 知晓度调查。知晓度，或旅游地的知名度，是指旅游者（包括潜在旅游者）对旅游目的地识别、记忆的状况。

（1）你听说过××城市（风景区）吗？

○听说过 ○没听说过

如果要进一步了解某旅游地主要风景区的知晓度，可如此设计问卷：

（2）你听说过××城市的哪些风景名胜区？

○×××山 ○×××寺院 ○×××溶洞 ○×××温泉

或者换个问法：

（3）关于××市，你一下会想起什么？

2. 美誉度调查。美誉度是指受调查者中赞誉旅游地的人数的比率。一个旅游地只有知晓度是往往不够的,它必须在游客心中有美誉度,才能成为有吸引力的旅游地。

(1) 你对×××风景区的综合评价是

○很好 ○好 ○一般(过得去) ○不好 ○很差

(2) 在××市的风景区中,你认为很不错的有

○××公园 ○××山 ○××博物馆 ○××寺院 ○××温泉

此外,还可以调查旅游服务的各个环节的美誉度。

(3) ××市最值得称道的是

○服务质量 ○优美的环境 ○交通方便 ○物价便宜

3. 形象度调查。形象度调查是调查有可能成为旅游地形象的所有因素在旅游者心中的感知、认知状况。所谓形象度,则是旅游者确认的形象人数与受调查人总数的比率。通过形象度的调查,可以了解旅游地在游客心中的影响究竟有多大。

如你认为最能代表××市旅游形象的是

○摩天大楼 ○优美的海滨风光 ○购物环境 ○餐饮 ○娱乐丰富多彩

4. 满意度调查。满意度调查意在调查游客去了旅游地旅游后,对旅游地提供的各类产品的满意程度。一般满意度可分为七级:很不满意、不满意、不太满意、过得去、较满意、满意、很满意。

(1) 你对××风景区的服务质量

○很不满意 ○不满意 ○不太满意 ○过得去 ○较满意 ○满意 ○很满意

(2) 你对××风景区的价格

○很不满意 ○不满意 ○不太满意 ○过得去 ○较满意 ○满意 ○很满意

其他如对接待设施、交通、距离、景观特色等方面的满意度调查依照(1),(2)而行。

(3) 对回头率的调查,也是满意度的参考指标。对游客重游旅游地的原因的调查,也可判断对旅游地的满意度。如你愿意再去旅游的原因是

○风景优美 ○交通方便 ○花费较少 ○服务质量好 ○环境好、气候宜人

回头率＝重游人数/旅游总人数×100％

5. 旅游地形象信息来源渠道调查

旅游者在未去旅游地旅游前,通过各种媒介(媒体、口碑等)已对旅游地形成印

象,这是调查旅游地知晓度的基础。其问卷设计内容如下:

(1) 你从什么渠道知道了××风景区?

○亲友介绍 ○电视 ○报刊 ○广播 ○书籍 ○旅行社推荐 ○户外广告 ○网络

(2) 可能影响你作出前往×风景区旅游的因素有

○亲友介绍 ○电视 ○报刊 ○广播 ○书籍 ○旅行社推荐 ○户外广告 ○网络
○孩子要求

案例讨论

1. 影响旅游地形象认知的因素有哪些?

2. 形象调查问卷包括哪些方面?

3. 旅游地形象调查还可以从哪些方面入手?

案例点评

麦当劳的形象失误

世界第一快餐品牌麦当劳以其引以为自豪的特许经营方式,成功地实现了异域市场拓展、国际化经营。麦当劳在宣传品牌的过程中,坚持统一广告与区域性广告相结合的原则,即各个地区是根据自己地域的促销重点和当地价值观、消费习俗等作不同的广告设计来对同一种产品进行宣传。这也是麦当劳公司特许经营体系独具特色之处,同时麦当劳公司建立了门户网站,以解决其庞大的后勤管理问题,方便其遍布全球的员工、连锁店业主及供应商对信息系统的访问需求。

2004年11月国内媒体有报道称,麦当劳的英文官方网站中,在Select Country(选择国家)一栏中不但没有中国,而且发现在"选择国家"栏中,竟然有"Taiwan"(台湾)和"Hong Kong"(香港)。"Country"只能用于表示有主权的国家,中国香港和中国台湾不能用"Country",这是一个很简单的常识问题。Select Country(选择国家)栏是麦当劳英文官方网站(总站)www.mcdonalds.com上方的一个链接,用户可以在这里找到麦当劳在世界各国网站的链接,除香港和台湾两个地区外,其余57个均为国家名称。网站主页的右下角的版权所有均为麦当劳。该报道引起国人的强烈不满。

一波未平一波又起,2005年5月,麦当劳一则30秒的广告在西安、成都和郑州等城市引起轩然大波。一名男子跪在几个酷似讨债者的彪形大汉面前苦苦哀求,随即画外音响起,"幸好麦当劳了解我错失良机的心痛,给我365天的优惠……"在公众压力之下,麦当劳公司于6月21日停播了这一《讨债篇》广告。

案例来源:根据陈觉主编《餐饮经营失败与案例评析》(辽宁科学技术出版社2007年版)有关内容改编。

点评:

跨国公司在进入国际市场时,都试图推行本土化的传播策略和营销方案,都期待得到本地消费者的关注和认同。麦当劳公司在本地化品牌宣传的过程中由于缺乏深度沟通、法律意识淡薄,在其官网宣传中违反了广告法的有关规定,出现常识性错误,涉及了敏感的国家主权及形象问题。《讨债篇》在广告创意和品牌传播上,对当地的文化传统和消费者心理因素考虑不周,引起了社会舆论的谴责,招致本地消费者不满。

旅游企业在营销宣传中,必须考虑消费者的心理因素,维护受众的尊严和感情,也要尊重受众的文化习惯。跨国公司在国际化经营中,还要重视跨文化沟通与交流。

第二章

旅游心理学的理论基础

核心提示

心理学是研究人的心理现象的发生、发展及其规律的科学。心理现象可分为两个方面：心理过程和个性心理。旅游心理学的学科发展，一方面基于科学心理学的发展，另一方面基于旅游业自身的发展。旅游消费者的一般行为模式、购买行为模型、决策制定模型和购买决策过程模型体现了旅游者心理的作用。

学习要点——1.心理现象包括的内容；2.旅游心理学的心理学基础；3.旅游消费者的一般行为模式；4.旅游者的购买决策过程模型。

基本概念——心理学、心理现象、旅游消费者购买行为模型、旅游消费者决策制定模型。

第一节　旅游心理学的学科基础

一、科学心理学的理论

心理学是研究人的心理现象的发生、发展及其规律的科学。心理现象可分为两个方面：心理过程和个性心理，有关认知过程、情绪情感过程和意志过程的心理现象统称为心理过程，个性心理包括心理动力（动机、兴趣、理想、信念、世界观等）和心理特征（能力、气质和性格等）。心理现象的构成见图 2.1。

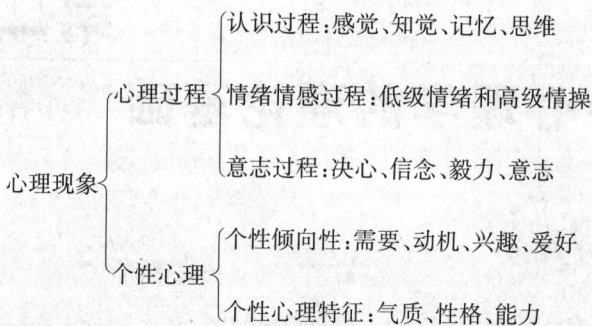

心理现象
- 心理过程
  - 认识过程：感觉、知觉、记忆、思维
  - 情绪情感过程：低级情绪和高级情操
  - 意志过程：决心、信念、毅力、意志
- 个性心理
  - 个性倾向性：需要、动机、兴趣、爱好
  - 个性心理特征：气质、性格、能力

图 2.1　心理现象的构成

在心理学的发展过程中，哲学、生理学和生物学对其影响最为深远。1879 年，德国心理学家冯特创建了第一个心理学实验室，标志着科学心理学的诞生。

（一）构造主义心理学

结构主义心理学的创始人是德国心理学家冯特，注重心理活动的内容的研究。结构主义认为，心理学应该研究人的意识经验，个体经验由人的感觉、意象、感情三种元素结合而成。对直接经验的研究须从内容、过程和原因三方面进行。

（二）机能主义心理学

机能主义心理学的思想源于美国的詹姆斯、杜威和安吉尔。机能主义认为，人的心理机能的作用在于目的性，心理学应该研究个体在适应环境时的心理机能和意识活动，人的意识是一条永远变化和流淌着的表象和感觉的河流，并不是心理元素的集合，它具有选择功能。

（三）行为主义心理学

行为主义心理学的主要代表人物是美国心理学家华生，华生认为，心理学研究的对象应该是可以为他人观察到的外显行为，并能控制其行为。心理学的研究要遵循观察刺激——反应的公式，可以把研究的内容由内隐的心理与意识活动转向外显的可以观察的行为，认为环境刺激是行为产生、变化和发展的因素，而遗传的影响可以不必理会。

（四）格式塔心理学

格式塔心理学由德国心理学家韦特海默、科勒和考夫卡创立。格式塔（Gestalt）在德文中意味着"整体"、"形式"或"模式"，因此格式塔心理学也称为完形心理学。格式塔心理学主张人的心理应该作为一个整体来探讨，思维、知觉和学习等都应该作为整体来研究，而不能肢解。整体不能还原为各个部分、各种元素；整体先于部分而存在，并且制约着部分的性质与意义；部分相加不等于整体，整体大于部分之和。

（五）精神分析心理学

精神分析理论由奥地利精神病学家弗洛伊德在 1896 年创立，主要研究人的心理活动的动力。精神分析是一种治疗精神病的技术，即利用潜意识来解决个体心理冲突与情绪问题，用它在临床中寻找患者异常行为产生的根源。

（六）人本主义心理学

人本主义心理学由美国心理学家马斯洛和罗杰斯在 20 世纪中叶创立，注重研究人的潜能。人本主义心理学强调心理学应以正常人为研究对象，人是最重要的，其本性是善良的，并蕴藏着巨大的、无限的潜力。

（七）认知心理学

1967 年，美国心理学家奈瑟出版《认知心理学》，预示着心理学发展到了一个新的阶段，亦成为认知心理学正式建立的标志。认知心理学探讨人类认知的信息加工过程，并把人视为一个主动的信息加工系统，努力揭示认知过程的内部心理机制，揭示人对信息的获得、存储、加工和使用的过程。认知心理学所探讨的问题，涉及人类心理活动深层次的心理机制及其过程，诸如人是如何进行感知觉、注意、记忆、语言、思维与推理、问题解决、意识、创造性等心理活动过程。

二、旅游心理学的理论发展

旅游心理学的学科发展，一方面是心理科学的发展为旅游心理学的形成和发展提供了理论和方法；另一方面是市场经济的发展，尤其是旅游业自身的发展，对旅游心理学的形成和发展提出了客观要求。

旅游心理学既属于旅游科学范畴，又属于心理科学范畴。从应用于旅游业发展而研究旅游行为规律角度，旅游心理学属于旅游科学；从应用普通心理学原理研究旅游领域内的人的心理现象角度，旅游心理学属于心理科学的分支。

旅游心理学的研究目的在于陈述、解释及预测旅游活动中人的心理现象和行为，提出调节和控制旅游活动中人的心理活动与行为的方法。旅游心理学通过揭示旅游活动中人的心理活动发生发展及其变化的规律性,即旅游中人的这种行为产生的本质是什么(陈述),旅游者这种行为为什么会发生(解释),可以预测旅游者这种行为将在何时产生(预测),以及影响旅游者这种行为变化的条件有哪些(调节和控制),从而揭示旅游服务的本质要求。

　　旅游业是服务行业,只有符合旅游者需要的服务才被旅游者所接受。从旅游者的需要来看,旅游者已不仅仅满足于沿袭已久的服务项目,需要不断地受到新的刺激。从旅游者的数量和质量来看,旅游者的人数不断增多,而且,旅游者的文化程度不断提高、旅游经验不断丰富,这无疑对旅游业的要求越来越高。从旅游行业发展来看,市场竞争日益激烈,营销手段不断创新。必须研究旅游活动中人的心理因素,满足旅游者的个性需要,处理好旅游活动中的各种关系,提供优质服务,才能在市场竞争中取胜。

　　旅游心理学的理论发展在吸收了相关学科的理论研究成果基础上,研究方向不断扩展,研究内容不断深化,同时在与旅游实践的发展紧密结合的前提下,研究视角也在不断创新。旅游心理学的基本理论研究已经从应用普通心理学基本原理研究旅游者心理,扩展到应用组织行为学基本原理研究旅游企业管理心理,以及应用服务管理原理研究旅游企业服务心理;旅游心理学的研究视角已经拓展为从社会学视角研究社会因素与旅游行为的关系,从服务管理学视角研究旅游者满意度,从休闲学视角研究旅游者体验心理。

第二节　旅游消费心理与行为模式

一、旅游消费者行为模式

(一) 消费者的一般行为模型

　　消费者行为是指消费者以货币、信用或其他方式的支出而获得所需商品和劳务时所表现出来的各种反应与活动。消费者行为是一个复杂的概念,它既包括商品购买中的选择、决策和实际购买活动,也包括购买前的搜寻、整理信息,购买后的使用、保养、维修、评价等活动。

20 世纪以来,许多心理学家、社会心理学家和生物学家致力于人类行为研究,试图揭示隐藏在复杂行为现象背后的一般规律。在众多研究成果中,美国社会心理学家库尔特·卢因的研究成果得到广泛认同。在大量分析试验的基础上,卢因提出了著名的卢因行为模型。

$$B = f(P, E)$$

公式中,P:$P1, P2, ..., Pn$;E:$E1, E2, ..., En$;B(Behavior)指个人的行为;P(Personal)指个人的内在条件和内在特征;$P1, P2, ..., Pn$ 是构成内在条件的各种生理和心理因素,如生理需要、生理特征、能力、气质、性格、态度等;E(Environment)指个人所处的外部环境;$E1, E2, ..., En$ 是构成环境的各种因素,如自然环境、社会环境等。

该模型表明,人类的行为是个人与环境相互作用的产物,人类的行为方式、指向和强度,主要受两大类因素的影响和制约,即个人的内在因素和外部环境因素。其中,个人内在因素包括生理和心理两类基本因素,而外部环境因素又包括自然环境和社会环境两类因素。

营销学家菲利浦·科特勒认为,影响消费者行为的因素有四个方面,即文化、社会、个人和心理。

(二)旅游消费者的一般行为模型

1965 年安德烈亚森(Andreason)提出了最早的旅游消费者一般行为模型,强调了信息、态度对于决策的重要性。1994 年米德尔顿(Middleton)提出了经过改进的旅游消费者模型,即购买者行为的刺激—反应模式(见图 2.2)。在这一模型中旅游者的购买特点和决策过程构成行为的重要方面,并且主要体现了一种心理过程。

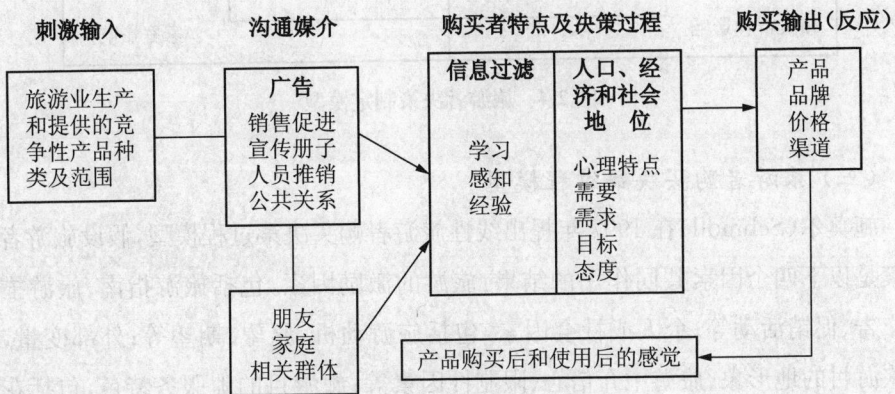

图 2.2 旅游消费者刺激—反应模型

二、旅游消费者购买决策模式

(一)旅游者购买行为模型

马西森(Mathieson)和沃尔(Wall)在 1982 年提出了一个线性的五阶段旅游购买行为模型(见图 2.3)。这一模型简单明了地体现了旅游者购买行为的心理发展过程。

有旅游的欲望与需求 → 信息收集和印象评估 → 旅游决策(比较可选方案) → 旅游准备和旅游体验 → 对旅游结果的满意程度评估

图 2.3　旅游购买行为模型

(二)旅游者决策制定模型

吉尔伯特(Gilbert)在 1991 年提出了旅游消费者决策制定模型,认为对旅游行为产生影响的因素可以分为两个层次。第一个层次的影响更能体现人的因素,包括心理影响,例如感知和认知。第二个层次的影响主要是社会影响,包括参照群体和家庭的影响(见图 2.4)。

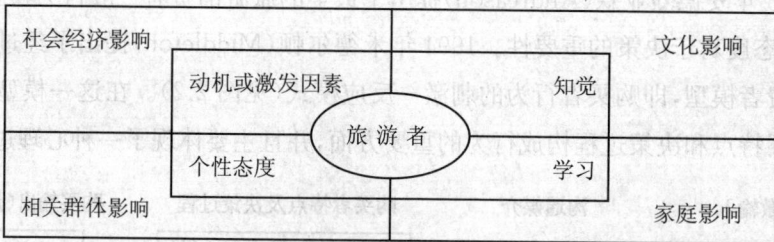

社会经济影响　　动机或激发因素　　知觉　　文化影响
　　　　　　　　　　　　　旅游者
个性态度　　学习
相关群体影响　　　　　　　　　　　家庭影响

图 2.4　旅游者决策制定模型

(三)旅游者购买决策过程模型

施莫尔(Schmoll)在 1997 年提出线性旅游者购买决策过程模型,假设旅游者的决策是以下四个因素共同作用的结果:旅游的激励因素,包括旅游指南、旅游描述及广告、促销活动等;个人或社会因素,包括旅游动机、愿望、期望等;外部变量,包括旅游目的地形象、旅游中介信心、限制性因素等;旅游目的地服务特色,包括花费和价值的关系、旅游吸引物的类型和人们的愉悦程度。旅游者购买决策过程经历九个阶段,具体见图2.5。

初步框架	概念性的选择	事实的收集
界定假设	对刺激因素的设想	对结果的预测
选择方案的成本效益分析	决　策	结　果

图2.5　线性旅游者购买决策过程模型

以上模型对旅游者的消费行为,尤其是购买时和购买以后的行为进行了深入研究。与一般的消费者行为模型相比,旅游消费者行为模型更加直接和简单。但是,事实上,影响旅游者行为的因素极其复杂。

练习思考

1. 简述科学心理学的理论分支。
2. 简述旅游消费者行为模式的主要内容。
3. 旅游心理学的研究任务是什么?

实训练习

设计一个旅游者消费决策认知因素影响模型(将旅游消费者认知因素的影响考虑在内)。

案例分析

法国的工业旅游

法国的工业旅游市场发展势头迅猛。以下的例子将有助于我们了解该市场的发展状况:一本有关法国全国各地的工业旅游指南中指出,法国除工业博物馆外,还有约1000余家工厂向旅游者开放。

由爱迪生所罗出版社发行的这些旅游指南分别面对的是三类截然不同的读

者,即:

在相关领域的专业人士;

中学生及高等院校学生;

大众。

作者将这些指南中提及的设施共分为五大类,即:

古典名胜与博物馆;

研究中心;

制造行业;

手工或工艺作坊;

服务业。

1996 年度关于法国西北部布列塔尼半岛及卢瓦尔河地区的旅游指南,就列出了分布在 9 个省或村落的 144 家工厂。这些工厂中有 1/4 都是主流食品及饮料制造商,这在法国也许并没什么大惊小怪的。剩下的厂家中则有 10 家从事渔业、海产品及加工等产业。

指南中以工作类别为例,指出工业旅游已经渗入了法国大多数地区的经济当中:

莫雷克斯的地方报纸;

北布列塔尼半岛的水电站;

陶木车间;

磨粉机;

印刷;

梅恩省的水泥工行业;

在干酪地区工作的修士;

拉瓦勒的地方广播站;

制作及出售"肥鹅肝酱"的农场;

葡萄酒制作;

牡蛎场;

南特的机场;

巴士公司;

海滩的晾盐盘;

食品工业研究所；

饼干工厂；

洛里昂的造船厂；

南布列塔尼半岛的伊维斯·罗切儿化妆品工厂；

圣马罗的视听仪器制造公司；

纺织厂。

指南中还列出了许多以汽车制造、印刷、蘑菇和苹果种植、葡萄酒酿造及制盐等工业为主要内容的博物馆。在法语中，一些这样的博物馆被称做"经济型博物馆"，即博物馆展示了当地的某项传统，并且向众人讲述介绍过去在这片土地上人们的谋生手段。

指南中提到的绝大多数机构都提供导游服务，既保障了旅游者的人身安全，又让他们充分了解游览的对象。许多公司可免费接纳旅游者，但有相当数量的公司或者机构须事先预约。大部分公司可提供英语、德语、西班牙语及意大利语的导游服务，因为绝大部分的旅游者都来自上述语种的国家。

法国的工业旅游发展显示了许多旅游者对工厂游览的青睐。人们对下列地方尤其感兴趣：

生产名牌产品的地方，如 Remy Martin Cognac 白兰地酒厂，橘味利口酒厂及理查茴香酒厂；

出产非同寻常的产品，如产牡蛎的地方；

每个人都会用到这类产品的地方，如发电厂；

传统或别致的工厂，如席尔餐具公司，农场干酪以及陶器作坊；

高科技产业，如电脑辅助设计；

与人们日常生活息息相关的机构，如报社、盐厂、饼干厂及银行；

可以买到打折商品的工厂，如开设有网上商店的纺织品厂；

旅游者希望参观能够进行免费尝试某心仪产品的厂家，如葡萄酒、巧克力的工厂；

颇具争议的地方，如核电厂。

两篇来自 1993 年度《旅游回音》及《旅游公报》的报道，虽然内容有些陈旧，但仍向我们展示了法国 90 年代早期工业旅游市场发展的有趣场景。据估计，有5000 多家企业都向旅游者开放，已接待旅游者 1000 万人次。有四家机构每年接待旅游者超过 10 万人,接待旅游者最多的是布列塔尼潮汐发电厂,1992 年共计 35 万旅游者来访。另外三家最受欢迎的工厂则都与食品及饮料加工相关。在抽样调查中有 67% 的法国人参观过工业旅游景点,同期只有 57% 的人参观过主要的国家博物馆。75% 的法国人都表示如果有假期,他们肯定或有可能参观一处工业旅游点。

案例来源:根据约翰·斯沃布鲁克和苏珊·霍纳著(俞惠君、张鸥、漆小燕译)《旅游消费者行为学》(电子工业出版社 2004 年版)有关案例改编。

案例讨论

1. 讨论工业企业选择向旅游者开放的主要因素。
2. 案例中相关领域的专业人士、中学生和高等院校学生以及大众,参观工业旅游景点的不同动机是什么?
3. 试用旅游消费者购买决策模型说明法国工业旅游者的消费决策行为。

案例点评

法国的田园观光

法国是世界上最受国外旅游者欢迎的旅游目的地之一。此外,这个国家还拥有巨大的国内旅游市场。田园观光一度在法国得到了很好的发展,并且已经发展为非常成熟的市场。本案例分析的数据资料主要来源于 1996 年 12 月由法国国家田园观光中心(CNRTER)公布的资料。

以下列出的数据反映了法国田园观光在 90 年代前期的发展规模。

● 乡村旅游占法国旅游业的 28%;
● 1993 年,参加法国田园观光的旅游者总共在乡下度过了 4 亿个夜晚;
● 1993 年田园观光的旅游者共计消费 700 亿法郎;
● 海外旅游者在乡下过夜的时间及开销各占其总时间和开销的 16% 及 20%;
● 62% 的田园观光都是旅游者长假的一部分,只有 38% 的是短暂的休假;
● 旅游者花在住宿上的费用平均为 38%,花在食物及饮料上的为 20%,而另外

19％和10％分别花在吃饭和休闲活动上。

90年代法国人度假的时间要比60年代多得多，而乡下度假所占的比重随之而下降，统计如下：

表2.1 法国人度假情况比较

	1964 年	1980 年	1994 年
法国旅游者在法国境内的过夜人次（百万人次）	541	718	742
法国旅游者田园观光时间占国内度假的比重	35.2％	28.3％	26.7％

法国人在去乡下旅游时，通常会住在他们的亲友家中，或是呆在亲友或他们自己的乡间别墅中。很少有人住进饭店。

海外旅游者也十分青睐法国的乡间风情。以下列出了关于法国海外旅游市场的一些有意思的数据。在法国的田园观光中，如下活动越来越受欢迎：

- 骑马、骑脚踏车兜风及步行；
- 通过"农夫课程"，了解农场的生活；
- 飞行运动，如驾悬挂式滑翔机飞翔等；
- 高尔夫；
- 内陆水路娱乐。

通常，英国旅游者在法国乡下度假的人数最多。1994年，英国人共在法国乡下过夜2640万人次；各国旅游者在法国乡下度假的平均时间（天）分别为：西班牙6.1，德国8.7，加拿大11.7；德国旅游者入住酒店或租用自助式房屋的过夜时间为过夜总时间的34％，而瑞典旅游者为94％；另一方面，美国旅游者中露营的时间仅为其过夜总时间的1％，德国旅游者为55％；进行田园观光的瑞典及西班牙旅游者数量占其总数的7％，英国旅游者则为29％；实际上各个国家的旅游者只会在7、8月去法国乡村旅游。

法国田园旅游产品经过不断改造，尽可能满足旅游者的期望和不断变化的口味，例如：自给自足式乡村别墅概念包括——针对滑雪爱好者的乡间别墅、儿童的乡间住所，小孩可待在农场针对捕鱼爱好者的乡间住所；在乡下开办提供住宿早餐服务的"卧室旅馆"；在"农场旅馆"旅游者可享受到在农场的一顿午餐，并可品尝到当地的佐料；开办了由水力磨粉场改造而成的连锁酒店"磨坊时期"。

法国的田园观光业是为努力吸引旅游者而开发出的新产品的代表。不过,由于法国政府强硬的法郎政策,致使这一业务在 1995 年及 1996 年至少在海外旅游者市场上遭受不小的损失。例如,对于英国旅游者而言,他们不得不花更多的钱来兑换法郎,1992 年 1 英镑可兑换 10 法郎,而到了 1996 年只能兑换 7 法郎。现在汇率又重新回到了 1∶9,英国旅游者的数量应当能够回升。

案例来源:根据约翰·斯沃布鲁克和苏珊·霍纳著(俞惠君、张鸥、漆小燕译)《旅游消费者行为学》(电子工业出版社 2004 年版)有关案例改编。

点评:

造成法国旅游者田园观光占整个旅游比例从 1964 年的 35% 下降到 1994 年的 27% 的可能因素包括接待条件、方便的心理、季节因素、多样化的产品选择。旅游者参加法国田园观光的可能动机包括运动、求知、娱乐。

法国田园观光业的发展以及新产品的开发说明不断满足旅游者需求,研究旅游者心理是吸引旅游者的重要手段。

中篇　旅游消费心理

第三章

旅游感知

核心提示

认识过程从低到高包括：感觉、知觉、记忆、想象和思维。旅游者对各种旅游方面的事物的认识活动是从感觉开始的。旅游感觉是旅游者在旅游活动中的一种初级心理现象，是旅游者对直接作用于感觉器官的与旅游有关的客观事物的个别属性的反映。旅游感觉形成的表象成为旅游知觉、旅游态度、旅游情感等复杂心理活动的基础。

学习要点——1.旅游感觉的特性和意义；2.知觉的基本特性和影响因素；3.旅游者对旅游条件的知觉包含的内容；4.旅游风险知觉。

基本概念——感觉、知觉、旅游知觉、联觉、旅游风险知觉。

第一节　旅游感觉

认识过程是最基本的心理过程，也是旅游决策和购买行为的前提。认识过程从低到高包括：感觉、知觉、记忆、想象和思维。

一、感觉的基本内涵

（一）什么是感觉

感觉是一种最简单的、低级的心理现象，是人脑对直接作用于感觉器官的客观事物的个别属性的反映。感觉是人对客观存在的反映，从内容来说是客观的，但从形式来说是主观的。

旅游者对各种旅游方面的事物的认识活动是从感觉开始的。当旅游者要认识某种旅游吸引物时，是从其个别属性，如：色彩、形状、湿度、气味等开始，通过感官把事物的特征信息反映给大脑。

（二）感觉的特性

1. 直接性。

感觉反映的是当前直接作用于感觉器官的客观事物，而不是过去的或间接的事物。因此那些旅游者旅游后记忆中再现的旅游吸引物的属性或幻觉中各种类似感觉的体验不是感觉。

2. 个别性。

感觉反映的不是事物的整体属性。通过感觉，大脑只能知道事物的个别属性，而不知道事物的意义。然而一切较高级、较复杂的心理现象都是在感觉的基础上产生的，感觉是人认识客观世界的开端，是知识的源泉。

3. 主客观统一性。

感受性是客观内容与主观形式的统一。旅游者感觉的旅游吸引物是客观的，而感觉的形式和表现却是主观的，在不同的旅游主体身上形成并表现出来。

二、旅游感觉的意义

旅游感觉是旅游者在旅游活动中的一种初级心理现象，是旅游者对直接作用于感觉器官的与旅游有关的客观事物的个别属性的反映。旅游感觉形成的表象成为旅游知觉、旅游态度、旅游情感等复杂心理活动的基础。

（一）旅游感觉的种类

根据刺激信息的来源和感觉的性质，感觉可以分为外部感觉和内部感觉。

1. 外部感觉。

外部感觉是指由外部刺激引起，反映外部事物个别属性的感觉。外部感觉来自人体外部感受器的作用。主要有：①视觉。即人体感受到的外观状态的属性，如旅游者感觉到的颜色、线条、形状、质地、明暗。②听觉。即人体感受到的声音传递的各种信息的过程，如旅游者感觉到的声音的强弱、远近、舒畅与烦躁。③嗅觉。即人体感受到的气味的属性，如旅游者感觉到的香或臭。④味觉。即人体感受到的味道的属性，如旅游者感觉到的甜或苦。⑤触觉。即人体感受到的形状、质地的属性，如旅游者感觉到的硬或软。

2. 内部感觉。

内部感觉是指由有机体的内部刺激引起，反映内脏器官、身体平衡以及自身状态的感觉。内部感觉来源于人体的内脏器官。内部感觉主要有运动觉、平衡觉和机体觉。表 3.1 所示为人体主要感觉。

表 3.1　主要的感觉分类

感觉类型	感觉器官	外界刺激	获取的信息
视　觉	眼睛	光波	颜色、模式、结构
听　觉	耳朵	声波	噪音、音调
嗅　觉	鼻子	气味	气味
味　觉	舌头	味道	味道
触　觉	皮肤	物理压力	感觉硬度、形状等
痛　觉	机体	疼痛	生命安全
饥渴觉	内脏器官与大脑	食物、水失衡	饱
运动觉	所有感官与大脑	身体运动	重力牵引
平衡觉	内耳中的前庭	身体重心和重力	身体位置

(二) 旅游感觉的应用

感觉是复杂心理活动的基础，也是人的正常心理活动的要素。旅游活动中旅游感觉现象普遍存在，利用感觉规律，通过旅游设施的人性化设计，可以增强旅游者的旅游体验。

1. 视觉应用。

在旅游广告设计、营业场所的设置及旅游商品包装上，视觉因素非常关键。营销信息的视觉因素常常充分表明一种商品的属性。通过对商品的独特风格来区别于其他竞争商品，商品的价值就通过视觉渠道得到了传递。

2. 嗅觉应用。

人们对气味的一些反应,源于气味与其早期经历的联系。香味刺激作为一种促销措施,在制造业和商业中有广泛的应用。可以利用嗅觉的距离分析器作用,帮助旅游者认识旅游环境。

3. 听觉应用。

声音的许多方面都会影响消费者的情感和行为。在消费者行为中有广泛用途的两大研究领域是:背景音乐对情绪的作用和讲话速度对态度变化及信息理解的影响。在景区、饭店、餐馆、商场播放的背景音乐能制造适宜的购买情绪,导游和服务人员通过改变语调、语速以增强说服力和感染力。

4. 触觉应用。

对触觉刺激影响消费者行为效果的研究较少,但这一感觉渠道也很重要。触觉信号具有象征意义。旅游者将产品质地与产品属性联系起来,通过对酒店寝具或室内装潢品的材料感觉来判断其华丽和舒适程度。

5. 味觉应用。

味觉是重要的感受,可以给人带来不同的体验。饭店的餐厅、餐馆、食品店总是开发新味道的食品来迎合消费者不断变化的口味,酸、甜、苦、辣、咸等味道,以及易融度、浓度、密度、脆度、硬度等口感通常是旅游者评价菜肴的重要指标。

(三) 旅游感觉的主要现象

1. 感觉适应。

感觉适应是指刺激物持续作用于同一感受器而使感受性发生变化的现象。可以表现为感受性提高,也可以表现为感受性降低。人的五种基本感觉都有在适应后感受性降低现象。在酒店环境设计、景区设施规划中可以利用感觉适应,经常变换刺激物可以提高旅游者兴趣;同时在旅游营销中可以引导旅游者对旅游服务提高感受性,增强满意度。

2. 感觉对比。

感觉对比是指不同性质的刺激作用于同一感受器产生相互作用,使感受性发生变化的现象。在旅游产品开发中利用感觉同时对比可以突出印象,使旅游者感觉到的明显的差别,在同质化竞争中感觉同时对比可以提供产品差别化竞争的途径。在旅游中旅游者感觉同时对比会使其旅游活动充满曲折和期待。

3. 联觉。

联觉是指一种感觉引起另一种感觉的心理现象,是感觉相互作用的表现。常见的旅游过程中的联觉现象有色温联觉、色听联觉和视听联觉。

4. 后象。

后象是指外界刺激停止作用后在人脑中暂时保留的印象。旅游活动后旅游者经历的兴奋过程会留下痕迹,可以存在于各种感觉之间。

第二节　旅游知觉

一、知觉的基本内涵

(一) 什么是知觉

知觉是人脑对直接作用于感觉器官的客观事物各种属性的整体反映,不是对事物个别属性的反映。通过感觉,只知道事物的个别属性,通过知觉,才对事物有一个完整的印象,从而知道事物的意义。

(二) 知觉与感觉的关系

知觉经过感受器接受外界刺激,引起注意,并形成理解和反应,最后在头脑中形成对事物的整体印象。知觉不同于其他心理过程,知觉的形成受到诸多因素的影响。

知觉是人在实践过程中逐步形成和发展的,知觉的形成以知识经验的参与为基础,在知觉形成和发展过程中,语言具有重要作用,知觉还受到需要、动机、兴趣、态度等心理特点的影响。

知觉与感觉的共同点是:两者都是人脑对客观事物的主观反映,两者反映的对象都是当前直接作用于感觉器官的客观事物,两者都以人脑的活动为基础。知觉与感觉的区别在于:两者反映的内容不同,感觉反映客观事物的个别属性,知觉反映客观事物的整体属性;两者产生的过程不同,感觉是介于生理和心理活动之间的单一活动,知觉是多种活动参与的纯粹的心理活动。

(三) 知觉的组织原则

人脑对感觉信息进行主观加工、处理的有规律、有系统的过程,即知觉的组织过

程。根据格式塔心理学的研究理论,知觉的过程带有组织倾向。知觉的组织原则有:

1. 接近或相邻原则。

在时间和距离上彼此接近的事物容易被感知为一个整体。在感知各种刺激时,彼此相互接近的刺激物比彼此相隔较远的刺激物更容易组合在一起,构成知觉的对象。在知觉过程中,人会借助已有的经验判断刺激物之间的关系。

在旅游中,人们倾向于把彼此地理位置接近的旅游点,如杭州、上海、苏州、无锡、南京等视为一个旅游区。大多数商业广告则通过将产品与接近于产品的积极符号和形象相联系,从而运用接近原理引起旅游者注意。

2. 相似原则。

两个或两个以上的知觉对象,如果在性质上具有相似的性质,往往被感知为同一类事物。感知对象必须具有相似的自然属性,这样的事物组合在一起,集成系列,从而产生一个统一的整体。

旅游产品的雷同常常引起竞争优势的下降。许多旅游者倾向于把江西的庐山、安徽的黄山和浙江的天目山视为同一类型的旅游地,尽管这三个地方各有独特之处,但人们还是认为它们同是高山避暑胜地。

3. 连续性原则。

几个性质相同或彼此运动方向相同的事物,即使其间并无连续的性质,也容易被知觉为一个整体。

在景区规划中,建筑装潢的有节奏的变化,在风景区中,景物的层次变换,都能体现出连续性的知觉原则。

4. 闭合原则。

如果几个知觉对象共同包围着一个空间,就容易被知觉为一个整体。即使当一个刺激不完整时,感知者也会填补缺失的元素。人们倾向于根据以往的经验填补空白。

旅游者有完成一个完整画面的渴望,并能依靠自己的知识经验对景区环境作出补充,借以获取有意义的对景物的印象。

二、知觉的基本特性

(一) 知觉的理解性

所谓理解性,就是人的知觉总是能主动地对刺激物进行加工处理,并用概念形式标示出来，对客观事物进行解释。

知觉的理解性受个人知识和经验的影响，在一般情况下，对任何事物的知觉都是根据已有知识和过去经验形成的。心理学家利珀（Leeper，1935）通过试验证实了人的先前经验对知觉的影响。

知觉的理解性还受到语言的影响，语言引导了信息理解的方向，可以改变知觉信息的加工方式。

（二）知觉的选择性

所谓选择性，就是以众多的事物属性的某些方面作为知觉对象，而将其他的属性作为背景。虽然作用于感觉器官的客观事物是多种多样的，但是在一定时间内，人们并不感受所有的刺激，而仅仅感受能够引起注意的少数刺激。

人们往往对注意或知觉到的对象是清晰的、有意识的，而对其背景的反映则是模糊的、甚至是无意识的。对象和背景的分化是知觉最简单、最原始的形式。对象与背景之间又往往是可以相互转换的，依据一定的主客观条件，这种相互转换经常可以进行。

知觉的选择性受到客观对象特点的影响，具有较强特性的对象，反复出现的对象，运动变化的对象，以及符合知觉对象组织规律的刺激物，易成为知觉选择的对象。

知觉的选择性还受到人的主观因素的影响，动机与兴趣、目的与任务皆有影响。

（三）知觉的整体性

所谓整体性，就是知觉主体把客观对象的部分属性知觉为一个统一的刺激情境，产生对这一刺激物的整体印象。在这个过程中，知觉主体过去的知识经验常常能提供补充信息的作用。

当人感知一个客观对象时，只要感觉了它的个别属性或主要特征，就可以根据以前的经验而认识其他属性和特征，从而产生完整的知觉。如果感知的对象是没有经验过的或不熟悉的，知觉就更多地以感知对象的特点为转移，将它组织成具有一定结构的整体。

知觉的整体性与刺激物的特征和结构有关，尤其是关键性的特征是知觉整体性的条件，另外也受到人的主观状态的影响。

（四）知觉的恒常性

所谓恒常性，就是当知觉的条件在一定范围内发生改变的时候，知觉的映象仍然保持相对不变。知觉的恒常性主要是受习惯和经验的影响。在知觉中,由于知识和经验的参与,使知觉往往并不随知觉条件的变化而改变,而是表现出相对的稳定性。

在视觉范围内,知觉的恒常性有:大小的恒常性、形状的恒常性、方向的恒常性、亮度的恒常性、颜色的恒常性。由于知觉对象的大小、形状、方向、亮度、颜色等特性的主观映象与对象本身的关系并不完全服从物理学的规律,而是在经验的影响下保持一定的不变性。这种稳定性对于人在不同的情况下始终按照事物的真实面貌来反映事物,从而有效地适应环境是非常必要的。

三、错觉

知觉的特性为旅游消费者正确全面感知商品提供了保障。但是在现实中,消费者并不总是准确无误地认知商品。由于某些因素的作用,人们的知觉经常会偏离事物本来的面目,发生歪曲。知觉歪曲又称错觉。错觉是个体对外界事物的不正确的知觉。在旅游活动中,旅游者常常会产生各种各样的错觉,错觉会给旅游者带来不同的体验。

（一）错觉的特性

1. 直接感受性。

错觉是对认识对象的直接反应。凡是脱离眼前的认识对象,由判断、推理而得出的一切关于对象的认识都不在错觉之列。错觉的直接感受性是区别错觉和幻觉的重要特征。幻觉是在没有反映客体直接作用于感觉器官的情况下产生的一种虚幻的知觉。错觉是对直接作用于感觉器官的客观事物的错误的知觉。

2. 主观性。

错觉是客观对象在人脑中的一种反映,既具有客观性,也具有主观性。错觉的主观性是它别于假象的一个重要特征。假象是客观的,是从事物本身发展中产生出来的,是事物固有的,是客观世界的组成部分。假象不具有主观性。错觉的对象是客观的,错觉的内容是主观的。

3. 表面性。

错觉是人脑对客观事物表面现象或外部联系的反映,这种反映具有不完全性和局限性,并没有反映出客观事物的本质属性和内在联系。

4. 不正确性。

错觉,顾名思义,是人脑对客观认识对象的不正确的知觉或歪曲的知觉,因为错觉并没有反映出客观事物的真实情况。

（二）错觉的种类

由于客观认识对象的不同,错觉有很多类型。常见的错觉现象包括以下几种。

1. 几何图形错觉。

这是视错觉的一种。这种错觉的种类很多。垂直水平错觉:垂直线与水平线长度相等,但多数人把垂直线看得比等长的水平线要长;缪勒—莱尔错觉:两条线是等长的,由于附加在两端的箭头向外或向内的不同,箭头向外的线段似乎比箭头向内的线段短一些;线条方向错觉:平行线受到交叉线条的影响,似乎改变了方向,显得不平行了。

2. 形重错觉。

质地不同的事物的物理重量是相等的,但是,人们用手加以比较时,就会觉得坚硬质地的物体比柔软质地的物体重。

3. 大小错觉。

由于时间和距离的原因,加上与周围事物的比较,常常会产生对某些事物大小不一的错觉。例如,近大远小。

4. 方位错觉。

由于失去了自然环境的视觉参照标志,会产生方向的错觉和位置的错误判断。

5. 运动错觉。

由于与运动的事物相联,即使已经离开运动的事物,还会产生与运动的事物相联的感觉。

（三）错觉产生的原因

第一,错觉的产生与认识对象的客观环境有关,在异常的外部条件下来认识客体时往往容易引起错觉。特别表现在感知对象所处的环境发生了新的变化的情况下。

第二,错觉的产生也与事物本身有关,有些客观事物本身的特点造成认知偏见。如时间长短的知觉、颜色的知觉。

第三,错觉的产生不仅有客观方面的原因,更重要的是主观方面的原因。因为客观条件只提供了产生错觉的可能,只有通过人的主观因素才能起作用。

此外,心理学家从多个角度解释了错觉产生的生理和心理机制。

（四）错觉的运用

错觉现象并非绝对无益。在商业营销中利用错觉常常会得到意想不到的效果。在旅游资源开发和旅游设施建设中常常利用错觉以增加游客的旅游审美体验。

在中国的园林艺术中,常常利用错觉渲染风光、突出景致。比如:园林中的高山、流水,都是通过缩短视觉距离的办法,将观赏者的视线限制在很近的距离之内,使其没有后退的余地,而眼前只有假山、流水,没有其他参照物,这样,山就显得高了,水就显得长了。

许多现代化的游乐设施也常常利用人的错觉组织丰富有趣的娱乐项目。通过多感官刺激来产生错觉,从而给旅游者带来乐趣。

四、知觉的影响因素

知觉的基本特性表明,在知觉过程中,不同个体对同一对象会产生不同的知觉,同一个体对同一对象在不同的时间和环境下也会产生不同的知觉。这是由于知觉的影响因素太复杂(见图 3.1)。

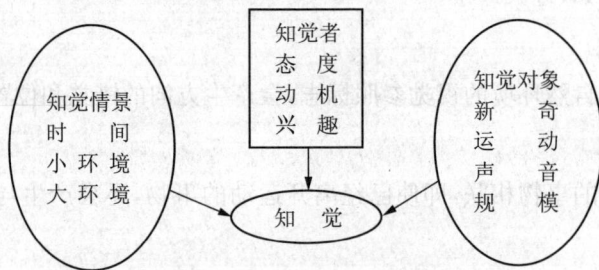

图 3.1　知觉的影响因素

罗宾斯(2005)提出了影响人的知觉过程和结果的三大因素:知觉对象、知觉者、知觉情景。

第一,知觉对象的特点对知觉内容和结果影响很大,它包括:知觉对象的新奇、运动、声音、规模、背景等。

第二,知觉者的特点对知觉内容和结果也有影响,它包括知觉者的个性、能力、价值观、态度、动机、兴趣、经验、期望等。

第三，知觉进行的情景对知觉结果的影响也很大，它包括时间、宏观环境和微观环境。

五、旅游条件知觉

（一）旅游者对旅游吸引物的知觉

旅游者在选择旅游目的地时，必须在一系列可供选择的旅游吸引物中比较作出决定。这些比较是以个人对每个选择对象的知觉为基础的。

在旅游过程中，旅游者对旅游吸引物的知觉印象主要表现为对旅游吸引物本身的吸引力的大小的认知，同时受到旅游吸引物的本身特点和服务质量的影响。

一是旅游吸引物的鲜明性，包括吃、住、行、游、购、娱等各环节的独特性，以及地理上和文化上的鲜明特征；

二是旅游景观的观赏性，包括赏心悦目的景色、有吸引力的景物，以及可参与的各类活动；

三是旅游服务的高品质性，包括服务人员的礼貌、周到、诚实，以及服务的公平性。

（二）旅游者对旅游时间的知觉

时间知觉是人对客观现象的延续性和顺序性的反映，是多种感觉器官活动的结果，一般表现为对事后的认知。时间知觉为旅游者把握时间进程和规划活动提供了心理依据。旅游者的时间知觉具有时间分辨、时间确认、持续时间估计和时间预测四种形式。

旅游者对时间的知觉表现为对速度和准确度的认知。一是旅宜速，即旅行要求快速。旅游者一般都希望以最快的速度到达目的地。二是游宜慢，即游览活动要求放慢速度。游览的内容越丰富，越具有魅力，越能使旅游者暂时忘却时间的流逝。三是要准时。旅游者要求旅游活动按照一定的计划有秩序地进行，以充分利用时间。

旅游者的时间知觉受到旅游活动中活动的数量与性质的影响，如果内容丰富，旅游者感觉到时间较短，反之，感觉时间较长；此外，旅游者的时间知觉还受到情绪、动机、兴趣、态度的影响。

（三）旅游者对旅游空间的知觉

空间知觉是人脑对事物形状、大小、距离、方位等空间特征的知觉,旅游者的空间知觉影响到旅游者对旅游目的地的感知,以及对旅游景观的审美感觉。旅游者对旅游吸引物的大小、形状的知觉是靠视觉、触觉和动觉获得的,对距离的知觉是旅游者对物体远近的知觉,方位知觉是靠视觉、动觉、平衡觉、触摸觉等来实现的。用眼睛观察客观的事物,用耳朵辨别声音的方向,用触觉、动觉去感知自己身体与客体之间的空间关系,甚至嗅觉在方位的确定上也起着作用。正是许多感知器官的协同配合、相互补充,提高了人的空间定向的能力。

旅游者的空间知觉受到以下条件的作用,从而影响了旅游者对景物远近距离的认知。

1. 对象重叠。如果观察的对象之间有重叠,那么就容易辨别出远近,未被掩盖的物体近些,部分被掩盖的物体远些。当旅游者眺望远处时,就是通过重叠来判断远近的。

2. 空气透视。由于空气中尘埃、烟气等的影响,远处的物体看起来不容易分辨细节,模糊不清;而近处的物体则很清晰,细节分明。

3. 明暗和阴影。由于光线的照射会产生明暗的差别或造成阴影。光亮的物体看起来近些,阴暗的物体显得远些。

4. 线条透视。近处的物体形成的视角大,在视网膜上的投影也大,因而被知觉为较大的物体。远处的物体所占的视角小,因而被知觉为较小的物体。

5. 运动视差。运动着的物体,由于距离的远近不同,引起的视角变化也不同,从而表现为运动速度的差异。距离近的物体视角变化大,感觉速度快;距离远的物体视角变化小,感觉运动速度慢。

旅游者对距离的知觉,经常是以空间距离的远近来衡量,也常常是用时间的长短来衡量。距离知觉对旅游行为及其态度的影响具有两方面的作用。

一是距离对旅游的阻止作用。也称为"距离的摩擦",意思是长距离旅游必然要付出一定的代价,包括经济上的、时间上的、机会上的、体力上的代价,以及情绪上的代价。随着距离的增大,旅游的代价也会增加。

二是距离对旅游的促进作用。遥远的旅游目的地对旅游者特别有吸引力。在距离摩擦作用使旅游者选择较近的目的地的同时,另有一种推动力量把旅游者吸引到了更远的目的地。从心理上说,遥远的旅游胜地所产生的朦胧感与神秘感不仅给人以更多变化的希望,而且还给人以更多的、新奇的希望。

(四)旅游者对旅游交通的知觉

"行"是旅游过程中的重要组成部分,旅游者的交通知觉直接影响到旅游者对一次旅游的评价。在现代条件下,到达同一旅游目的地,可供选择的交通工具越来越多,主要有飞机、火车、汽车、缆车、游船等。而且,人们对交通条件的要求也越来越高,不仅要求快速、安全、舒适,还要在旅途中得到热情、友好、周到、礼貌的服务。

1. 旅游者对飞机的知觉。

旅游者对客运班机的选择,主要与以下四个因素密切相关:起飞时间;是否按时抵达目的地;中途着陆次数;空中服务员的态度。此外,旅游者还比较看重乘客人数、机内娱乐、售后服务和飞机类型。

首先,时间的价值对一个航空旅游者来说是非常重要的。其次,机上服务员的态度也相当重要。

2. 旅游者对火车的知觉。

许多旅游者喜欢乘坐火车旅游,主要原因是火车安全可靠,而且可以观赏沿途风光,有时也相当节省时间。旅游者对火车的知觉印象主要取决于三个因素:一是运行速度。安全快速的直达列车最受欢迎,如果必须沿途停靠一些站点,则停靠次数越少越好。二是发车及抵达时间。旅游者希望发车及抵达时间符合自己的旅游计划,不打乱既定的旅游日程安排,能够最大限度地利用时间观光、娱乐与购物。三是舒适程度。旅游者希望火车车型新、设备好、车体外观和车内装饰高雅漂亮、干净清洁、服务热情周到。此外,行车时间要有利于休息、娱乐和社交等。舒适程度高的火车会给旅游者留下积极的印象。

3. 旅游者对汽车和游船的知觉。

现代高速公路网的建立健全,为旅游者选择汽车提供了方便。尤其是在距离不太远的国内旅游中,旅游汽车更显得安全、便捷和便宜。旅游者对旅游汽车的知觉印象主要受到下列因素的影响:车窗的宽敞程度、空调设备、舒适的座椅、车身减震功能、导游工作、视听设备等。此外,车上空间是否拥挤与能否按时发车和抵达,也对旅游者的知觉印象有一定的影响。

游船经常被称为"游动的休养地",因而并非一般意义上的交通工具。游船既包括海上漫游世界的豪华邮轮,也包括穿行江河湖泊的一般观光船舶。旅游者对游船的知觉印象,主要与下列因素密切相关:游船能够到达的港口城市或旅游景点的多少、航程的远近、停靠地观光娱乐项目的多少、客舱及餐厅等设施是否豪华舒适、娱乐活动是否丰富有趣、游伴是否令人愉快、购物是否方便等。由于轮船速度较慢,因此速度并不是影响旅游者对其知觉的重要因素。通常乘船旅行时间都比较长,旅游者对轮船的安全和舒适程度非常重视。此外,旅游者也很注重轮船的休闲娱乐设施、服务项目,以及船上服务员的态度等。

(五)旅游者对旅游设施的知觉

1. 旅游者的联觉与旅游设施。

(1)色彩的联觉。

旅游者对色彩的联觉表现为暖色(包括红色、橙色、黄色等)、冷色(包括蓝色、绿色、紫色、黑色等)和中性色(包括白色、灰色等)引起的色彩联觉。暖色能使人联想到太阳和火焰,产生温暖的联觉;冷色能使人联想到森林和大海,产生凉爽清新的联觉;而中性色则能使人保持正常的心理感觉。色彩不仅使旅游者产生冷与暖的联觉,而且还能产生轻与重、强与弱、进与退、膨胀与收缩、兴奋与宁静等联觉。

(2)材质的联觉。

旅游设施提供的视觉和触觉形象,很大程度上决定于装修材料的选择与运用。综合考虑不同材料的特性,巧妙地运用材质的特征,会使旅游者产生丰富的联觉。材料表面的精与粗、光与涩,会使人感到寒与暖或深与浅的变化。质地的松软与挺括、柔韧与坚硬,也容易引起凝重或明快的联觉。材料本身所具有的独特的纹理质感、粗细疏密和自然风韵,能给旅游者带来迥异的情趣。

2. 旅游者的听觉、温冷觉与旅游设施。

旅游者的听觉会影响旅游者的情绪。乐声使人心旷神怡,精神舒畅;噪音使人烦躁不安,身心受损。旅游者的温冷觉虽然随着气候变化会有不同的反应,而且这种反应与各自的年龄、体质有关,但旅游者觉得最舒适的温度是20度左右。温度过高,人体的热量无法向外散发,体温上升,心脏活动增大,注意力分散,活动效率和质量下降;温度太低,人体热量大量向外散发,关节变硬,活动不灵便,注意力减退,活动效率也会下降。

3. 旅游者的错觉与旅游设施。

错觉是人在特定条件下对客观事物必然产生的、具有某种固定倾向、不符合事物本身特征的、歪曲的知觉。错觉现象十分普遍,几乎在各种知觉类型中都可能发生。

错觉在旅游活动中广泛存在。旅游建筑、室内装潢、环境布局、园林造景等旅游景观中利用旅游者错觉来突出主题、渲染风光,虚实相辅、大小相生,增加旅游者的独特体验。此外,旅游者自身的错觉体验也给旅游活动带来乐趣。

六、旅游风险知觉

所谓风险知觉,是指旅游者不能预见购买决策的结果时所遇到的不确定因素。风险知觉必须满足以下两个条件:(1)风险的后果不可忽视,而旅游者又主观认为避免它是很重要的;(2)这种风险确实有发生的可能。

（一）旅游风险知觉的种类

旅游决策总是会包含着风险和不可知因素,见表3.2。旅游者常遇到的风险有以下几种:

1. 功能风险。

功能风险指旅游产品和服务的低质量带来的使用价值的缺失。当旅游者购买的旅游产品和享受的各种服务没有达到预期的满意度时,就存在着功能风险。

2. 资金风险。

资金风险指旅游产品和服务的质价不符带来的货币价值损失。旅游者的货币付出没有得到物有所值的回报,从而存在经济上遭受损失的可能。

3. 安全风险。

安全风险指旅游者所购买的产品或服务可能带来危害旅游者的健康和安全的损害。旅游者消费过程中有可能给自己或他人带来人身财产和生命安全的危险。

4. 时间风险。

时间风险指旅游活动无法按照预定时间完成,从而产生不能按计划行动的旅游效率的损失。旅游者没有完成预计的旅游活动,有可能感到为搜寻产品信息,以至消费产品所用的时间都被浪费了。

5. 不可抗力风险。

不可抗力风险指由于地震、洪水、传染病、社会动荡等来自自然或社会方面的不可抗力造成的旅游者的时间、金钱、安全等方面的损失。

6. 心理风险。

心理风险指旅游产品或服务没有满足旅游者的精神需求,引起了旅游者的失望情绪,从而产生心理不平衡。

7. 社交风险。

社交风险指旅游者的消费行为对其社会交往或在社会上的地位产生不利后果的可能性。

表 3.2　旅游者对旅游风险的知觉

旅游者风险知觉的种类	旅游风险知觉的不确定因素
功能风险	1. 和想象的一样吗? 2. 真的比其他产品好吗?
安全风险	1. 旅游活动安全吗? 2. 对健康会不会有损害?
资金风险	1. 这是有限资金的最好利用吗? 2. 花这么多钱值得吗? 3. 这是最佳价格吗?
社交风险	1. 家人和朋友会同意吗? 2. 对我重要的人高兴吗? 3. 符合我的社会地位吗?
心理风险	1. 到那里旅游会感觉很好吗? 2. 此次旅游会满意而归吗?
时间风险	1. 要花很多时间收集信息吗? 2. 会不会浪费了时间一无所获?
不可抗力风险	1. 旅游地会有自然灾害吗? 2. 旅游地会有社会动荡吗?

(二) 旅游风险知觉产生的原因

不同的旅游者对风险的知觉是不同的。根据学者对知觉的影响因素的研究,知觉者、知觉对象和知觉情景都对知觉结果产生了不同程度的影响。旅游者的个人特点,如文化层次、智力水平、经济水平对旅游风险知觉有影响,同时旅游者购买的旅游产品或服务的种类、特点也有一定的影响。虽然旅游者知觉到的风险并不等于实际存在的风险,但对旅游风险的知觉,会影响旅游者的旅游决策。旅游者感知到旅游风险的主要原因在于:

一是购买目标不明确。旅游者对已经决定的旅游活动,没有详细、具体的消费计划。

二是购买过程无经验。旅游者没有旅游的经验,面对众多的选择无法确定决策。

三是购买信息不充分。旅游者信息来源单一、缺少信息或相互矛盾的信息使其产生不确定性。

四是相关群体影响大。个体的行为一旦与相关群体中的其他成员的行为不一致时,便会感到来自相关群体的压力。旅游者常会受到周围人群的影响,产生从众行为。

五是经济条件不允许。与旅游有关的消费大多属于高消费。旅游者在进行决策时考虑到经济状况,可能降低产品品质以降低价格,从而产生风险。

旅游风险产生的根源在于旅游经济的脆弱性和旅游产品本身的特性。

练习思考

1. 感觉和知觉存在什么关系?对旅游活动的意义何在?
2. 简述旅游者对旅游条件的知觉。
3. 旅游风险知觉有哪些?试分析产生的原因。
4. 知觉有哪些特点?在旅游活动中是如何体现的?

实训练习

搜集旅游广告,从旅游心理学的角度进行评价。

案例分析

客房为客人设计"经历"

一、酒店客房设计的雷同化

酒店设计中的客房设计,往往被认为是最容易的。相对大堂、餐厅、夜总会而言,他们觉得客房都是一个样子,"就那么几件东西!"实在不复杂。糟糕的是,在这种想法的影响下,有些酒店业主在客房设计中对设计师完全没有更高的要求。客房千篇一律,没有特点。国内的绝大多数中资酒店客房的设计、客房中家具的式样、布艺、地毯的颜色,甚至衣柜和小酒吧的位置和做法,都惊人的一致。这种"雷同"和"模式化"扼杀着酒店,特别是大量中等星级酒店的生命。

二、酒店客房设计的重要性

实际上,客房是酒店客人的真正归宿。世界上98%以上的酒店,客房是客人驻留时间最长的地方(有些赌场酒店除外),酒店也以销售客房的收入为其主要的经济收益来源。无论从客人的角度还是从酒店方的角度而来,客房都是最重要的地方。

有人为经济型酒店的投资战略总结了一个顺口溜:"五星的床、四星的房,三星的堂,二星的墙",这是有其道理的。所谓"五星的床",是指这件与客人身体接触时间最长的东西,其舒适度、美观程度都应该是一流的,尽管酒店可能只是一星或者二星,床和床上用品都万万不可怠慢。"四星的房",还是说客房。客房的格局、空间、氛围以及客房卫生间里的设备设施等的确也不能含糊。客房,关上门以后就如同客人自己的"家"。如果这个家索然无味,何谈"宾至如归"呢?

三、酒店客房设计的人性化

客人对自己入住的酒店会有一种"期待",这种期待对于客房更表现得十分具体和敏感。经常有人在推开自己要住的客房门的一刹那会产生短时间的兴奋,这是"心理期待"的作用。如果进得房来,看见似曾相识平庸无奇的一堆东西,他们会立刻大失所望;而发现房间内很多颜色、形式、陈设品、家具都是未曾见过的、新奇的,而且很美、很高雅,便会感到一种极大的满足和愉悦。住酒店的人,无论度假还是公差,或者商务旅行,都渴望"经历"。尽管这种渴望常常只是潜意识的。

"经历",通过室内环境和客房内每一个物品注入客人的印象里和体验中:一个意想不到简洁而实用的电视柜,一个奇特的玻璃球制的照明开关,一组精美松软的大枕头,一个嵌在床头的、用树脂成形的逼真的小鸟雕塑,一个坐在坐便器上还可以看到卧室里电视节目而且还能就近拿到遥控器的"隔而不闭"的卫生间,一把极富现代感的椅子,一个方便精巧的小书架……只要是客人没有见过的,就会变成他的"经历"。客人有了这种经历,就会为酒店树起口碑。

案例来源:马勇、刘名俭编著:《旅游市场营销管理》,东北财经大学出版社2003年版。

案例讨论

1. 客房能为客人设计什么样的"经历"?

2. 客房设计中能利用什么知觉原理?

3. 在酒店设计中为什么会出现雷同现象?

案例点评

感受香格里拉

一、消失的地平线

香格里拉,这个英语新词汇源于中甸藏语雍言,它之所以能在全世界传播开来要归功于原籍中国福建省的马来西亚首富郭鹤年先生。他自幼爱读《消失的地平线》。1971 年他在新加坡创办了第一家五星级"香格里拉大酒店"。在他的酒店集团里,只有最高档次的五星级才能命名为香格里拉,并向每位来宾赠送一部小说《消失的地平线》。英语 Shangri-La 的含义是:与世隔绝的世外桃源,那里没有仇恨,没有战争,是一片宽容、安宁、祥和的净土,是一片神奇的、拥有无与伦比的原始自然美的乐园,那里的生活是透明而清澈的,它远离正在走向自我毁灭的西方现代机器文明世界。

《消失的地平线》于 1933 年出版,并成了当时的畅销书,荣获英国霍桑登文学奖。1944 年,好莱坞投资 250 万美元将小说搬上银幕,主题歌《这美丽的香格里拉》随之传遍世界。

二、香巴拉的理想世界

詹姆斯·希尔顿在小说《消失的地平线》中,用瑰丽的文字向世人描绘了一个充满诗意和梦幻且飘荡着田野牧歌的理想国度——香格里拉。半个多世纪以来,许许多多的香格里拉信仰者,漂洋过海,万里迢迢地来到中国的大西南,探寻他们心中的圣境。

自 20 世纪 90 年代以来,人们在迪庆神奇地发现:藏经中的香巴拉王国及希尔顿笔下的香格里拉,就在这里! 于是,一股香格里拉旋风席卷中国,震惊世界。世界各地的香格里拉信仰者及旅游者纷至沓来,目睹、流连于这一人间仙境。

其实,早在 1930 年《消失的地平线》出版前三年,一位名叫刘曼卿的女探险家就已经在迪庆留下了神奇的足迹。在记录她探险旅游的《康藏轺征》书中有着这样的描绘:"自丽江西行,路皆崒岩峻坂,如登天梯、老桧交柯、终岁云雾封顶,行者不见马首,几疑此去必至一混沌世界矣。讵三日后忽见广阔无垠、风清月朗,连天芳草,满缀黄花,牛羊成群,帷幕四撑,再行则城市俨然,炊烟如缕,恍若武陵渔父,误入桃源仙境。此何地钦？乃滇康交界之中甸县城也。"

香格里拉地处滇、川、藏三省区结合部，为青藏高原东南边缘、横断山脉南段北端。其腹地是迪庆藏族自治州，首府中甸县城是这里人口集中的中心镇。"迪庆"藏语意为"吉祥如意的地方"，这里生活着藏、傈僳、汉、纳西、彝、白、回等民族，全州僧侣、教徒众多，寺院、庙宇遍布，形成了以藏传佛教为主，多种宗教并存的环境。在藏传佛教的发展史上，有作为"净土"的最高境界香巴拉王国。香巴拉王国隐藏在青藏高原雪山深处的某个地方，那里有雪山、冰川、峡谷、森林、草甸、湖泊、金矿及纯净的空气，是美、明朗、安然、闲逸、知足、宁静、和谐等一切人类美好理想的归宿。

香巴拉是"伊甸园"、"理想国"、"世外桃源"、"乌托邦"的代名词，是一片绝尘净域，美丽得让你一听倾心，一见钟情！这里，是一方旷古秘境，神奇得让你如梦如幻，如痴如醉！这里，是一座七色乐土，丰灿得让你五体投地，顶礼膜拜！

看不尽大自然的造化，香巴拉被赐予了偌多的白玉，堆塑成一座座灵秀的雪山，或如骑士顶天立地，或如丽人千古皎洁；香巴拉被赐予了偌多的翡翠，雕琢成一屏屏滴绿的森林，一道道鬼斧神工、流光溢彩的幽箐峡谷；香巴拉被赐予了偌多的锦绣，铺展成了一匹匹柔情的草甸，一片片喷香勾魂的花野花路花海洋；香巴拉被赐予了偌多的珍珠，汇集成一汪汪晶莹透亮的湖泊，一眼眼春意融融的彩泉；香巴拉被赐予了偌多的乳浆，装点成千姿百态、滴金泻银的溪流、瀑布、大江；香巴拉被赐予了偌多的天宝物华，奇禽异兽、名木药卉，或属孑遗，或称濒危，独领珍稀风韵。身在香格里拉，不感受，不思索是不可能的。

三、大地花园

传说中的香巴拉是雪山盘绕呈现八瓣莲花状的人间净土，是世间少有的吉祥宝地。《迪庆藏族自治州概况》这样记载：在这个区域内具有独特而又完整的原始森林垂直景观和丰富的植物资源，从山下到山顶，可以看到干热河谷到高山苔原的几种气候类型和因海拔不同而分布的林相，是研究亚高山林暗针叶林植物群落和自然生态的理想地区。

盛夏，金沙江边和澜沧江边的田野上，麦子一片金黄，高大的柿子树、核桃树绿阴如盖，各种花树果实累累，杨柳依依，热风阵阵。迤逦上山，盘来绕去，气候渐次变凉，直到海拔4400米的垭口，山风吹来，雨雪霏霏，寒气逼人，只见遥峰积雪，横空而立，闪着银光。在雪山之巅四顾，在白雪皑皑的绵绵山岭下，茂密的森林把山体严严实实地覆盖着,在大山之间,又有开阔深邃的峡谷,雾霭飘荡其间。在林海边缘、山坡上、悬崖壁,杜鹃成林成片,熙熙攘攘地怒放。银山花海,半山白雪半山花。

秋日,草甸子上盛开着一种红色的莨菪花,一种奇异的花,大片大片的红色无法追踪到它们的边缘,使游人好似置身于无边的大花园中。牛羊散落,花园敞开,香气四溢。在没有围栏的地方,纯粹的花园,游人们有可能迷失在一个花的帝国,用它弥漫的香气和色彩绘制出已臻完美的理想。方震东所著的《中国云南横断山野生花卉》这样记载:这里是世界著名花卉杜鹃、报春、龙胆、马先蒿、绿绒蒿等植物的分布中心或分中心;此外,乌头、翠雀、铁线莲、银莲花、紫堇、桂竹香、虎耳草、老鹳草、山梅花、蔷薇、花楸、槭树、岩梅、雪莲及雪兔子、紫苑、垂头菊、角蒿、鸢尾、杓兰等属植物,是本区域内引人注目的高山花卉。

案例来源:选自章海荣著《旅游美学导论》(清华大学出版社、北京交通大学出版社2006年版)有关案例。

点评:

感觉在旅游活动中的意义十分重要,案例中对香格里拉的欣赏、体验都是以感觉为基础的。对自然景观的欣赏是从感觉开始的,运用了眼、耳、鼻、舌、身等器官的看、听、嗅、味、触等基本的感觉功能,在此基础上,运用知觉来整体认知香格里拉的与众不同。

第四章

旅游学习

核心提示

　　学习是个体通过练习或经验而导致行为持久改变的过程或结果,是个体与环境之间相互作用的过程。对旅游者来说,旅游动机的产生、旅游态度的形成,以及旅游决策行为都是学习的过程。行为学习理论认为学习是个体对外界事物作出反应的结果,认知学习理论认为学习是顿悟和观察的结果。对旅游知识的学习也需要通过经验学习和信息获取这两个途径。

　　学习要点——1.学习的含义及特征;2.学习理论及其应用;3.旅游行为学习的主要内容;4.旅游行为学习的主要途径。

　　基本概念——学习、经典条件反射、操作条件反射、强化。

第一节　旅游学习的理论基础

　　心理学研究认为,几乎人类所有的行为都与学习有关,学习是个体适应环境、维持生存和发展的必要条件,贯穿人的生命全过程。在旅游活动中,旅游者将学习如何决策、如何消费以及通过学习改变自身的行为。

一、学习的基本内涵

（一）什么是学习

学习是个体通过练习或经验而导致行为持久改变的过程或结果，是个体与环境之间相互作用的过程。

个体对环境的适应可分为生理适应和心理适应。生理适应主要通过个体固有的遗传机制的成熟和成长实现。心理适应则必须通过学习来不断构建新的心理机制，产生相应的心理变化。学习是个体以心理变化适应环境的过程。

（二）学习的特征

1. 行为或行为潜能的改变。

学习的发生以行为或行为的潜能改变为标志，是个体获得行为经验的过程。学习与行为的关系并不必然对应。学习会引起个体行为的改变，行为的改变可以是外显的，也可以是内隐的。

2. 较为持久的行为变化。

只有发生较为持久的行为改变才是学习。学习通过行为改变了个体的表现，一旦学会了某种行为，个体会在不同场合表现出相对持久的一致性。

3. 基于经验的过程。

学习由个体的经验引起。经验包括接受信息、简约信息、转换和评价信息的过程，以及在此基础上作出反应以适应环境。

因经验产生的学习有两类：一类是有计划的练习或训练学习，另一类是生活中偶然情景中获得的经验产生的学习。

二、学习理论及其应用

（一）行为学习理论

行为学习理论认为学习是个体对外界事物作出反应的结果。行为学习理论也称刺激——反应理论，其主要观点是，本来并不能引起个体某种反应的刺激，如果经过练习后最终引起该种反应，即表明该刺激与该反应之间形成了新的联结。这种新的联结的形成过程就是学习。行为学习理论的代表人物主要有苏联的生理学家巴甫洛夫和美国的心理学家斯金纳。

1. 经典条件反射理论。

（1）定义。

一个原来不能引起某种无条件反射的中性刺激物,由于总是伴随着某个能够引起该无条件反射刺激物出现,重复多次后,该中性刺激物也能引起无条件反射,即经典条件反射。

（2）基本规律。

泛化。泛化是指被刺激对象在不能辨别条件刺激与一定范围内的其他相似刺激时,对相似刺激作出与条件刺激相同或相似的反应的一种现象,其反应程度则随着相似刺激与条件刺激的相似程度而定。

分化。与泛化相反,是条件反射精确化的过程。是对某种特定刺激作出某种反应,而对其他类似刺激不作出反应。

消退。对条件刺激的反应行为不做强化,出现率逐渐降低,直至消失的现象。

恢复。已经消退了的条件反射,经过一段时间之后(即不给予任何类型的重复),当条件刺激重新单独出现时,被刺激者又作出相应的条件反应,即条件反射自然地恢复了,这就是刺激自然恢复。

经典条件反射理论在旅游市场营销中有着广泛的应用。当某个品牌与旅游者积极的情感反应建立了联系之后,就会形成品牌忠诚;但如果这个品牌在较长一段时期内在市场上销声匿迹,则出现刺激消退;但当此品牌又东山再起时,一部分对该品牌具有强烈情感依赖的旅游者,会继续成为该品牌的忠实购买者,出现刺激恢复。

2. 操作条件反射理论。

（1）定义。

在一定的刺激情境中,个体某种反应结果能满足其某种需要,以后这种操作及活动得到强化而形成的条件反射,这种反射即操作条件反射,也称工具性条件反射。

（2）强化。

操作性条件反射在下述三种情况下发生:一是环境以奖励的方式提供正强化,加强了反应并使被刺激者作出适当的行为。二是负强化也会加强反应,并使被刺激者作出适当的行为。三是惩罚会制止某种行为,一种反应导致发生了不愉快的事件,当惩罚发生后,被刺激者就不再重复这种行为。

3. 经典条件反射理论与操作条件反射理论的区别。

经典条件反射和操作条件反射是两种不同的联结过程:经典条件反射是 S-R 的联结过程;操作条件反射是 R-S 的联结过程。经典条件反射的反应是不自觉的且相当简单,而操作条件反射的反应是为了获得既定的目标而有意作出的,比较复杂。

操作条件反射依赖于有机体作出一定的动作反应;而经典条件反射却依赖于对有机体的条件刺激。此外,经典条件反射中条件刺激和无条件刺激紧密相伴,否则便不可能产生预期的行为,而操作条件反射是对期望行为强化的结果。

经典条件反射与操作条件反射在学习形式上也有着重要的区别。在经典条件反射学习中,总是无条件刺激在前,无条件反应在后;而且后者是由前者引起的。但是在操作条件反射学习中,却是条件反应在前,无条件刺激在后。在经典条件反射学习中,反应是由刺激引发的,个体处于被动地位;在操作条件反射学习中,反应是自发的,不是由外界任何刺激引起的,所以个体处于主动地位。

（二）认知学习理论

认知学习理论包括德国心理学家科勒的顿悟学习理论、美国心理学家托尔曼的目的行为学习理论和美国心理学家班杜拉的观察学习理论。

顿悟学习理论认为学习是重新组织知觉情境并领悟其内在关系的过程,是一种在理性分析基础上的认知学习。也就是说,认知学习被看做有目的地采取行为来解决问题的过程。

目的行为学习理论的观点认为学习是个体的整体行为具有趋向或避开某种目标的目的性和达到目标的认知性。个体在学习中能主动对环境要素之间的关系进行综合,形成表象,并依据对环境的认知在情境与达到目的的途径之间建立起联结的符号系统。

观察学习理论认为个体有时并不直接参与学习活动,而是观察榜样的行为及结果,从而习得这种行为。观察学习也被称为替代学习或社会学习,这种类型的学习是一个复杂的过程。个体在积累知识时要把观察到的东西储存在记忆中,以便将这些信息用于指导行为。

观察学习过程包括注意过程、保持过程、动作复现过程和动机过程。通过观察学习,个体逐渐形成与社会提供的榜样相一致的行为。

观察学习具有以下特点:第一,观察学习并不必然具有外显的行为反应,但它必然导致知识或知识结构的变化。第二,观察学习并不依赖直接强化,在没有强化作用的情况下,观察学习同样可以发生。第三,观察学习不同于模仿,而是从他人的行为及其后果中获得信息,它可能包含模仿,也可能不包含模仿。

观察学习较之于其他类型的学习具有很多优点。首先,通过对榜样行为的观察,可以避免因在切身学习体验中所犯错误而付出高昂代价。其次,观察往往也是学习很多新行为的最好的甚至是唯一的手段。再次,观察学习可以缩短行为学习的时间。

（三）学习理论在市场营销中的应用

许多旅游营销策略往往依据这样的假设:旅游消费者持续不断地积累旅游产品的信息,多数旅游者是因"诱导"而偏好某些旅游产品。基于上述假设,旅游企业在正确引导消费者对旅游产生兴趣,形成旅游动机,以至于最终实施购买行为方面,应该起到重要的引导作用。正确应用学习理论,采取一些行之有效的营销策略,可以更好地满足旅游者的需求。

1. 对旅游产品开发和营销方法的学习。

不同年龄、不同性别、不同职业、不同经历、不同文化背景的旅游者,往往具有不同的消费需求和消费行为特征。旅游企业只有研究不同旅游者的消费心理,才可能有的放矢地开发设计旅游产品,才可能有针对性地开展旅游宣传、营销活动。

2. 对旅游企业管理和旅游服务技能的学习。

加强科学管理,不断提高旅游服务质量,是旅游企业获取持续竞争力的重要法宝。面对日趋庞大和竞争日益激烈的旅游消费市场,旅游企业管理者要不断学习先进的管理方法,注重加强人力资源培训,掌握管理心理及服务心理的一般规律。

3. 对旅游者消费心理与消费行为的学习。

旅游企业要利用行为学习理论,刺激、强化旅游者的消费需求,注重刺激与反应之间的联想的建立,实现无条件刺激到条件刺激的转变。在旅游宣传中,要注意对刺激泛化和刺激辨别的正确应用。一般来说,先经过刺激泛化,然后再进入刺激辨别阶段,是新的旅游产品最终获得成功的必由之路。

4. 对旅游者认知过程和旅游态度的学习。

按照认知学习理论的观点,旅游者决定购买旅游产品的过程,首先是认知到旅游需要,然后进行信息搜集、解释并评估可选择的产品,在此基础上选择认为最可能满足其需要的旅游产品,最后再评估该项旅游产品满足其旅游需求的程度。

旅游认知与旅游者的观察学习有关,榜样的力量在观察学习中具有重要意义。因此,旅游企业可以通过展示他人购买某项旅游产品所带来的利益,或者因未购买该项旅游产品而产生的不利后果,使旅游者建立起相关的旅游产品知识。旅游者的观察学习不仅可以引起认知变化,还可以激发情感反应,为下一步实施购买旅游产品的行为奠定良好的认知基础和情感基础。

三、旅游者行为的强化

(一) 旅游者学习的效果

学习是一种重要的心理现象。在学习理论中动机、暗示、注意、记忆、联想、强化被认为是学习的基本心理要素。

由于旅游者通过学习之后可以改变自身的某些行为方式,而这些行为方式的改变对于企业经营及商品销售具有直接意义。一般来说,学习之后对于原来行为的改变有四种效果:

1. 加强型学习。

通过一段时间的学习之后,旅游者加强了原来的行为,增加了旅游行为的频率等,产生了重复出现的学习效果。

2. 稳定型学习。

由于学习消费某种商品或某一类型的商品之后,逐渐形成了一定的旅游消费需要或消费习惯,这种行为方式逐渐地被稳定下来。形成旅游消费习惯后,该旅游者购买旅游商品的直接动机就不再是因为兴趣、炫耀或新奇等,而是出于习惯性的需要。

3. 无效型学习。

不管怎样地学习(是消费过这种商品也好,还是接受了大量的有关这种商品的信息也好),都没有改变旅游者原来对待这种商品的行为方式,学习之后没有相应的效果。

4. 削弱型学习。

由于旅游者接受了某些旅游信息,了解到旅游景区或旅游服务的某些特点而削弱了原来的旅游行为方式,或将原来的行为方式转换为另一种行为方式。

（二）旅游者行为强化的类型

强化是指通过增强某种刺激与个体某种反应之间的联系,使个体的反应成为某种强化（积极的或消极的）后的结果。旅游者购买了一种产品并体验到一种积极后果,该旅游者再次使用这种产品的可能性就会增加。如果使用结果是不利的,其再次购买该产品的可能性就会减小。强化的类型及作用见表4.1。

表 4.1　强化的类型及作用

行为后果的表现	强化的类型	强化结果
表现正面结果	积极强化	增加行为发生的可能性
消除负面结果	消极强化	减少行为发生的可能性
表现负面结果	惩　罚	制止行为发生的可能性
发生中性结果	衰　减	降低行为发生的可能性

1. 积极强化。

某些事件或结果可以增加特定行为重复发生的频率。如果旅游消费者在购买时得到回报,如:现金折扣、赠送优惠券等,就会提高旅游者未来再次购买的可能性。在这种情况下,这种回报增加了行为重复的几率,因此称为积极强化。积极强化是营销人员影响消费者行为的最常使用的手段。一般来说,消费者行为发生后得到的回报越大,而且得到的时间越早,那么这种行为就越有可能被强化,消费者就越有可能在未来重复类似的行为。

2. 消极强化。

当厌恶刺激带来不愉快情境时,个体作出某种反应,从而减少了厌恶刺激或不愉快情境的发生,则该反应在以后的类似情境中发生的概率便会增加。这类强化也被称为消极强化。如果旅游者了解到旅游服务质量差的信息,则会减少购买此种服务。

3. 惩罚。

个体某种行为发生后,有害的或负面的事件随之而来,这种行为就不会再发生,这种强化就是惩罚。旅游者体验到的服务不好,对服务不满意,旅游者将不会再次光临。

4. 衰减。

个体接受的行为强化,既不是积极的,也不是消极的,则个体这种反应行为将逐渐降低反应频率，以至最终消失，这种强化就是衰减。衰减是一种无强化的强化过程，其作用在于降低某种反应在将来发生的概率，以达到消除某种行为的目的。在旅游者印象中某一产品或服务形成了负面的形象，为了消除负面影响，旅游企业会采用衰减来降低不好的影响。

第二节　旅游行为学习

对旅游者来说，旅游动机的产生、旅游态度的形成，以及旅游决策行为，都是学习的过程。因此，旅游行为的发生依赖于个体的学习。对旅游企业来说，应用学习理论，发现并解决旅游消费中的问题，对于提高旅游者的满意程度也有十分重要的意义。

一、旅游行为学习的内容

（一）动机学习

旅游动机源于旅游需要，但是需要转化为满足需要的行为要通过动机来实现。旅游行为的动机则是后天学习的结果。

旅游需要是一种高层次的需要，包括社交、尊重和自我价值实现的需要，是个体后天培养起来的需要，要通过外在的条件和手段才能满足。随着生活方式的变化，旅游需要的内容不断得到丰富和深化。

旅游动机是旅游需要转化为旅游行为的中介条件。旅游动机的激发可以通过刺激诱因导致，也可以通过旅游者的学习获得。在旅游动机的学习过程中，旅游信息宣传起到了刺激强化作用，这种学习过程包括行为学习，也包括认知学习。

（二）态度学习

态度是个体的心理倾向性，它是个体行为的内在心理准备，对个体行为具有强烈的驱动作用。个体的态度不是生来就有的，主要是通过联想、强化和模仿等学习方式而逐步获得和得到发展的。旅游者对于旅游的态度受到学校、家庭、朋友、熟人以及自己所属的群体、生活的社会环境和新闻媒介提供的各种信息的影响。旅游者对这些信息的学习,就会形成一定的信念或意见,这些信念或意见逐渐形成一定的态度。对旅游者来说,旅游态度的习得,最终会使其产生旅游行为。

态度也可以通过个体所扮演的角色而习得。每个人在生活的各个阶段都担任着不同的角色。每个角色的行为都是习得的,而且,学习本身就要求每个人对既定的角色形象采取适当的态度。

教育是学习态度的一种有效方式,教育的价值就在于家庭和学校向年轻人传授态度。态度的学习也在很大程度上受个体知觉的影响。通过知觉,旅游者学会判断和理解。

态度学习还受到社会文化的影响。文化和社会变革使个体形成新的态度,并改变原有的态度,在一定程度上明显地影响了旅游行为。

(三) 消费学习

旅游消费学习是指旅游者学习正确地购买和使用旅游产品。换句话说,就是学会区别相互竞争的旅游产品和服务,如何对待在购买决策中所包含的风险和未知因素,以及如何消除购买后疑虑。

旅游消费学习涉及的内容很多,诸如购买什么样的产品,接受什么样的服务,支付什么样的价格,积累什么样的经验,避免什么样的风险,等等。在所有这些需要学习的内容中,旅游消费者尤其要注意学习在旅游决策中如何应付风险和不可知因素以及如何消除购买后产生疑虑的问题。

1. 风险学习。

风险和不确定性与个人所作的任何决定恰好同时产生。旅游者作出的任何决定都很可能产生意想不到的后果,有时是令人非常不快的后果,由于结果与预想大不相同,这样决定时,就可能察觉到风险。

旅游消费者在购买旅游产品和服务时都会觉察到不同程度的风险,风险主要来源于服务产品的特性。此外,风险也来源于旅游者个人:一是不确定的购买目标;二是不确定的购买结果;三是缺乏购买经验;四是经济上的考虑。

消费者在既定的购买情境中感觉到某种程度的风险是可以减少的。旅游者减少觉察到的风险常用的方法主要有:

第一,降低对产品和服务的期望。降低对产品或服务的期望,作为减少觉察到风险的策略是不容易接受的。在旅游服务业中,情况尤其如此。旅游者总是向往理想化的旅游,对旅游充满了幻想。为此,旅游者既要保持对旅游的幻想,又要做好心理准备。

第二,选择品牌产品或服务。重复购买一种产品和服务,是消费者用以减少觉察到的风险的较为普遍的策略。重复购买同一品牌增加了购买结果的确定性。对于缺乏信息的旅游者而言,购买知名品牌是增加结果确定性的最佳方法。

第三,尽可能寻求充分的信息。一般来说,消费者掌握的信息越可靠,购买中所感受到的风险就越小。旅游者在大多数购买过程中,都预感到有风险,而信息有助于减少这种风险。

2. 处理购买后失衡的学习。

疑虑在旅游者作出购买决定后通常可能存在,消费行为理论把这种疑虑称之为购买后的失衡或购买后的不协调性。旅游消费者产生购买后失衡的主要原因是:

一是决策时由于呈现在决策者面前的各种可供选择的信息太多,虽然经过努力筛选,鉴于个人经验、价值观和知觉水平所限,以及被选对象又是处在动态之中,因此很难作出一个理想的抉择。而且在决定之后,又可能发现更为理想、更为满意的购买对象。在这种情况之下,产生疑虑或后悔是不足为奇的。

二是在决策之后可能出现意外情况,旅游者的经济状况发生变化,旅游地发生突发事件,或是朋友、熟人的否定性评论等,都能再次引起旅游者心理上的不适。旅游者在购买之后受到的种种挫折或者遇到预料不到的困难,也可产生购买后的疑虑和后悔。

三是决策的正确性与否无法证实,由于缺乏证明,无法判断所购产品的优劣,因此造成旅游者心理上的不安。

旅游消费者应对购买后失衡的策略主要有:

一是接触新的信息。如果对购买决策感到后悔,旅游者可以寻找可以支持这个决定的一些信息,同时避免接受支持弃选对象的信息。通过拒绝对立的信息,或者通过解释接收到的信息,来处理信息以确保和谐。

二是通过遗忘弃选对象的优点,注意其缺点,做到适当妥协。当有关信息与旅游者的信念相冲突时,可以通过改变对对象的观点,或有关信息来源的观点,或同时改变两者来达到平衡。

二、旅游行为学习的主要途径

心理学认为,经验是行为变化的主要依据,信息是经验形成的重要条件。因此,经验积累和信息获取是学习的两个重要途径。对于旅游者而言,在其整个旅游消费活动过程中,对旅游知识的学习也需要通过经验积累和信息获取这两个途径。

(一)通过经验积累

旅游者往往会从自己亲历的旅游活动中概括出一些普遍的规律,形成经验,以此指导今后的旅游活动,这便是通过经验来学习旅游。不管是积极经验还是消极经验,都会影响个体以后所发生的行为。旅游者不断积累经验的过程是通过不断的学习强化实现的。

积累经验离不开记忆。与旅游活动有关的记忆表现在旅游活动之前、之中、之后三个阶段。记忆在旅游者的心理活动中起着极其重要的作用。在旅游活动开展前,旅游者通过各种途径有意或无意地记忆了与旅游有关的大量信息,为旅游决策和活动作好知识和经验的心理准备。记忆伴随着整个旅游活动的进行,是一种美好的体验,同时还能增长见识,强化认知。旅游者利用照相机、摄影机、购买旅游纪念品和收集地图、旅游资料等来帮助记忆更多的美好经历。旅游活动结束后的记忆主要表现在回忆上,美好的回忆是终生难忘的记忆,也成为丰富的旅游经验的源泉。

(二)通过获得信息学习

旅游者解决旅游问题所需要的信息,主要来自两个渠道:一是旅游商业环境;二是个人社交环境。在通过信息学习旅游行为时,旅游者表现出主动学习的特征。

旅游商业环境信息。旅游商业环境包括旅游广告、宣传和促销。旅游企业经常利用图片、图像、声音等手段向旅游者传递信息,推销产品和服务。这些信息往往从以下几个方面对潜在旅游者产生影响。

创造性地传递销售信息,可以强化旅游者固有的旅游动机。旅游营销者具有创造性和想像力的信息传递,可以唤醒潜在旅游者对旅游产品和服务的注意,引起兴趣,调动联想,诱发情感,从而强化其已有的动机,促进或激发旅游者对旅游作出决定。

丰富的商业信息可以弥补旅游者的知觉漏失。旅游者在作出旅游决策时,会关注更多的信息,从而把知觉以外的旅游产品和服务考虑到决策范围之内,从而扩大决策的选择范围。

商业信息诱导可以改变旅游者的旅游决策方式。旅游商业环境所提供的信息,显然对潜在旅游者和现实旅游者都会产生积极影响,刺激诱因选择正确可以激发旅游者的潜在旅游动机,改变其旅游态度。

个人社交环境信息。旅游者个人社交环境是旅游者获取旅游信息最主要的来源。个人社交环境包括家庭、亲属、朋友、熟人、同事等。个体从个人社交环境中获得的信息往往对其旅游动机产生明显的影响。旅游者的旅游动机、旅游态度、旅游情感等心理因素受到其生活环境的影响,旅游偏好的形成尤其与其所处的人际关系环境密切相关。

（三）通过自我调控学习

一是通过社会角色学习。特定的社会角色要求有相应的角色行为规范和行为态度。如果个体选择了旅游者的角色,就必须以旅游者的态度行事。

二是通过接受教育学习。教育可以改变个体的生活观念和生活态度,借以影响个体的生活方式,在体验经济、休闲经济时代,个体的生活方式将会逐步适应时代的发展。

三是通过提高知觉能力学习。知觉是态度形成的基础,如果没有对事物的理解与评价,态度的形成便没有依据。旅游者通过提高知觉能力,对众多的旅游景点、旅游活动项目和旅游设施进行评价,从而获得认识。

四是通过观察学习。社会发展和环境变化可以使个体形成新的态度或改变旧的态度,从而对其行为产生影响。旅游活动已经成为一种积极的、健康的、有益的、大众参与的经济文化活动,在这种社会文化影响下,个体的旅游态度及旅游行为是其认知学习的结果。

五是通过强化学习。旅游者从旅游动机的产生到旅游行为的发生,其心理过程受到诸多方面的影响。强化是重要的获得行为的途径,强化可以形成习惯、偏好。旅游者通过对旅游产品或服务的认知和使用,会产生兴趣、情感,从而形成旅游偏好,最终作出重复购买的决定。

练习思考

1. 简要说明学习的含义及学习的过程。

2. 阐述行为学习理论和认知学习理论的主要内容及其应用。

3. 分析旅游消费者购买风险知觉产生的原因。

4. 举例说明每种类型的强化在旅游营销中是如何运用的。

5. 分析旅游者学习的主要内容及学习途径。

实训练习

搜集有关资料,讨论成熟的旅游者是学习的结果。

案例分析

中华民俗文化村的小招数

一、旅游者带来的景区问题

深圳中华民俗文化村在经营之初遇到了两个难题,一是环境卫生问题,二是旅游者"流连忘返"的问题。

大量的旅游者也带来了大量的垃圾,清洁工太多影响景观,太少又难以维持卫生,让旅游者自觉又谈何容易。深圳是个不夜城,到了景点关门的时间,仍然有旅游者迟迟不走。旅游者是景点的主要公众,如果这些问题处理不当,就会陷入两难境地:要么得罪公众,要么默认低质量的管理。

二、景区的管理措施

中华民俗文化村在这方面采取了积极的态度和巧妙的措施,针对环境卫生问题,他们采取了"只捡不说"的做法,每个清洁工都穿上了印有"你扔我捡"的清洁服,默默地清理垃圾。看着清洁工勤奋的工作,旅游者不知不觉地规范了自己的行为。针对"流连忘返"的问题,他们采取了"陪客清场"的措施,到了关门的时间,不是简单地轰赶旅游者,而是由工作人员陪着旅游者看没有看完的内容,直到旅游者满意离去。采取这两个措施后,不仅景点的卫生问题和秩序问题都得到了圆满的解决,而且还赢得了广大旅游者的一致好评。

案例来源:杨哲昆主编:《旅游公共关系学》,东北财经大学出版社 2005 年版。

案例讨论

1. 案例中景区的管理措施有何特点?
2. 案例中景区的管理措施利用了哪些心理规律?
3. 案例中景区的管理措施对旅游者的旅游行为学习起到了什么作用?

案例点评

青少年旅游者

一、PGL 公司简介

PGL 公司是英国一家重要的旅游企业,公司业务主要是为年轻人提供探险旅游服务。青年人一般是在没有父母陪同的情况下度假,并且这往往也是他们首次长时间离开家。度假中综合了室外和室内多种活动,住宿条件也从帐篷到宿舍,多种多样。公司还在校园这个市场建起了广阔的业务。

公司的名称是以创始人 Peter Gordon Lawnence 名字的开头字母命名的,Peter 在 1950 年建立这家公司,并一直担任 PGL 集团的董事长。公司最早的创意来自彼得本人,1950 年在奥地利度假时,他乘折叠式划艇沿着多瑙河顺潮直下时产生了这个想法。1957 年,彼得开始组织青年人沿瓦伊河进行划艇野营活动。作为公司负责人,他为这次尝试性的冒险活动命名为"PGL 之旅"。随后,他逐渐将业务扩展到威尔士和布雷肯毕肯斯国家公园。在 20 世纪 60 年代与 70 年代,"PGL 之旅"主要包括划艇、帆船和骑马旅行等旅游项目的露营旅行。创业早期,公司主要针对学校团体,并开拓包括法国南部等地的旅游业务。公司在法国和英国长年设有总部和办事处。

在 20 世纪 80 年代,公司逐步发展成为英国重要的探险旅游提供商。公司通过收购的方式扩展业务。在近十年中,公司投资策略逐步多元化,其中包括学校的修学旅游、实地考察课程等。1991—1992 年间,公司从一家破产的竞争对手处获得"探索户外冒险"这一项目后,在校园市场上也取得了巨大的发展。

公司已经有了 40 余年的历史,并且作为青少年假期活动的提供商得到了广泛的认同。

二、青少年旅游活动

度假活动专门针对年龄在 6—18 岁之间的青少年而设计。顾客可以根据年龄范围选择适当的度假活动。这些度假活动可以分为 6—9 岁、8—11 岁以及 11—13 岁三个年龄组。旅游活动根据具体年龄组作出相应的调整。这些青少年往往是首次离开父母来度假的。这也就意味着青少年的安全保障对于公司而言是头等重要大事,同时在旅游度假的宣传材料中也应当得到重点体现。

1996 年度英国旅游者年龄统计:6 岁占 2%,7 岁占 4%,8 岁占 8%,9 岁占 11%,10 岁占 12%,11 岁占 12%,12 岁占 14%,13 岁占 12%,14 岁占 11%,15 岁占 8%,16 岁占 6%,17 岁占 1%,18 岁占 1%。

PGL 在英国和法国拥有 13 家分社。公司组织广泛的旅游活动,包括:射箭、骑马旅行、摩托车赛、速降、划艇、越野赛跑、搏击课程、帆船、风帆冲浪、登山等。特殊项目包括山地车赛、多尔多涅河探险、驾驶员常识课程、印第安琼斯主题假日、农场生活、海滩救生员、法语课程以及网球训练。

表 4.2　PGL 公司青少年假期活动一览(英国区活动)

6—9 岁	Thomley 礼堂
6—9 岁,8—11 岁	山顶
6—9 岁,8—11 岁,11—13 岁	Marchant's 山
8—11 岁,11—13 岁	Boreatton 公园
8—13 岁,12—16 岁	Dalguise(苏格兰的佩思郡)
8—13 岁,12—16 岁	Myerscough 大学
8—13 岁,12—16 岁	BeamHouse(德文郡)
12—16 岁	Court 农场
12—16 岁	TregoydHouse(威尔士边界)
12—16 岁	TanTroed(威尔士布雷肯比肯斯)
14—18 岁	警官学校
14—18 岁	榕树礼堂

公司在英国的佩思郡、兰开夏、什罗普郡、南威尔士、瓦伊峡谷、北德文郡和萨里等地设有 15 个办事机构。另外在法国设有 8 个办事机构,在奥地利设有 2 个少年活动中心。

表 4.3　PGL 公司青少年假期活动一览（英国区特殊活动）

8—13 岁	印第安琼斯冒险
8—13 岁	鲁滨逊冒险
8—13 岁，12—16 岁	摩托车赛
12—16 岁	驾驶员常识课程
14—18 岁	网球训练
8—13 岁，12—18 岁	骑马、徒步旅行
12—18 岁	RYA 帆船、风帆冲浪
12—16 岁	山地车赛
8—13 岁，14—18 岁	主题公园以及相关活动
12—16 岁	垂钓
12—16 岁	河流划艇
12—16 岁	侦察和室外探险
16—18 岁	个人技能培养
8—13 岁，12—18 岁	戏曲和曲艺
8—13 岁	媒体技术
8—13 岁，12—18 岁	外国儿童英语学习

活动中所有的看护和指导人员都由受过良好训练的专业人员担任，并且使用专业的设备和服装，另外还包括夜间娱乐活动以及提供三餐的住宿。活动中心以及活动需要总部派遣 100 名专业人员。公司还拥有自己的奥尔顿 Court 总部，并且具备十万立方英尺的存储能力，足以满足活动中所需专业设备的存放需要。

PGL 旅游有限公司得到了很多专业组织机构的认可，其中包括皇家快艇协会和英国划艇协会。

表 4.4　PGL 公司青少年假期活动一览（法国区活动）

12—16 岁，16—18 岁	南诺曼底	法语学习
14—16 岁，16—18 岁	南诺曼底	乡间聚会
12—16 岁，16—18 岁	多尔多涅河	多种类型活动
12—16 岁，16—18 岁	多尔多涅河	骑马、徒步旅游
10—14 岁	布伦的 Hardclot	多种类型活动
12—16 岁，16—18 岁	地中海	水上运动
16—18 岁	地中海	救生训练
12—16 岁，16—18 岁	Ardeche 和地中海	水上运动
14—18 岁	法国阿尔卑斯山脉的 Embrun	多种类型活动

三、青少年旅游者的评价

青少年在活动中心可以学到很多有用的知识。他们尽管是初次离开家，却能够学习到如何更加独立的生活。他们希望在活动中寻求各种冒险和刺激,同时他们还渴望结识新朋友,体会不同的经历。以下是1996年度对参加PGL度假的青少年活动的一些评价:

工作人员一天24小时面带微笑;

当我们在度假结束来接马太回家时,他的笑容是那么的灿烂;

当安东尼结束训练时,就对我们说"对不起,没有给你们寄明信片,但是我过得非常愉快,我实在是没有时间去写";

乔纳森度假回来已经有4天,仍然在谈论度假期间的经历;

如果你的兄弟姐妹快把你逼疯了,去PGL吧,在那里你会得到解脱;

我真是大吃一惊!我喜欢这里的活动,我以后还会来;

快乐从始至终,从未间断;

PGL又一次给了我的孩子一个快乐的周末;

让孩子一个人去不会有问题,每个人都是那样友好,孩子很容易就适应了;

活动中所有设备都事先做了充分的准备;

PGL是儿童活动的天堂,在那里你可以遇到成千上万的新朋友;

感谢你们这家专业的机构,请向每一位员工表达我的敬意;

我的整个假期中,没有一分钟不是在快乐中度过的。我想,我还会回来的;

这里充满了愉快的经历,我迫不及待地希望下一个暑假还在这里度过;

调查中还发现,参与PGL旅游度假的客人大多来自专业人士,阅读高品位的报纸,并且生活水准很高。

案例来源:根据约翰·斯沃布鲁克和苏珊·霍纳著(俞惠君、张鸥、漆小燕译)《旅游消费者行为学》(电子工业出版社2004年版)有关案例改编。

点评:

  PGL公司开发的旅游产品满足了青少年渴望离开家体验新鲜刺激生活的要求,公司运作十分规范,保证了安全和物有所值。家长们相信孩子会在安全的环境下度假。对于青少年旅游者而言,PGL提供的冒险经历和新奇体验将逐步改变其旅游行为和度假方式,从中青少年旅游者学习了旅游行为。冒险和参与活动已经改变了"挖泥的桶和小铲",也培养了新一代度假旅游者。

第五章

旅游动机

核心提示

　　旅游需要是人的一般需要在旅游过程中的反映,是一个结构复杂的需要系统。旅游需要是一种综合需要,更多地体现为一种高层次需要。旅游动机是推动旅游者进行旅游活动的内在原动力,是引发和维持旅游者进行旅游活动,以满足其旅游需要的一种心理倾向。旅游动机的产生必须有内在条件和外在条件的共同作用。引发旅游动机的内在条件是旅游需要,引发旅游动机的外在条件是旅游诱因。

　　学习要点——1.旅游需要的内涵及特性;2.旅游动机的特征、功能及产生条件;3.旅游动机的影响因素;4.旅游动机的激发手段。

　　基本概念——旅游需要、旅游动机。

第一节　旅游需要

一、需要及其分类

　　在人的心理倾向中,需要构成了心理倾向的基础,也成为动机即人的行为动力的基础。

（一）什么是需要

需要是人脑对生理需求和社会需求的反映，是个体内部的某种缺乏或不平衡状态，体现了个体的生存和发展过程中对客观条件的依赖性，是个体活动积极性的源泉。

需要是个体内部生理上或心理上的某种缺乏或不平衡状态。一旦某种缺乏或不平衡状态消除了，需要也就得到了满足。这时，又会产生新的某种缺乏或不平衡状态，产生新的需要。

需要是个体为了维持生存和发展而产生的某种客观要求的反映。人是生物体和社会实体的统一，个体存在多种多样的需要。

需要是个体活动积极性的源泉，常以意向、愿望、动机、抱负、兴趣、信念、价值观等形式表现出来，是个体活动的内在心理动力。

（二）需要对象的分类

人的需要是一个多维度、多层次的结构系统，各种需要是彼此联系的。按照需要的对象分类，可以分为生理需要和社会需要、物质需要和精神需要。

生理需要是指与保持有机体生存和延续生命相关的需要，又称为生物性或原发性需要，人的生理需要有不断提高质量的倾向。社会需要是指由社会生活引起的并受社会制约的高级需要，社会需要是后天习得的。

物质需要是指个体对物质条件的需要，反映人的行为对物质条件的依赖，包括生理需要和社会需要。精神需要是指个体对社会精神生活及其产品的需要，包括对知识、文化、艺术、审美、道德、交往等内容，是社会需要。

（三）需要层次论

美国人本主义心理学家马斯洛在 1943 年的《人类动机理论》中提出了需要层次理论，把人的多种多样的需要归纳为五个层次，并按照它们发生的先后次序分为五个等级；在 1954 年的《动机与人格》中马斯洛又补充了认知需要和审美需要，形成了不同等级的需要系统，由生理需要开始，逐渐满足达到安全需要、归属与爱的需要、尊重需要、认知需要、审美需要、自我实现的需要；1970 年马斯洛又将需要归为基本的五个层次。

1. 生理需要。

生理需要是维持个体生存的需要。人类最原始的基本需要包括饥、渴、性和其他生理机能的需要，它是推动个体行动的最强大的动力。马斯洛认为人的生理需要是最重要的,必须首先得到满足。这一观点可以解释旅游者为什么夏天要到海边或山里去避暑、为什么对农业旅游越来越感兴趣,以及紧张工作后为什么要到异国他乡旅游,以暂时改变一下环境。

2. 安全需要。

安全需要是个体对组织、秩序、安全感和可预见性的需要。当个体的生理需要得到满足后,则要求获得生命和财产安全、避免疾病、远离恐惧等需要的满足。安全需要也是旅游者在旅游活动中最关注的。

3. 社交需要。

社交需要即爱与归属的需要。一是爱的需要,即个体希望人际之间的关系融洽或保持友谊和忠诚;希望得到爱情与亲情;希望爱别人,也渴望接受别人的爱。二是归属的需要,即个体有一种归属感,要求归属于某个群体,希望成为其中的一员并得到关心和照顾。社交需要比生理需要更复杂,与个体的生理特性、经历、教育、信仰都有关系。人们为了探亲访友、寻根问祖、结识新朋友而进行旅游,就是为了满足社交需要的表现。进行任何一种旅游活动,都要接触新的人际环境,发生人际交往。因此,旅游是人们结识新朋友、联络老朋友的最有效途径之一,也是满足社交需要的有效手段。

4. 尊重需要。

尊重需要是个体基于自我评价产生的自重自爱和期望受到他人、群体和社会认可的需要。当社交需要得到满足后,个体还希望自己有稳定的地位,要求个人能力、成就得到社会的承认等。马斯洛认为,尊重需要得到满足,能使人对自己充满信心,对社会充满热情。但尊重需要一旦受到挫折,就会使人产生自卑感、软弱感、无能感,使人失去生活的基本信心。

5. 自我实现的需要。

自我实现的需要是指个体的各种才能和潜能在适宜的社会环境中得到充分发挥,实现了个人理想和抱负,达到了个性的充分发展和人格的和谐。自我实现的需要是一种创造性需要。旅游对于满足自我实现的需要极为有利。

二、旅游需要的基本内涵

(一) 什么是旅游需要

旅游需要是指人脑对生理需求和社会需求的反映在旅游活动中的体现,是旅游者内心的对旅游活动的缺乏或不平衡状态,是旅游活动积极性的内在源泉。

旅游需要是人的一般需要在旅游过程中的反映。旅游者是旅游活动的主体,旅游者之所以要进行旅游活动,首先就是为了满足自身对旅游活动的需要。从旅游者参与旅游活动的目的来看,旅游者的需要属于马斯洛需要层次理论中高层次的需要。但是从旅游者的具体旅游过程来看,旅游者的需要则是多方面的复杂的社会心理现象,涉及需要的各个层次的内容。

(二)旅游需要的特点

1. 旅游需要的天然性。

旅游者的天然性需要主要表现在生理需要和安全需要两个方面。旅游者有时就是为了追求舒适的生理享受而进行旅游的。虽然旅游者不一定是为了满足生理需要而发生旅游行为,但生理需要却在整个旅游活动中必不可少。旅游者的安全需要主要体现在对生命安全、财产安全和心理安全的需求上。

2. 旅游需要的社会性。

旅游者的社会需要主要表现在社会交往需要和尊重需要两个方面。旅游者希望通过旅游探亲访友,希望在旅游的过程中结交新的朋友,希望与知心朋友、家人或者同事在旅游过程中增进友谊、交流感情。同时,旅游者希望自己在旅游的过程中能够得到尊重,希望旅游服务人员提供热情周到的服务,希望旅途上接触到的人能够尊重其意愿和习惯。

3. 旅游需要的精神性。

旅游者的精神需要主要表现在探寻新奇事物的需要、探索异地文化的需要、对艺术欣赏的需要和对宗教信仰的需要等,即基本智力需要和审美需要。智力需要也就是对事物认知的需要,一是求知的需要,二是求解的需要。旅游需要的精神性还在于旅游者对美的追求与体验。

旅游在本质上是一种满足刺激寻求需要的过程,也是满足好奇心的过程。旅游的两大特征:异地性和暂时性,体现了旅游的吸引力,异地的未知性使其天然具有了神秘感,也就具有了"新奇性"和"复杂性";而暂时性则避免了感觉适应问题。旅游者在旅游过程中,会积极主动地体验从未有过的感受,以增长见闻和扩大知识面,从而满足精神需要。

三、旅游需要的单一性与复杂性

旅游需要是一个结构复杂的需要系统,既表现为人的基本需要,与人的本能和健康相联系,又表现为人的发展需要,与人的精神愉悦和和谐发展有关。同时,旅游需要又包含一对矛盾的需要,即单一性需要和复杂性需要。

(一) 旅游需要的单一性

单一性需要指个体在各种活动中总是寻求平衡、和谐、相同、可预见性和没有冲突的需要满足。任何非单一性都会使人产生心理紧张。因此,个体为减轻心理紧张,便会寻求单一性需要。

旅游者在旅游过程中尽量寻找标准化的旅游设施和服务。因此,旅游者一般会选择非常著名的旅游景点去旅游,还要选择那些知名度高并能提供标准化服务的宾馆饭店、交通设施。因为标准化的旅游服务使旅游者能够预见自己所接受的服务。

按照旅游需要的单一性规律,在旅游活动过程中,旅游者不希望遇到意料之外的事情。旅游行为的基本目的是减少由非单一性所造成的心理紧张。如果旅游者面临非单一性的威胁,则会设法防止这种威胁成为事实;如果旅游者遇到了某种意想不到的事情,则会很不舒服。而需要的单一性没有实现,个体就会更加谨慎,防止再出现非单一性。

(二) 旅游需要的复杂性

复杂性需要是指个体追求新奇、出乎意料、变化和不可预见性等需要的满足。旅游者之所以追求复杂性需要,是因为这些复杂性东西的本身就能给人带来好奇心的满足。

在旅游环境中,旅游者愿意游览以前从未去过的地方,而著名的饭店、众所周知的旅游景点所提供的单一性和可预见性太多了,令人感到厌倦。这类旅游者希望得到与其所习惯的东西有所不同。

(三) 单一性需要和复杂性需要的平衡

单一性需要和复杂性需要都能解释在旅游环境中出现的许多现象。虽然这两种观点看似矛盾,但把两者结合起来,就可以进一步理解旅游需要和旅游行为。

适应性良好的个体在自己的生活中能将单一性和复杂性两者很好地结合起来。单一性需要通常由在个体在生活和工作中有条不紊的常规来提供。这种家庭和工作中的单一性、可预见性以及不变性,必须用一定程度的复杂性、不可预见性、新奇性和变化性加以平衡。

心理学的实验研究证明:中等强度的不确定性是诱发兴趣和维持最合适的动机状态的最合适条件。没有任何个体能够在一个百分之百可以预见的世界中正常地生活;相反,如果个体长期生活在复杂性环境中,也需要一定程度的单一性来平衡。

旅游者选择常规旅游项目、希望得到标准化的服务表现为单一性的需要;旅游者选择探险旅游、希望体现个性化特征表现为复杂性需要;旅游者选择度假旅游产品,则是通过旅游调整日常生活的单调,达到单一性与复杂性的平衡。

总之,个体总是力求使单一性需要和复杂性需要保持最佳的平衡状态,使心理维持在一个可以承受的紧张程度上。否则,单一性过多,会使人产生厌倦;复杂性太多,又会使人产生过分紧张以至于恐惧。旅游动机则是在需要的单一性和复杂性作用下产生的。

四、旅游需要的高层次性

旅游需要是一种综合需要,更多地体现为一种高层次需要,现代旅游者更加注重精神需要、个性化需要和休闲需要。

与物质需要相比,旅游者更注重精神需要。旅游者的求知、求美、求新的需要日益增强,旅游产品是立体的、形象的百科全书,旅游活动能很好满足人们这方面的需要。因此旅游逐渐成为一种重要的生活方式。

与大众化需要相比,旅游者更注重个性化需要。旅游者已不满足于大众化的产品,希望能依照自己的喜好、意愿来完成旅游活动,对探索未知事物具有浓厚的兴趣。同时,旅游者对冒险和不测的心理承受力增强,需要增强刺激的强度,喜欢购买体现个性的旅游产品。

与传统旅游需要相比,旅游者更注重休闲需要。旅游休闲成为工作的延伸,旅游者希望兼顾旅游休闲与工作。

（一）旅游需要的补偿性

从现代人的日常生活中所缺少的方面分析，旅游者存在求补偿动机。求补偿动机是指旅游者通过旅游使自己在日常生活中所缺乏的那些满足感得到补偿。这些满足感主要来源于新鲜感、亲切感和自豪感等。

旅游者可以通过旅游来扩展和更新自己的生活，从而得到新鲜感。日常生活难免单调乏味，缺少新鲜感，缺少惊奇、喜悦、清新和振奋等多种成分的满足感。追求新鲜感是人的天性，是一种最普遍的旅游动机。

旅游者可以通过旅游来寻求广义的人类之爱，从而得到亲切感。激烈的竞争使现代人的人际关系变得复杂，压抑了真情；现代科学技术又带来非人性化的环境，普遍地缺少了亲切感。外出旅游的动机之一就是寻求返璞归真的亲切感的满足。

旅游者可以通过旅游来提高自我评价，从而获得自豪感。旅游为旅游者表现自我提供了一座"大舞台"，旅游者可以享受贵宾待遇，能够体现尊贵的价值，使其地位得到提升，旅游者的身份体验使其自豪感得到极大满足。

（二）旅游需要的解脱性

从现代人日常生活中的多余的方面分析，旅游者存在寻求解脱的动机。寻求解脱动机是指旅游者要借助于旅游，从日常生活的精神紧张中解脱出来。现代文明越发展，越使人感到人与自然之间和人与人之间的距离变得更远。随着市场竞争的日益激烈和生活节奏的日益加快，以及社会的进步，通过旅游满足求解脱的需要将成为众多旅游者的出游动机，旅游消费也正在从"奢侈品"逐渐变成人人都不可缺少的"生活必需品"。

（三）旅游需要的平衡性

从需要的单一性与复杂性方面分析，旅游者存在求平衡动机。求平衡动机是指旅游者要在变化与稳定、复杂与简单、新奇与熟悉、紧张与轻松等矛盾心理中寻求一种平衡。寻求平衡不仅是要在矛盾心理的两个极端之间找到一个"平衡点"，而且要实现两种相反的事物或状态交替出现，从"交替"中得到平衡。外出旅游是日常生活的"中断"，旅游作为"日常生活之外的生活"必须与日常生活有明显的差异，但又必须与日常生活有一定的"连续性"。

旅游者通过追求一种似曾相识又与众不同的生活模式来满足平衡需要的单一性与复杂性的心理需求。

第二节　旅游动机的激发

一、动机及其分类

(一)什么是动机

动机是指激发个体行动,并使行动朝向一定目标的心理倾向或内部动力。动机不能直接观察,只能间接推断;动机可以是有意识的,也可以是无意识的,并且可以相互转化;动机可以随着时空变化而发生改变,或者被其他动机所取代;个体会有不同层次的动机。

(二)动机产生的条件

动机的产生必须具有内在条件和外在条件的共同作用。

引发动机的内在条件是需要,个体某种需要得不到满足,就会推动其去寻找满足需要的对象,从而产生个体行为的动机。需要是个体行为积极性的源泉,动机则是这种源泉的具体表现。需要是动机形成的基础,动机是由需要引起。

引发动机的外在条件是能够满足需要的事物,这些事物可以诱发动机,也称为诱因。诱因可以驱使个体产生某种行为,诱因的刺激强度越大,越有可能产生强烈的动机。

(三)动机的分类

人类的动机非常复杂,可以从不同的角度、根据不同的标准对动机进行分类。这些分类可以使我们对动机的本质与特性有更加全面的认识。

1. 生理动机和社会动机。

根据与动机相关联的需要的起源,可以把动机分为生理动机和社会动机。生理动机又叫生物动机或原发性动机,它起源于生理需要,是有机体为满足食物、水分、空气、性欲、回避危害等生理需要而产生的活动推动力,是一种较低级的动机。

社会动机又称心理动机或习得动机,是维持和推动个体活动以达到一定目标的内在动力。社会动机起源于社会需要,与人的社会需要相联系,是一种高级动机,它推动着人的行为活动,主要有五种社会动机:成就动机、交往或亲和动机、权利动机、利他动机和侵犯动机。社会动机是通过后天学习获得的,因此,社会动机在人与人之间存在很大差异。

2. 长远的概括动机和暂时的具体动机。

根据动机影响的范围和持续作用时间的长短,将动机分为长远的概括动机和暂时的具体动机。

长远的概括动机来自个体对行为意义的深刻认识,持续作用时间长,比较稳定,影响范围广泛。暂时的具体动机由个体活动本身的兴趣引起,持续作用时间短,经常受到个人情绪的影响,不太稳定。

3. 高尚动机和低级动机。

根据动机的性质和社会价值,可以把动机分为高尚动机和低级动机。

从社会道德规范的内容上看,高尚动机是符合社会道德规范的动机;低级动机是违背社会道德规范的动机。高尚动机能持久地调动人的行为的积极性,使其为社会的发展作出重大贡献。低级动机违背了社会发展规律和人民的利益,不利于社会的发展,最终会被社会所拒斥。

4. 主导动机和辅助动机。

根据动机在活动中的地位和所起作用的大小,可以把动机分为主导动机和辅助动机。

主导动机是指在一段时期或一种活动中,个体总有一种或一些动机处于主导地位并起决定作用。辅助动机是其他动机处于从属地位,起加强主导动机以及坚持主导动机所指引方向的作用。个体的行为活动为这两种动机所激励,由动机的总和所支配。当辅助动机与主导动机的关系比较一致时,活动动力就会得到加强;如果两者彼此冲突,活动动力就会减弱。

5. 意识动机和潜意识动机。

根据动机的意识性,可以把动机分为意识动机和潜意识动机。

意识动机是指行为者知道促使自己行为活动的原因,以及能够满足其需要的目标的动机。潜意识动机是指个体虽然有行为活动,但不知道行为产生的原因的动机。潜意识动机虽然没有被个体意识到行为的原因,但会影响个体的活动。

从某种程度上说,意识动机和潜意识动机是相互联系、相互转化的。当人需要分析自己某种活动行为的原因时,潜意识动机会作为意识动机呈现出来;相反,当人的某种兴趣或理想比较稳定巩固时,潜意识动机又会以习惯或定势等形式蕴藏在个体的行为活动之中。意识动机和潜意识动机共同构成了个体行为的动机系统,其中意识动机起主导作用,但潜意识动机的作用不容忽视。

6. 内在动机和外在动机。

根据动机产生过程中需要和诱因作用的权重不同,可以把动机分为内在动机和外在动机。

内在动机是指个体因对活动或工作过程感到满足而加强其继续这种活动或工作的内在动力。内在动机是在没有任何外部奖赏的情况下产生的,是从活动或工作本身中产生的。外在动机是指影响或控制个体行为的外在力量或因素,不是从行为活动本身产生的。内在动机较外在动机更持久,两者也会相互转化。

二、旅游动机的基本内涵

(一) 什么是旅游动机

旅游动机是推动旅游者进行旅游活动的内在原动力,是引发和维持旅游者进行旅游活动,以满足其旅游需要的一种心理倾向。

旅游动机是引发,维持个体的旅游行为并将行为导向旅游目标的心理动力。它是激发旅游的心理动力,常常以愿望、兴趣、爱好、猎奇等形式表现出来。旅游动机是一个动态的过程,见图5.1。

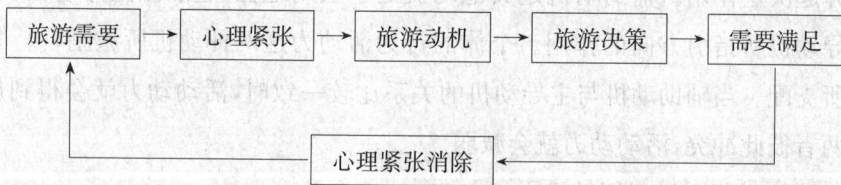

旅游需要 → 心理紧张 → 旅游动机 → 旅游决策 → 需要满足
　　↑　　　　　　　　　　　　　　　　　　　　　　↓
　　　　　　　　　　　　　心理紧张消除 ←

图5.1　旅游动机的过程

旅游作为人的一种实践活动,是一种外在行为,总是需要某种力量的激发才会产生。个体的旅游行为就是在旅游动机这一内部力量的推动下产生的。一个人一旦产生旅游需要之后,动机就推动其为实现旅游活动进行种种努力,包括准备和创造各种必需的条件,搜集旅游的信息,分析、选择旅游活动的目标和活动方式,制定活动计划,发动旅游行为并完成旅游活动。

（二）旅游动机的功能

旅游动机在旅游行为中起着极为重要的作用，是旅游行为的内在驱动力，同时又对旅游活动的方向进行控制和调整。

1. 激发功能。

动机具有激发个体产生某种活动或行为的功能。旅游者外出旅游是在其各种旅游动机的直接驱动下发生的。

2. 指向功能。

动机使个体的活动指向一定的目标或对象。旅游者的动机不同，旅游活动的方向和目标也不同。旅游者在旅游动机的指引下奔向不同的旅游目的地。

3. 维持和调节功能。

由动机引发的行为能否持续进行下去要受到动机的调节和控制。旅游动机维持旅游活动针对一定的目标，并调节着旅游活动的强度和持续时间。旅游动机在维持旅游活动时具有激励作用。

（三）旅游动机的特征

1. 旅游动机的强度特性。

旅游动机作为旅游行为的内部推动力量，具有强度特性，即不同个体的旅游动机或某一个体的多个旅游动机有强弱不同的表现。旅游动机的强度有绝对强度和相对强度之分。旅游动机的强度大小，决定了旅游行为能否产生以及能否持续。

旅游动机的绝对强度即旅游动机自身强度的绝对量。当旅游动机达到足以产生旅游行为的强度之时，如果同时具备进行旅游的其他必要条件，动机就可以直接转化为旅游行为，推动个体参加到现实的旅游活动中去；如果还不具备必要的条件，则强烈的动机将促使个体为实现旅游的愿望，去克服困难和创造旅游所必要的条件。

旅游动机的相对强度即与其他动机比较，在强度大小上的差别。旅游者除具有旅游动机之外，还会有许多其他动机，旅游动机和其他动机共同构成动机体系。动机体系中的各个动机具有不同的强度，旅游动机和其他动机相比，或者是更强的，或者是更弱的，这就是旅游动机的相对强度。只有当旅游动机在强度上占有优势时，才能产生旅游行为。

2. 旅游动机的多样性。

由于不同的旅游者在心理、性格、性别、年龄、受教育程度、职业、收入水平、闲暇时间、国籍、民族、生活习惯等方面存在着很大的差异，因此旅游者所需要的旅游产品和服务也是千差万别和丰富多彩的。

旅游者需要的多层次性和差异性,导致旅游动机呈现出多样性的特点。旅游者或是出于康体休闲旅游动机,或是出于观赏名胜古迹旅游动机,或是出于探亲访友旅游动机……凡此种种,无不显示出旅游动机的多样性。即便是同一旅游者,在不同的时间里也有不同的旅游动机。

3. 旅游动机的层次性。

旅游者的需要是有层次性的,通常是由低层次向高层次逐渐延伸和发展的。当低层次的需要得到满足后,就会产生高层次的社会需要和精神需要。这使得旅游者的旅游动机也具有层次性。越是具有高层次需要的旅游者,其旅游活动往往越是希望得到更高程度的精神满足,其旅游动机也就表现出高层次性。

4. 旅游动机的发展性。

随着经济的发展,旅游者对旅游产品和服务的需求也在不断升级。旅游产品从传统的观光旅游产品逐渐发展到观光旅游、文化旅游、生态旅游、商务旅游、健身旅游、探险旅游、体验旅游、休闲旅游等多种专项旅游产品并存;旅游产业也从最初的单一旅游观光产业,发展为集游览、体验、休闲、娱乐于一体的综合产业。旅游者的旅游动机也随之不断丰富、发展、变化。

5. 旅游动机的交叉性。

旅游者出游的动机并不是单一的,往往是多种旅游动机交叉存在,旅游动机的综合性表明各种旅游动机具有很强的交叉性和融合性。

6. 旅游动机的周期性。

旅游者的旅游活动是一个动态发展过程,正如需要的满足是一个循环过程一样,旅游动机也具有一定的周期性。经历过一次旅游活动后,旅游者的旅游需要得到了满足,在一定的时期内就暂时地失去了旅游动机;但随着时间的推移和外界环境的变化,还会产生新的旅游需要,形成新的旅游动机,这就使得旅游动机呈现周期性的特点。

三、旅游动机产生的条件

(一)旅游动机形成的内在条件

引发旅游动机的内在条件是旅游需要。旅游者的旅游需要得不到满足,就会产生心理紧张感,为消除紧张感,旅游者将会寻找满足需要的对象,从而产生旅游行为的动机。旅游需要是旅游行为积极性的源泉,旅游动机则是这种源泉的具体表现。旅游需要是旅游动机形成的基础,旅游动机是由旅游需要引起的。只有当旅游需要达到一定的强度后,才会推动人们去寻找满足旅游需要的对象,从而形成旅游活动动机的内在条件。

旅游需要和旅游动机都是影响人们进行旅游活动的基本因素,二者既有联系,又有区别。

旅游需要在主观上常常以意向和愿望的形式被主体体验着,而如果主体仅仅将旅游的愿望停留在头脑中而不去实际开展旅游活动,那么这种旅游需要就不构成旅游活动的动因。旅游需要通常是静态的,只有当旅游需要能激起个体从事旅游活动的动机并且维持这种旅游活动时,旅游需要才转化为活动的旅游动机。旅游动机是旅游活动的驱动力,是动态的,常常以个体寻求满足旅游需要的行为表现出来。

（二）旅游动机形成的外在条件

引发旅游动机的外在条件是能够满足需要的事物,这些事物可以诱发旅游动机,也称为旅游诱因。

旅游动机产生于旅游需要,旅游需要是一种心理紧张状态,即旅游愿望,当愿望强烈并具备满足需要的条件时,旅游动机才能产生。旅游动机除了始于旅游需要的激发外,还可由旅游诱因引起。诱因可以驱使个体产生某种行为,诱因的刺激强度越大,越有可能产生强烈的动机。

旅游诱因指能激起旅游者行为并能满足旅游需要的外部条件和刺激物。影响旅游动机产生的外部诱因条件很多,如:可自由支配的收入、闲暇时间、旅游吸引物、旅游宣传广告的刺激、个人的知识及经验等。

旅游动机是一个动态过程,随着旅游者主观需求和客观条件的变化而变化,旅游地人文环境的变化、交通工具的多样性、不断变化的信息及旅游服务与价格的变化等因素都会使旅游动机不断更新。

旅游动机形成的外在条件主要包括以下几种。

1. 经济条件。

经济条件是指人们拥有的可支配收入。旅游是一种消费行为,需要有一定的经济基础,有支付各种费用的能力。当一个人的经济收入仅能维持其基本生活需要时,那么他就不会有更多的财力去支付旅游的开销,也就不能产生外出旅游的动机。有关统计资料表明,当一个国家或地区国民生产总值达到 800—1000 美元时,国民将普遍产生国内旅游动机;达到 4000—10000 美元时,将产生国际旅游动机。

2. 时间条件。

时间条件指人们拥有的余暇时间。在日常工作、学习、生活及其他必需时间之外,要有可以自由支配的时间。旅游活动需要占用一定的时间,没有余暇时间和属于自己休养的假期,便不能摆脱繁重的公务或家务,即使有旅游的需要,也不可能产生外出旅游的动机。

3. 社会条件。

社会条件指一个国家或地区的经济状况、基础设施、政策制度、文化因素以及社会风气。旅游作为现代人的一种生活方式,不可能脱离社会背景而单独存在。首先,一个国家的旅游业发达程度同经济发展水平正相关。只有当整个国家或地区的经济发达时,才有足够的实力改善和建设旅游设施、开发旅游资源、促进交通运输业的发展,从而提高旅游综合吸引力和接待能力,激发人们旅游的兴趣和愿望。其次,团体或社会心理也能影响个体的旅游动机。最后,社会风气及社会生活习惯的变化也在一定程度上影响了个体的旅游动机。

由此可见,旅游动机是内在旅游需要条件和外在诱因条件相互作用的结果,当旅游需要达到了一定的强度,并且当具备了满足旅游需要的客观对象时,才能够引发旅游动机的产生。一旦达到目标,紧张就会解除,旅游动机也就暂时消失了。

四、旅游动机的激发

研究旅游动机的现实意义是通过激发旅游动机,使旅游市场营销更加具有针对性。由于旅游动机对旅游行为具有强大的驱动作用,因此激发旅游动机就可以促进旅游者的购买行为,为此,要基于旅游动机的影响因素探索旅游动机激发的途径。

(一)旅游动机的基本类型

斯坦里·普洛格(Plog, 1974)在对美国人口的调查基础上提出了旅游者动机类型理论。普洛格认为旅游者动机类型是一个连续型变量,处于变量两端的旅游者类型是两种完全对立的类型。

自主型旅游者在度假中喜欢冒险,并随时做好了抵御风险的准备。因此,他们更喜欢独自一人去一些充满异国情调的地方度假。处于另一个极端的类型则是谨慎型旅游者。这类旅游者看起来有些郁闷,他们的注意力通常仅局限在对生活琐事的考虑上。在假期里,他们没有冒险精神,而是喜欢选择一些与自己居住环境相似的旅游目的地。这类旅游者可能会多次重游他们熟知和满意的同一个旅游目的地。在这两个极端之间还存在其他一些类型的旅游者,如欠自主型、中庸型以及欠谨慎型旅游者(见表5.1)。

表5.1 普洛格的旅游者动机类型理论

自主型	喜欢单独旅行,进行文化探索,通常是高收入群体,在假期中寻求冒险经历
中庸型	占人口的大多数,喜欢去知名的旅游景区(点),但并非参加探险和冒险,可能选择一些自主型旅游者以前"发现"和偏好的目的地
谨慎型	往往对旅行怀有不确定和不安全感,喜欢选择与他们居住环境相似的目的地

对于旅游动机的分类,国内外学者从不同角度进行了分析。事实上,旅游者的旅游动机十分复杂。根据旅游活动的内容不同,可以将旅游动机划分为如下八种。

1. 身心健康动机。

身心健康动机是为了暂时摆脱单调紧张的工作和繁琐的家庭事务,通过旅游消除身体的疲劳和心理的紧张感、枯燥感;通过旅游度假休息、休养、治疗,以恢复和增进健康;通过旅游参与各种体育健身活动,以保持身体活力。具有这类动机的旅游者,旨在通过旅游活动来调节身心活动的节律,消除身体疲劳和心理上的紧张,以及治疗疾病、恢复和增进身体健康。在这种动机下进行的旅游活动,主要是那些能够调节身心节律、愉悦身心、增进身心健康的活动,诸如轻松愉快的参观游览活动、健康的文化娱乐活动、体育健身活动以及休养和治疗活动等。

2. 探奇求知动机。

探奇求知动机是个体为了认识和了解环境,探索知识,通过旅游活动满足其求知欲和好奇心。这种动机要求旅游对象和旅游活动具有新鲜和奇异的特性。具有这类动机的旅游者,由于具有对获得奇特的心理感受和对新异事物认识的强烈要求,即使旅游活动具有某种程度的冒险性,一般也不会成为其旅游的障碍,冒险性甚至会成为增强这种动机的因素。所以,探奇求知的旅游动机下进行的旅游活动应具有新异性、知识性和一定程度的探险性。

3. 社会交往动机。

社会交往动机是个体为了探亲访友、寻根问祖、结识新朋友,通过旅游满足其爱与归属的需要。个人、团体以至政府间的访问,文化技术交流活动,都包含这种动机的成分。进行任何一种旅游活动,都要接触新的人际环境、发生人际交往并且要依靠这种新的人际交往来实现旅游活动,所以每一个旅游者都不同程度地具有人际交往的动机和要求。在社会交往动机下的旅游活动,要求旅游中的人际关系要友好、亲切、热情、真诚。

4. 经济实惠动机。

经济实惠动机是以追求旅游商品的实际使用价值为主要目的的旅游动机。这种动机的核心是"实用"和"实惠",旅游者在作决策时,特别重视旅游商品的经济实惠、价格合理、消费方便等特点。

5. 纪念象征动机。

纪念象征动机是将旅游作为某种重要事件的纪念,或将旅游视为某种地位、声望、成就、能力的象征,满足个体的怀旧感和成就感。有些旅游活动被视为具有较强的象征意义,受到一些具有怀旧需要的旅游者的喜爱。此外,旅游者以追求具有特殊经历来显示其优越的社会地位,以此来改变自己在人们心目中的地位和声望。

6. 宗教朝觐动机。

宗教朝觐动机是以宗教活动为目的的旅游活动,通常是宗教信徒为进行朝拜、求法或参加重大宗教节日而离开居住地的旅行活动。

7. 欣赏审美动机。

欣赏审美动机是通过旅游欣赏活动来满足个体审美需要的动机,这一动机源于一种高层次的精神方面的需求。旅游本身就是一次综合性的审美活动,旅游吸引物是集自然美、社会美和艺术美于一体的客观审美对象,能极大地满足旅游者的审美需求。具有这种动机的旅游者,其旅游活动多指向奇异美丽的事物。

8. 商务活动动机。

商务活动动机是通过外出旅游来满足参加各种商务活动的需求。在这种动机下的旅游活动包括学术考察、会议交流,洽谈业务、公务出差、谈判经商等。此外,各种专业团体、政府代表团以及交易会、洽谈会参与的旅游活动也都属于此类动机。

（二）旅游动机对旅游行为的推动作用

1. 旅游动机能够推动个体创造必要的旅游条件。

进行旅游活动需要个体具备一定的客观条件。旅游动机产生以后，这一旅游动机就会推动个体对自己的工作和日常生活作出某些安排，以准备旅游所需要的相对集中的闲暇时间，调节经费的使用情况，准备旅游所必需的资金以及旅游中所需要的其他客观条件。

2. 旅游动机能够促使个体搜集、分析和评价旅游信息。

为了进行旅游活动，个体在旅游动机的推动下，将从旅游商业环境和个体社交环境中收集旅游信息，分析信息的内容及信息来源的可靠程度。然后，对所获得的旅游信息同自身的旅游需要进行比较，筛选出有用的信息，选择最适合个体需要的活动内容和最有利于实现旅游动机的旅游方式。

3. 旅游动机能够支配个体作出旅游选择，制订旅游计划。

在旅游动机的支配下，个体将对所获得的旅游信息和本身需要的内容进行比较，决定对不同旅游活动线路和项目的取舍，制订包括旅游景点、旅游线路、旅游方式和旅游时间安排等内容的旅游计划，为进行旅游活动作好充分的准备。

4. 旅游动机能够引发、维持个体的旅游行为。

在个体作出了旅游选择和制订出旅游活动计划之后，旅游动机将推动个体产生旅游行为，踏上旅途进行旅游活动。旅游活动是一个包括多方面内容的、需要经历一定时间的演进过程，旅游动机正是推动个体进行不断努力以维持旅游活动进程的力量，有时还包括克服在旅游活动过程中遇到的困难。

5. 旅游动机能够引导旅游行为向预定目标进行。

在旅游活动过程中，会遇到各种情况，个体在旅游动机的支配下，对符合旅游期望和目标的活动和条件，旅游者会产生积极的态度；对不符合旅游期望和目标的活动和条件，旅游者会产生消极的态度。在旅游动机驱使下，旅游者不断调节自己的行为，使之向着实现预期旅游目标的方向前进。

6. 旅游动机是个体评价旅游活动的指标。

旅游者在旅游中的实际活动内容以及旅游经历是否符合旅游动机的需要和期望，符合的程度如何，都会使旅游者产生不同的心理体验，或者感到满意和愉快，或者感到不满意和失望，或者觉得完全平淡无奇，或者觉得有出乎意料之外的奇异感受，这都将使旅游者对旅游活动的内容和活动的方式作出评价。这些程度不同以及性质各异的评价,影响着旅游者对该项旅游活动的态度和今后的旅游活动的选择。积极愉快的旅游活动感受,美好的印象,不仅成为促进新的旅游活动的积极心理因素,而且可能使旅游者产生再来此地重游一遍的旅游动机。

(三)影响旅游动机的主客体因素

旅游动机是一种内容较为广泛的社会动机,因此,旅游动机能否实现,受到多种因素的制约。影响旅游动机的因素包括旅游主体因素和旅游客体因素,还包括复杂的外部条件(本内容在前文已阐述)。

1. 旅游主体因素。

影响旅游动机的首要因素是有关旅游主体的各种因素,主要包括旅游需要、旅游知觉以及旅游者自身状况等因素。

旅游动机受到旅游需要的影响。旅游需要是产生旅游动机的条件。旅游需要的状况决定着旅游动机的强度。对旅游有迫切的需要,旅游动机才会强;旅游需要一般,则旅游动机就比较弱。此外,旅游需要还决定着旅游动机的指向性。旅游需要要求通过一定的旅游对象来满足,旅游动机则支配个体把选择方向指向能满足旅游需要的目标对象。

旅游动机受到旅游知觉的影响。符合旅游需要的旅游对象的存在,为旅游动机的产生提供了诱因。把这种可能性转化为现实性,要求旅游者对旅游对象有一定水平的知觉。只有在知觉到旅游对象的存在,认识和了解到它的内容、方式及其特点和功能,判断它符合并能满足自己的旅游需要时,才能增强旅游动机并把行为指向这一目标。旅游知觉是人们接受旅游信息的心理过程,这种知觉主要是旅游者通过旅游宣传获得的间接信息,旅游宣传作为旅游信息传递的桥梁,直接影响旅游者获得的知觉印象,从而影响其旅游动机的产生。

旅游动机受到旅游者自身状况的影响。旅游动机时还受到旅游者的性别、年龄、教育程度、收入和闲暇时间等客观条件的影响。此外,旅游者的兴趣、爱好以及好奇心、想像力等心理因素也影响了旅游动机。

2. 旅游客体因素。

满足旅游者需要的旅游客体主要是指符合旅游需要的旅游吸引物。旅游吸引物既可以是自然界的事物,也可以是社会文化事物,还可以是社会、经济以及科学技术发展成就等。

作为旅游吸引物,首先应当具有吸引力。作为旅游对象必须具有特性,既要不同于人们的日常生活环境,又要与其他旅游对象相区别,这样才能有比较强烈的吸引力。

（四）旅游动机的激发手段

旅游者动机的激发是指将旅游者已经形成的旅游愿望和需要调动起来,促使其参加到旅游活动中来。而要激发旅游动机,就必须提供能够满足旅游者需要的各种条件,即提供引发旅游动机的各种诱因。

1. 开发有吸引力的旅游资源。

人们旅游的目的常常是通过观赏名胜古迹、自然景观、风土人情、宏伟建筑来增长知识、扩大视野、陶冶情操,满足身心需要。而身心需要的满足程度,在很大意义上取决于旅游资源的吸引力,取决于旅游资源对旅游需要的满足程度。只有旅游资源具备了能够满足旅游者需要的功能和魅力,才能引发旅游动机。

旅游资源要产生吸引力并满足旅游者的需要,应具有以下几种特性:一是独特的自然旅游资源。个性是旅游资源的魅力之所在。自然界的景色千差万别、丰富多彩,这些独特的景色,对旅游者会产生巨大的吸引力。二是鲜明的人文旅游资源。由于各民族所处的生存环境不同,历史发展进程不同,社会经济状况有差异,由此使得各民族生活习惯、风土人情、服饰装束、志趣技艺、宗教信仰、民宅建筑等各具一格,鲜明的人文旅游资源对其他民族充满诱惑力。三是旅游资源的永续利用性。自然景观资源,只要合理地开发利用,妥善保护,就能被持续利用,永不枯竭;人文景观资源,随着经济、文化和科学技术的不断发展,在保护传承基础上可不断地复制再现或重新利用。旅游资源的永续利用特征,使旅游资源的内容不断更新,形式不断变化,从而成为吸引回头客或不断吸引新的旅游者的重要因素。

2. 完善各种旅游设施。

旅游设施是满足旅游需要的重要方面。旅游设施的范围很广,包括交通设施、食宿设施、游览设施、购物条件、通讯设施等,是保证旅游者顺利完成旅游活动的重要条件。而要激发旅游动机,旅游设施应该完善配套,满足旅游者追求安全、方便、舒适的需要。

旅游设施的配套完善能力必须具备下面两个条件:一是旅游设施应具有一定的数量。适当而数量合理的旅游设施是保证旅游活动开展的基本条件。也就是说,不论是交通设施或是游览设施,都应有一个基本要求,能保证旅游者进得来、住得下、玩得开、出得去。否则,就只能满足个别人或一部分人的需要,使得大多数人的需要得不到满足,从而影响了大多数人的旅游动机。二是旅游设施能适应不同游客的需要。旅游设施能否满足旅游者的需要,关键在于设施能否适应不同游客的要求。旅游设施应能满足不同层次、不同水平、不同类型的旅游者的需要,尤其是在标准化、规范化的基础上满足旅游者的个性化需要的能力要加强。

3. 提高旅游业的接待能力。

旅游业的组织接待能力是影响旅游者产生旅游动机的重要因素,相当规模的组织接待能力是吸引和招徕旅游者的有利条件,也是旅游者追求高品质服务的必要条件。

旅游业的组织接待能力主要体现在以下几个方面:一是拥有一定数量的从业人员。旅游业的组织接待能力,主要是指旅行社的组织接待能力,组织接待能力的重要标志之一,就是组织接待队伍的人数多少,从业人员的数量在一定程度上标志着行业的规模和发展水平。二是接待人员熟练的业务技巧。为旅游者提供优质高效的服务,要求从业人员不仅具有数量优势,还要具备素质优势。从业人员素质较高、熟悉业务和技能熟练,就能够按照顾客和接待工作的要求迅速、灵活、准确地提供优质高效的服务。三是完善的旅游接待信息系统。旅游接待服务是一个系统,要求与有关部门形成一个网络,对旅游信息的处理应该及时、准确,对旅游者的食、住、行、游、购、娱等活动可以提供全方位的信息服务,使旅游者处处感到方便。

4. 有针对性的旅游宣传。

旅游宣传对旅游动机的激发起着关键性的作用。一方面,旅游宣传能够提供给旅游者信息,使其对旅游目的地有所了解,引发其旅游兴趣,影响其旅游态度,增强旅游目的地在旅游者心目中的吸引力,从而激发旅游动机。另一方面,旅游宣传可以降低旅游风险知觉,增强旅游者的安全感和依赖感,强化旅游者的决定。通过旅游宣传可以在潜在旅游者中建立和保持旅游产品的形象,消除人们对旅游地的陌生感和作出旅游决定时的疑虑,巩固和稳定旅游者的信心。

旅游宣传达到吸引旅游者的效果,应当遵守以下几条原则:

(1)真实性原则。旅游宣传的生命在于真实,既要引人入胜,又要传达真实信息,更重要的是要获得旅游者良好的口碑宣传。因此,旅游宣传既要有绘声绘色的现场描述,更要实事求是、语言中肯、符合事实,真实性是旅游宣传的生命线。

(2)针对性原则。由于旅游者的成分复杂、喜好各异,要吸引到更多的旅游者,旅游宣传只有研究旅游者心理,研究客源市场的组成层次、需求内容,有计划、有目标地进行旅游宣传的策划,才能对潜在的旅游客源市场产生较好的影响,切实引起旅游者注意。

(3)形象性原则。旅游宣传通过生动的语言描述、引人入胜的场景画面和一系列创意构思,激发人们丰富的想像力,树立旅游产品的形象,形成深刻印象,激发旅游动机。

(4)创新性原则。求新、好奇是旅游者进行旅游的重要动机之一,旅游宣传要不断充实完善,推陈出新。旅游宣传的设计应新颖别致,才能引起关注,起到促销的作用。

(5)及时性原则。旅游活动在相对稳定的社会环境下才能进行,而社会环境的千变万化,会对旅游经济产生决定性的影响,因而旅游宣传必须抓住有利时机进行。

(6)人性化原则。旅游宣传的直接作用对象是潜在的或者是现实的旅游者,旅游宣传一定要注意宣传的亲和力,给予更多的人性化关怀。

总之,人们的旅游动机,很大程度上取决于旅游资源、旅游大环境、旅游服务以及旅游宣传等条件。因而,作为旅游管理者,应该懂得:开发什么样的旅游资源,提供什么样的旅游设施和服务,采用什么样的旅游宣传才能激发人们的旅游动机,满足人们的旅游需要。

练习思考

1. 简述旅游需要的含义及特征。
2. 如何理解旅游需要的单一性与复杂性?
3. 简述旅游动机的功能和特征。
4. 旅游动机是如何产生的?
5. 旅游动机如何激发?
6. 旅游动机理论有哪些主要观点?

实训练习

搜集资料,考察某一旅行社的旅游产品组合,分析其旅游消费者的购买动机。

案例分析

黑色旅游动机

参观"与死亡和灾难相关"的地方并不是什么新现象。近年来这些地方接待了大量的旅游者,例如波兰的奥斯维辛集中营在 2009 年接待了 120 万旅游者。美国纽约世贸中心遗址已经成为纽约城的十大旅游景点之一,每年接待超过 350 万的旅游者。随着越来越多的旅游者到这些地方参观,在西方旅游界首先出现了"黑色旅游"(dark tourism)或者"死亡旅游"(thanatourism)这样的术语。尽管国际上对黑色旅游的内涵尚未统一,但归纳起来可以从主体和客体两个角度来界定。从客体角度来讲,黑色旅游是指以灾害、战争、死亡、苦难等黑色事件为客体的旅游活动;从主体角度来看,黑色旅游则是指以教育、缅怀等为主要目的,到黑色事件展现地进行的旅游体验活动。

一、"动机—体验—收获"模型

德赖弗、布朗、斯坦基和格雷瓜尔(Driver, Brown, Stankey & Gregoire, 1987),以及曼宁(Manning, 1999)等研究者均运用"需求—环境—体验—收获"四层次模型研究人们的游憩行为。旅游需求是产生旅游动机的前提,因此诸多旅游研究中该模型被修改为"动机—环境—体验—收获",即第一层为旅游动机(或原因),第二层为旅游环境,第三层为认知和情感的体验,第四层为旅游收获。康等人(Kang et al., 2012)在研究中发现动机和环境需要联系起来考虑,动机的产生往往是综合考虑环境的结果,动机和环境归属于一个复合因子比较合理,即原有的四层次模型可以表达成"动机—体验—收获"三个层次。该模型给研究黑色旅游体验提供了很好的理论框架。本文将在此模型的基础上研究黑色旅游体验、收获及其影响因素。

二、研究假设

本文将在"动机—体验—收获"模型的基础上加入"拉力因子",且假设其与作为"推力因子"的动机互相影响;并且加入第二个影响体验的因素,感知原真性,并假设其影响旅游体验和旅游收获。具体见表5.2。

表5.2 研究假设

序号	研究假设
H1	黑色旅游动机与促成旅游者参与黑色旅游的外在拉力因子相互影响
H2	黑色旅游动机显著影响旅游者对黑色旅游景点的感知原真性
H3	促成旅游者参与黑色旅游的外在拉力因子显著影响旅游者的黑色旅游体验
H4	旅游者对黑色旅游景点的感知原真性显著影响其旅游收获
H5	旅游者的黑色旅游体验显著影响旅游者的旅游收获
H6	黑色旅游动机显著影响黑色旅游体验
H7	促成旅游者参与黑色旅游的外在拉力因子显著影响旅游者对黑色旅游景点的感知原真性
H8	旅游者对黑色旅游景点的感知原真性显著影响游客的旅游体验

三、问卷设计

作为较典型的黑色旅游景点,南京大屠杀纪念馆被选为实证案例地。根据假设模型设计问卷后,2013年2月,18人参与了问卷的预测试,参与者为参观过南京大屠杀纪念馆的人。经过预测试,对问卷中的一些问题进行了部分修改,以使其更明确。预测试显示了较高的信度和效度。正式的问卷调查工作于2013年3月在南京大屠杀纪念馆现场进行。

问卷内容包括人口统计学特征,以及测量假设模型中各个因子的题项。问卷对假设模型中各个因子的测量均采用李克特5级量表的测量方法,问题的回答设置5个等级,分别赋予1到5分的分值。测量假设模型中各个因子的题项均产生于相关文献并根据南京大屠杀的实例进行改写。例如,黑色旅游动机的题项有"我此次参观南京大屠杀纪念馆是对大屠杀纪念馆很好奇","教育孩子","对南京大屠杀有个感性的认识","想更多地了解南京",问题答案分为非常不同意、不同意、不一定、同意、非常同意五个等级,分别赋予分值1、2、3、4、5。拉力因子的题项有"每年抗战纪念日等组织的活动以及媒体宣传会增加我参观大屠杀纪念馆的意愿","近日中日关系紧张,会促使我更爱国,更愿意去参观大屠杀纪念馆","学校的爱国主义教育,让我愿意去参观大屠杀纪念馆"。感知原真性的题项共4个,即"能真实展现南京大屠杀这一历史事件","能重现二战时的场景","场馆的陈列和展现方式很好"和"其建筑风格有助于营造纪念馆的主题"。旅游体验的维度的题项共 4 个，包括"感觉到大屠杀真的很恐怖","很沉重","很震惊"和"很气愤"。旅游收获的题项有"感觉作为一个中国人有必要来此悼念一下遇难者","对此事件有了深刻的理解","很感恩自己能生活在这么一个和平年代"等 7 项。

四、旅游者基本特征

本研究在南京大屠杀纪念馆内共发问卷 200 份，回收有效问卷 176 份。被调查者的性别构成男性略高于女性，分别为 56.8% 和 43.2%。40.9% 的被调查者拥有较高的教育背景，即本科及以上学历。大多数的被调查者(71.6%)的年龄在 18 到 30 岁之间，31—40 岁的占 18.2%，41—49 岁的占 5.1%，其他年龄段的共占 5.1%。

五、效度和信度

首先检测问卷的效度。效度可以通过观测变量在每个因子上的载荷量来检验。应用 SPSS 统计分析软件对原始数据进行因子分析。经过计算，KMO 值为 0.855，高于临界值 0.6，表明因子分析的效果较好，而且每个变量在其所属因子上的载荷量都大大超过了 0.5，而在别的因子上的载荷量远远低于 0.5，这表明了每个因子的唯一性。因此样本具有较好的效度。其次经过计算，旅游动机、拉力因子、感知原真性、旅游体验和旅游收获这五大因子的 Alpha 值分别为 0.717、0.842、0.857、0.907 和 0.913，均大于临界值 0.7，这表明了样本具有较好的信度。具体见表 5.3。

表5.3　因子分析结果

因子和测量变量	因子载荷	特征值	特征值积累	变量共同度
旅游动机		1.505	10.420%	
MOT_1	0.774			0.624
MOT_2	0.713			0.621
MOT_3	0.725			0.711
MOT_4	0.681			0.560
拉力因子		1.856	21.643%	
PF_1	0.816			0.822
PF_2	0.746			0.686
PF_3	0.880			0.793
感知原真性		2.080	35.139%	
PA_1	0.742			0.645
PA_2	0.815			0.730
PA_3	0.813			0.750
PA_4	0.782			0.713

（续表）

因子和测量变量	因子载荷	特征值	特征值积累	变量共同度
旅游体验		2.312	50.035%	
VE_1	0.778			0.764
VE_2	0.867			0.853
VE_3	0.839			0.778
VE_4	0.825			0.765
旅游收获		7.855	70.939%	
VB_1	0.693			0.635
VB_2	0.817			0.742
VB_3	0.731			0.712
VB_4	0.767			0.685
VB_5	0.744			0.678
VB_6	0.792			0.725
VB_7	0.746			0.614

六、假设检验

用 AMOS 结构方程模型的分析软件对假设模型进行验证。各项拟合指数的输出值均接近或达到了临界值,即说明样本数据与假设模型拟合的比较好,原假设模型通过了检验,是可以被接受的。

首先,感知原真性($b=0.318$, $p<0.001$)和旅游体验($b=0.434$, $p<0.001$)均是旅游收获的有效影响因子。这一结果与比兰等人(Biran et al., 2011)以及康等人(Kang et al., 2012)的研究结果一致,即黑色旅游体验与黑色旅游收获存在显著相关关系。其次,游客的黑色旅游动机能显著影响其感知原真性($b=0.365$, $p<0.01$),但不能显著影响其旅游体验。科拉尔和扎伯卡(Kolar & Zabkar, 2010)的研究也表明旅游动机是游客感知原真性的一个重要影响因子。但本实证研究结果中旅游动机与旅游体验之间不存在显著相关关系却与西方诸多黑色旅游的研究有所差异。再次,拉力因子既是旅游体验($b=0.229$, $p<0.01$)又是感知原真性($b=0.430$, $p<0.001$)的有效影响因子,同时游客对黑色旅游景点的感知原真性能显著影响游客的旅游体验($b=233$, $p<0.01$)。这些因子间相互关系的研究假设得以成立。最后,实证结果表明游客的黑色旅游动机与拉力因子之间不存在显著相关的关系。具体见表5.4。

表5.4　研究假设检验结果

	标准化回归系数	p值	研究假设检验结果
旅游动机→拉力因子	0.060	n.s.	H1 不成立
旅游动机→感知原真性	0.365	**	H2 成立
拉力因子→旅游体验	0.229	**	H3 成立
感知原真性→旅游收获	0.318	**	H4 成立
旅游体验→旅游收获	0.434	***	H5 成立
旅游动机→旅游体验	0.111	n.s.	H6 不成立
拉力因子→感知原真性	0.430	***	H7 成立
感知原真性→旅游体验	0.233	**	H8 成立

注：$** \ p < 0.01$，$*** \ p < 0.001$，n.s.：Not significant，即 p 在 0.05 水平上不显著相关。

本文在黑色旅游收获的研究框架中，根据南京大屠杀的样本数据发现旅游动机(推力因子)和旅游拉力因子之间不存在显著的相关关系。

七、研究结论

本文在"动机—体验—收获"模型的基础上构建了黑色旅游体验和收获的研究模型。通过在南京大屠杀纪念馆的问卷调查收集数据，用结构方程模型来检验假设模型，揭示黑色旅游体验和收获的影响因素。模型的各拟合指数显示样本数据和假设模型拟合的较好。与国内大多数黑色旅游的相关定性研究相比，本研究是黑色旅游研究领域定量化研究的一种尝试。但就实证研究而言，由于问卷调查数据采用的是便利样本收集的方法，导致了样本的非随机性，使研究存在一定的局限性。尽管如此，本研究提供了研究黑色旅游体验和收获的一种思路和方法，并且得出了一些有益的启示。就实证研究的结果而言，有六个研究假设成立，即感知原真性和旅游体验共同影响黑色旅游收获，旅游者的黑色旅游动机能显著影响其感知原真性，拉力因子既是黑色旅游体验又是感知原真性的有效影响因子，旅游者对黑色旅游景点的感知原真性能显著影响游客的旅游体验；有两个研究假设不成立，即旅游者的黑色旅游动机不能显著影响其旅游体验，旅游动机(推力因子)和旅游拉力因子之间不存在显著的相关关系。

这些研究结果为黑色旅游产品的开发和设计提供了一些有益的借鉴。首先，为提高黑色旅游收获，黑色旅游景点的展示应注重原真性，在地点选择和展示方式上力求符合历史的真实。同时，可以通过有效的旅游解说提升旅游者参与黑色旅游的体验从而增加其旅游收获。但值得注意的是，黑色旅游解说需要精心挑选一些有力而又能避免激起参观者仇恨情绪的信息。黑色旅游产品的开发不仅是向人们展示事件本身,更重要的是,揭示事件背后深层次的社会文化原因,以及人类是否可以避免这样野蛮行径的发生。

从样本数据来看,被调查旅游者的旅游收获中除了包括更深入地了解南京大屠杀这一事件本身,更多的是对现有生活拥有了一种感恩的心态。其次,媒体宣传、相关活动等拉力因素对感知原真性和黑色旅游体验起到了关键性的作用,即对旅游收获起到了间接影响。因此,媒体及黑色旅游地或者场馆可以借助一些纪念活动、相关事件来提升游客对黑色旅游产品的感知和兴趣,从而提高游客的黑色旅游收获。

案例来源:沈苏彦、赵锦、张晓彤:《黑色旅游动机、体验与收获相互关系的实证研究》,《中南林业科技大学学报(社会科学版)》,2014 年第 10 期,第 20—24 页。

案例讨论

1. 什么是黑色旅游、红色旅游?
2. 简述黑色旅游动机的特点。
3. 黑色旅游动机的影响因素有哪些?

案例点评

日本的出境旅游市场

戴斯(Dace,1995)和其他一些学者基于日本文化的特点,针对日本市场做了以下描述:

白领男士。年龄在 30—50 岁之间的男性管理人员由于工作的应酬很难有时间休假。他们更倾向于体验一些有意义的经历,而不仅仅只是常规旅行,他们也热衷于购物,并且是十分具有判断力的消费者。

年近花甲一代。年龄在 50—60 岁之间,在战后艰苦的环境中长大。平日过着极富格调情趣的生活,但在假期他们会放纵自己。度假期间他们也喜欢熟悉的事物,其中就包括日本料理和日文导游。

富足之家。一般是成熟的夫妇,他们希望度假围绕一个主题,并且对质量的意识很强。

技术参观和学习旅行。日本公司把与工作相关的学习旅行作为对员工的休整和奖励。大部分旅游者为男性,并且大部分旅行都结合休闲活动,例如:打高尔夫球。

学生旅游。在每年的 2 月,从小学到大学的学生经常会进行短期休假。他们一般会乘飞机,并且只随团出游。

新新人类。年龄 20—30 岁,成长在日本经济发展时期。他们花钱时喜欢炫耀,并且具有独立的思维模式,很少随团出游,是短期旅行的主要参与者。

白领丽人。一般为 20 岁左右的未婚女性,她们拥有较多可自由支配的收入,通常在家和父母同住。她们向往西方国家,喜欢去如巴黎、伦敦等首都城市游览购物。尽管她们倾向于较为独立的旅游行程,但仍然会随团前往。

蜜月新人。这个市场主要是到海外旅行度蜜月的新人。95％的日本新婚夫妇都会选择亚洲、欧洲和美国来度蜜月。

日本旅游者还有一些有争议的行为标准,例如:一些日本旅游者提出在旅游地提供日式料理、服务、导游等要求。这会造成与当地人产生距离感。

案例来源:选自约翰·斯沃布鲁克和苏珊·霍纳著(俞惠君、张鸥、漆小燕译)《旅游消费者行为学》(电子工业出版社 2004 年版)有关案例。

点评:

日本市场的案例说明,不同国家和地区具有不同的文化特点,因此各国和各地区的旅游市场划分要考虑到当地的文化特色,旅游者的需求和动机带有特殊性。案例中分析了日本市场的旅游者的动机,为如何吸引日本游客提供了依据。

第六章

旅游者的个性心理

核心提示

　　旅游者个性是指将单个旅游者区别于他人的稳定的、独特的特征的总称,即旅游者人格的差异性或独特性。旅游者的个性类型十分复杂,旅游者的能力也有较大差异。同时,旅游决策还受到旅游者自我概念和自我状态的影响。

　　学习要点——1.旅游者的个性类型;2.旅游者的能力表现;3.旅游者的自我概念的影响因素;4.旅游者的自我状态与旅游决策的关系。

　　基本概念——气质、性格、能力、自我概念、自我状态。

第一节　旅游者的个性特征

一、气质与个性

(一) 人格与个性

　　"人格"一词从日文引进,来自英文 personality,源于拉丁语 persona 一词,原意是指舞台上演员戴的面具,代表着剧中人物的身份。

在心理学上,人格是指构成人的思想、情感和意向的特有的、整合的、独特的行为模式,包含个人区别于他人的稳定而统一的心理品质,是个体在社会化过程中形成的具有特色的身心组织,表现为个体在适应环境时,其需要、动机、兴趣、态度、价值观、气质、性格、能力等方面的整合,具有动态一致性和连续性。

人格具有丰富的内涵,反映了人的本质特征。人格具有整体性、稳定性、独特性和社会性特征。人格与个性关系紧密。个性指将一个人区别于他人的稳定的、独特的特征的总称,即人格的差异性或独特性。个性是针对人的个体差异而言,是对一个人的整体属性和本质特征的描述。世界上万事万物都有个性,但是人格只对人而言。人格比个性具有更加丰富的内涵和外延。

(二)气质及其类型

1. 什么是气质。

"气质"一词源于拉丁语,原意是"混合"之意,用来描述人的激动或兴奋的个性特征,与"脾气"相近。心理学上,气质是指一个人典型的和稳定的心理活动动力特征,不以人的活动目的和内容为转移。气质是由神经结构和机能决定的心理活动的动力特征表现在个体行为能力和时间方面的特点。不同气质类型的人,会在情绪、意志、认知过程中表现出不同的特点。

气质具有先天禀赋的人格特征,但是气质的特点是在后天环境中表现出来的。气质是许多心理活动的特性交织而形成的,具有极大的稳定性,但是也具有一定的可塑性。气质具有感受性、耐受性、反应敏捷性、可塑性、情绪兴奋性以及内外向性等特点。

2. 气质的类型。

气质类型是指在某一类人身上共同具有的气质特征的有规律的结合。古希腊医生希波克拉底(Hippocrates,公元前460—前377年)最早提出气质概念,后经过不断发展,逐渐形成四种典型气质类型的划分,即胆汁质、多血质、黏液质和抑郁质,并沿用至今。这四种气质类型在情绪、智力和行为方式上具有不同的特征。

(1)胆汁质。胆汁质类型的人,表现为情绪旺盛,反应迅速,情感体验强烈,情绪发生快而强,易冲动,但平息也快。在行为上,表现出不均衡性;在情绪活动中,表现为暴躁、热情、开朗、刚强、直率、果断,但自制能力差;在智力活动中,接受能力强,对知识理解快,但粗心大意,性急好动,考虑问题往往不够细致。

（2）多血质。多血质类型的人活泼好动，反应迅速，思维敏捷，易动感情，情绪发生快而多变，表情丰富，但情感体验不深刻、不稳定；有很高的灵活性，容易适应环境的变迁，善于与人交际；兴趣广泛，接受新事物快，注意力容易转移，缺乏意志力和耐力。

（3）黏液质。黏液质类型的人安静、沉着、稳重，反应较慢，注意力稳定；内向，态度持重，自控能力强，不易冲动，情绪稳定；行为表现坚韧、执著，情感淡漠。

（4）抑郁质。抑郁质类型的人感受性强，观察仔细，对刺激敏感，反应缓慢；多愁善感，体验深刻、持久；内向谨慎，忍耐退缩，不善交际，孤僻。

具有以上四种基本气质类型特点的人在同一处境中，举止、言行表现各不相同。在现实生活中，典型气质类型的人很少，多数人介于各种类型之间。

（三）性格

性格是指与社会道德评价相联系的人格特质，表现为个人的品性道德和行为风格。性格是人格结构中重要的组成部分，是个人有关社会规范、伦理道德方面的各种习性的总和。

性格是后天形成的品格，是在个体生活过程中所形成的，是个人社会化的产物，是受到家庭、学校、社会环境的影响而形成的稳定的态度以及习惯化的行为方式。

1. 性格的特征。

性格表现在个体对现实的稳定态度和行为方式之中。性格是由许多特征组成的复杂心理结构，具有如下基本特征：

性格的态度特征。人在对现实环境的稳定态度方面表现出来的个别差异，是性格特征中最重要的组成部分。性格的态度特征具体由以下三个方面的内容构成：

一是对社会、集体、他人的态度特征，二是对劳动、工作和学习的态度特征，三是对自己的态度特征。

性格的意志特征是指人在自觉调节自己行为的方式与控制水平、目标明确程度以及在处理紧急问题方面表现出来的性格差异。性格的意志特征主要表现在以下三个方面：

一是行动是否具有明确的目的，行为是否受社会规范约束，二是对行为的自觉控制能力，三是在紧急或困难条件下处理问题的特点。

性格的情绪特征是指人在情绪情感活动中经常表现出来的强度、稳定性、持久

性以及主导心境等方面的特征,体现为三个方面:

一是在情绪情感的强度方面,具体表现为情绪的感染力、支配性和受意志控制的程度,二是在情绪的稳定性方面,表现为个体情绪的起伏和波动,三是在情绪的持久性方面,表现为情绪对个体身心方面影响的时间长短,四是在情绪的心境方面,指不同主导心境在个体身上的影响。

性格的理智特征是指人在感知、记忆和思维等认知活动过程中表现出来的性格特征,又称为性格的认知特征。

性格是一个统一的整体,但它的表现多样,具有复杂性。究其原因,从客观上看是受社会环境不同方面的影响,并对个体提出了不同要求。从主观上分析,性格的复杂性是由于人的行为方式与对事物的态度之间并不总是完全一致造成的。性格的复杂性还与个人的性格结构完整和完善程度有关。

2. 性格与气质的关系。

性格与气质相互制约、相互影响,在现实生活中,人们经常会把两者加以混淆,有时把气质视为性格,有时又把性格看做气质。

性格与气质的区别在于:首先,气质具有先天性特点,它更多地受到人的高级神经活动类型的影响,主要是在人的情绪与行为活动中表现出来的动力特征。性格主要是指个体行为的内容,是在后天形成的,更多地受到社会生活条件的影响和制约,是人的态度体系和行为方式相结合而表现出来的、具有核心意义的心理特征。其次,气质无好坏之分,而性格则有优劣之别。气质表现的范围狭窄,局限于心理活动的强度、速度、指向性等方面,因此可塑性极小,变化很慢。而性格表现的范围广泛,几乎囊括了人的社会生活各方面的心理特点,具有社会道德含义,可塑性大。

性格与气质的联系在于:不同气质类型的人,可以形成某些相同的性格特征;气质可以影响性格形成与发展的速度;性格在一定程度上可以掩盖和改造气质。

二、个性特征与旅游行为

(一)旅游者的个性类型

1. 个性类型的不同划分标准。

(1)理智型、情绪型和意志型。

根据知、情、意三者在性格中哪种占优势划分的性格类型。英国哲学家、心理学家培因等根据知、情、意何者占优势,把性格类型划分为理智型、情绪型和意志型。

理智型的人,一般以理智来评价发生在周围环境中的一切事物,以理智来支配、调节、控制自己的行动,行为表现稳定、谨慎。情绪型的人,一般不善于思考,言谈举止容易受到自己情绪的左右,但情绪体验深刻。意志型的人,行为目标一般比较明确,主动积极,果敢坚韧,具有自制力。在日常生活中,很少有以上单一的三种典型性格类型中的一个,绝大多数是中间类型。

(2) 内向型和外向型。

根据个人心理活动倾向性划分的性格类型。瑞士心理学家荣格根据人的心理活动倾向于外还是内,把性格分为外向型和内向型两大类。外向型的人,心理活动倾向于外部,活泼开朗,喜欢交际;内向型的人,心理活动倾向于内部,谨慎小心、交际狭窄。在现实生活中,极端的内、外向类型的人很少见,一般人都属于中间型。

(3) 独立型和顺从型。

根据个人独立性程度划分的性格类型。美国心理学家威特金根据认知方式的场依存性(主要是视觉线索)和场独立性(主要是身体线索)特点,把性格分为独立型和顺从型。独立型的人善于独立思考,不容易受到周围环境因素的干扰,能够独立地发现问题和解决问题,但有时会把自己的意见强加于别人。顺从型的人容易受到周围环境因素的影响和干扰,经常没有主见,有时不加分析地接受他人的意见而盲目行动,应变能力较差。

(4) 理论型、经济型、审美型、社会型、权力型和宗教型。

根据人的社会生活方式及价值观划分的性格类型。德国哲学家、心理学家斯普兰格根据人的社会生活方式,以及由此形成的某一种价值在个人生活目标和行为方式上占的优势,把性格分为理论型、经济型、审美型、社会型、权力型和宗教型六类。

理论型的人有自制力、好钻研、求知欲强,善于把自己的知识系统化、条理化,但往往脱离实际生活。经济型的人认为,一切工作或活动都要从实际情况和需要出发,不然则应当抛弃,重视财力、物力、人力和效能,讲求实惠。审美型的人重视形象美与心灵美的和谐,善于欣赏好的情景和追求多种情趣,认为美的价值高于其他一切事物,以优美、对称、整齐、合宜等标准来衡量一切,对任何事物都从艺术的观点加以评论,对实际生活不太关心。社会型的人以关心他人、服务社会为职责,一般都热衷于社会活动,行为表现为随和、善良、宽容,喜欢人际交往。权力型的人对权力具有极大的兴趣,获取权力是其行为的基本动机,一般都有领导他人和支配他人的欲望和才能,自我肯定,有活力,有信心,对人对己要求严格,讲原则,守秩序,但有时则固执己见、自负专横。宗教型的人相信命运和超自然的力量,把宗教信仰作为生活的最高价值,这类人一般有坚定的信仰,富有同情心,但容易从现实生活中退却。斯普兰格认为,在现实生活中,纯粹属于上述某种类型的人很少。绝大多数都是各种类型的混合,即混合型。

(5) A 型、B 型、C 型、D 型和 E 型。

根据人际关系划分的性格类型。日本心理学家矢田部达郎等人根据人际关系,把性格划分为 A、B、C、D、E 五种典型的性格类型。

A 型性格类型的人情绪稳定,社会适应性及内外向性均衡,但主观能动性不够,交际能力较弱。B 型性格类型的人外向,情绪不稳定,社会适应性较差,遇事急躁,人际关系融洽。C 型性格类型的人内向,情绪稳定,社会适应性良好,但行为表现被动,不能胜任领导工作。D 型性格类型的人外向,社会适应性良好,人际关系较好,有组织领导能力。E 型性格类型的人内向,情绪不稳定,社会适应性一般或较差,不善于交际,但善于独立思考,有钻研性。

(6) 实际型、调查型、艺术型、社会型、企业型和传统型。

根据个人的性格、兴趣与职业的关系划分的性格类型。美国学者霍兰德提出了人格—职业匹配理论,认为一个人的性格、兴趣与职业密切相关。人们是在不断寻求能够发展兴趣、获得技能的职业。经过长期的研究,他把人的性格划分为六种类型:实际型、调查型、艺术型、社会型、企业型和传统型。

实际型的人具有重实践、直率、随和、不爱社交、节俭、稳定、坚定等特征;调查型的人具有分析、好奇、思想内向、聪明、精确、富有理解力等特征;艺术型的人具有感情丰富、爱想象、富有创造性等特征;社会型的人具有爱社交、友好、慷慨、乐于助人、活跃、合作等特征;企业型的人具有爱冒险、外向、乐观、爱社交、健谈、喜欢领导他人等特征;传统型的人具有条理性、随和、自我约束、友好、务实、拘谨、保守等特征。

对旅游者性格类型的分类也是从不同角度出发的,都是用选择出来的相关特征加以概括而揭示性格的典型特征,因此,在旅游活动中,按照某一类标准把旅游者的性格归类为某种类型,具有一定的理论意义和应用价值。

2. 旅游者个性与购买行为。

性格是个性最鲜明的表现，是个性心理特征中的核心特征。因此，旅游者的性格，也就是在购买行为中起核心作用的个性心理特征。

（1）以消费态度划分。

节俭型。节俭型的旅游者在消费观念和态度上崇尚节俭，讲究实用，在选择旅游目的地过程中较为注重质量、实惠、价格，以物美价廉作为选择标准，而不在意品牌及消费时尚，不喜欢过分奢华、高档昂贵。

保守型。保守型的旅游者在消费态度上较为严谨，生活方式刻板，性格内向，怀旧心理较重，习惯于传统的消费方式，对新观念持怀疑、抵制态度，选择旅游时，喜欢去传统的和有过多次经验的目的地，而不愿冒险尝试新线路。

随意型。随意型的旅游者在消费态度上比较随意，没有长久稳定的看法，生活方式自由而无固定的模式。在选择旅游方面表现出很大的随意性，其选择标准往往多样而不稳定。经常会根据自身的需要和不同的线路，采取不同的选择标准和要求，同时受外界环境及广告宣传的影响也较大。

（2）以购买方式划分。

习惯型。习惯型的旅游者在旅游决策时，习惯参照以往的购买经验。当其对某种品牌的线路熟悉并产生偏爱后，就会重复购买，从而形成惠顾性购买行为，这一类旅游者受社会时尚、潮流影响较小，不轻易改变自己的观念和行为。

慎重型。慎重型的旅游者在性格上一般很沉稳、持重，做事冷静、客观，情绪不外露。进行旅游决策时，通常会根据自己的实际需要并参照以往购买经验来进行仔细慎重的比较权衡，然后作出旅游决定，受外界影响小，不易冲动，具有较强的自我抑制力。

挑剔型。挑剔型的消费者在性格上一般意志坚定，独立性强，不依赖他人。在旅游决策时强调主观意愿，自信果断，很少征询或听从他人意见，对销售人员的解释说明常常持怀疑和戒备心理，观察细致深入，某些时候甚至过于挑剔。

被动型。被动型的旅游者在性格上一般比较消极、被动、内向。由于缺乏旅游知识和购买经验，在旅游决策中往往犹豫不决，缺乏自信和主见，对品牌没有固定的偏好，选择随大流的行为方式。

冲动型。冲动型的旅游者以青年人居多，他们的心理反应敏捷，对新奇事物容易引起兴趣，形成心理指向，很少有明确的计划和意图，因而考虑问题常常不够周到。他们特别喜欢冒险和刺激等富有挑战性的旅游活动。

理智型。理智型旅游者以学者、知识分子居多,善于观察、分析和比较,有较强的选择判断能力。其旅游活动有较强的目的性和主动性,不喜欢让别人做主和干预,很少受外部因素的影响,所进行的活动总是与自己的需要有关。

(3) 以生活方式划分。

封闭型。这类旅游者重视家庭,维护传统,渴望井然有序、舒适安宁的生活,非常注意自己的身体健康,不愿意参与那些带有任何风险的活动,喜欢清新的空气、宁静的原生态自然山水,不喜欢喧闹、拥挤、紧张的城市生活。这类人通常不愿意外出远游,如果进行旅游的话,他们通常全家一起出游。这类人愿意比较多地呆在个人或家庭的小天地里,即使在旅游过程中,他们也不愿意与家庭成员以外的其他人有过多的交往。这类人喜欢安全、不受打扰的环境,因此他们选择的旅游目的地通常是环境宜人幽静的湖滨、山庄等旅游度假地。

开放型。这类旅游者活跃、开放、自信、外向、追新猎奇,乐于主动接受和尝试新鲜事物,追求时髦和潮流,希望能更多更深入地介入社会生活中的各个层面;热衷于社交活动,乐于寻求具有刺激性的旅游项目。

半开放半封闭型。这类旅游者兼有封闭型和开放型生活方式的特征,只不过有些人偏向封闭型,有些人则偏向开放型。这类人中的大部分希望生活安定有序,但又不满足于年复一年、周而复始的单调生活,既要休养生息,又想丰富见闻和阅历,希望在一定时期内能够获得机会外出旅游一次。

(二) 旅游者的气质类型

旅游者不同的气质特征,会产生不同的行为表现,并在旅游活动中通过他们的言谈举止表现出来。分析旅游者不同气质的表现,有利于进一步了解不同的旅游者,为他们提供满意的服务。根据旅游者气质特征及其在旅游活动中的行为表现,可以将旅游者的气质类型大体划分为急躁型、活泼型、稳重型、沉静型和温顺型等。

急躁型旅游者。这类旅游者的行为表现是:热情直率,精力旺盛,脾气急躁,容易冲动;情绪兴奋性高,自制力差,容易感情用事,起伏性大;感情外露,反应迅速。他们一般参与旅游活动的积极性高,行动迅速,适应性较好,故多有冒险精神,喜欢富有挑战性和刺激性的项目。但缺乏耐心,遇事容易激动,情绪波动较大,旅途中常粗心大意、忙中出错。因此,在旅游活动中不要急慢,也不要招惹,要注意态度和善,千万不要刺激对方。

活泼型旅游者。这类旅游者思路敏捷,反应迅速,应变能力强;活泼好动,情感丰富,性情外向;随和开朗,善于与人交往;但兴趣广泛而多变化,对事物的注意力容易转移。这一类型的旅游者是旅途中的活跃分子,常常是群体活动中的组织者;他们喜欢参与变化大、花样多的旅游项目。对于这类旅游者应主动热情,保持良好关系。

稳重型旅游者。这类旅游者遇事沉着冷静,注意力稳定,自制力很强;不易受环境变化的影响,也不会被无关因素所左右;性情内向,不爱交往,也不善言谈;很少流露内心情感,给人以难以揣摩、不易接近的感觉。这一类型的旅游者喜欢清静,做事谨慎小心,深思熟虑;对新奇的事情不感兴趣,在活动中的表现比较保守,缺乏灵活性。对这类旅游者要耐心,多为他们提供相关信息,让他们自己作出选择。

沉静型旅游者。这类旅游者性情孤僻内向,不爱交往,也不善言谈;反应迟缓,情感不外露,动作简单;他们观察细致,感情细腻而敏感,情绪体验深刻、稳定和持久。但他们做事缺乏信心,遇事处理不果断,行为随大流。在旅游过程中,不喜欢新奇、变化的项目,旅途中容易疲劳,并且很难恢复。对于这类旅游者,要格外关心,耐心细致地为他们服务。

温顺型旅游者。这一类旅游者的气质是混合内向的类型,表现为自我独立性较差,态度温和,依赖性强;待人诚恳,尊重他人;情绪稳定不易激动;随和、但不主动交往;遇事容易迁就,缺乏处理问题的办法,怕麻烦,发生问题会束手无策。对于这类旅游者,在旅游过程中,要适当给予帮助。

三、旅游者的能力差异

(一)能力差异

1. 能力的含义。

心理学研究指出,人的知觉、思维等心理机能是在从事各种实际活动的过程中实现的。人们必须具备完成各种活动的能力,才能顺利地达到预期的目的。所谓能力,是指人能够顺利完成某种活动所必须具备的,并直接影响活动效率的个性心理特征。它是影响人的活动效果的基本条件,能力的高低直接影响个体从事活动的快慢、难易和巩固程度。

2. 能力的分类。

第一,根据作用方式的不同,能力可以分为一般能力和特殊能力。

一般能力指个体顺利完成各种活动所具备的基本能力,由认识能力和活动能力组成。认识能力,指的是人认识客观事物、运用知识解决实际问题的能力。它包括注意力、观察力、想象力、思维力和记忆力,也有人把这五种能力统称为智力。活动能力是指人们完成各种活动的能力,它也是由一些基本能力,如组织能力、计划能力、适应能力以及实际操作能力等构成的。具备一般能力,是从事各种活动的前提条件。

特殊能力是顺利完成某些特殊活动所必须具备的能力,如创造力、鉴赏力、组织领导能力等,这些能力是从事音乐、绘画、领导等特殊或专业活动所必不可少的。

第二,根据在能力结构中所处地位的不同,能力可以分为优势能力和非优势能力。

非优势能力是处于主导地位,表现最为突出的能力。优势与非优势能力在每个人身上相比较而存在,任何人都不可能是全才,但只要具备某一方面的优势能力,同样可以取得成功。

第三,根据创造性程度划分,能力可以分为再造能力和创造能力。

具有再造能力的人,能迅速掌握所学的知识,并善于按照所提供的模式进行活动;具有创造能力的人,善于创新,能超出现成式样进行发挥和创造。

3. 能力的差异。

人与人之间在能力上存在着个别差异,正是由于这些差异,人们的消费行为活动具有不同的效率和结果。能力的差异主要体现在以下几个方面:

能力水平差异。主要表现在同种能力的水平高低上,能力水平的高低又集中体现在人的智力水平的差异上。研究表明,全人类的智力状况基本成正态分布,其中特有智能和弱智的大约各占 2.5%,而 95% 的人口智能是在正常范围内。按智商分数来说,大部分人介于 70 分至 130 分之间,旅游者同样存在以上情况。

能力类型差异。主要指人与人之间具有不同的优势能力。在消费实践中,正是由于旅游者在优势能力类型上存在着千差万别,才使旅游活动的效率与效果明显不同。

能力表现时间差异。指人的能力在表现时间的早晚上有很大区别,有的人天生早慧,有的人则大器晚成。旅游者能力表现的早晚主要与后天消费时间的多少及专门的训练程度有关。

（二）旅游者的能力构成

现代市场经济条件下,随着各种资源要素、物质产品、精神产品、服务商品的丰富以及生活水平的不断提高,旅游者从事旅游活动的内容和领域迅速扩展,在深度和广度上超过了以往任何时代。旅游者只有综合运用和不断提高相应的能力与技能,才能在复杂多变的旅游市场环境中保持高度的自主性与行为自由度,并以较少的支出获得更大的消费效用。

1. 从事各种消费活动所需要的一般能力。

实际生活中。这是消费者购买活动必须具备的基本能力,如对商品的感知、记忆、辨别能力;对信息的综合分析、比较评价能力;购买过程中的选择、决策能力,以及记忆力、想象力等。基本能力的高低会直接导致消费行为方式和效果的差异。

感知能力。感知能力是指旅游者对商品的外部特征和外部联系加以直接反映的能力。感知能力是消费行为的先导,通过它,旅游者可以了解商品的外观造型、色彩、气味、轻重,旅游景点所呈现的整体风格,从而形成对旅游商品的初步印象,为进一步作出分析判断提供依据。

旅游者的感知能力差异主要体现在速度、准确度、敏锐度上。感知能力的强弱会影响消费者对消费刺激的反应程度。能力强的消费者能够对商品的微小变化或同类商品之间的细微差别加以清晰辨认;能力弱的则可能忽略或难以区分细小的变化。

分析评价能力。分析评价能力是指消费者对接收到的各种商品信息进行整理加工、分析综合、比较评价,继而对商品的优劣好坏作出准确判断的能力。分析评价能力的强弱主要取决于消费者的思维能力和思维方式,同时与消费者个人的知识经验有关。但许多试验证明,旅游者对旅游的知觉是模糊的、不确定的。

选择决策能力。选择决策能力是消费者在充分选择比较商品的基础上,及时果断地作出购买决定的能力。当消费者运用分析评价能力、感知力等能力对商品进行综合分析后,就进入了购买决策阶段。消费者决策能力的高低直接受其自信心、抱负水平等因素的影响。

2. 从事旅游消费活动所需要的特殊能力。

特殊能力首先是指旅游者购买旅游方面的专业性服务商品所应具有的能力。

它通常表现为以旅游专业知识为基础的旅游消费技能,需要相应的旅游专业知识以及分辨力、鉴赏力、监测力等特殊的旅游消费技能。若不具备这种特殊能力而进行旅游消费,则很难取得满意的效果。

3. 旅游者对自身权益的保护能力。

在市场经济条件下,消费者作为居于支配地位的买方主体,享有多方面的天然权利和利益。这些权利和利益经法律认定,成为消费者的合法权益。然而,这一权益的实现不是一个自然的过程。尤其在我国不尽成熟完备的市场环境中,由于法制不健全,市场秩序不规范,企业自律性较低,侵犯旅游者权益的事情屡有发生。这在客观上要求旅游者自身不断提高自我保护能力。

按照我国 1994 年 1 月 1 日颁布实施的《消费者权益保护法》规定,消费者享有9 项基本权利,主要包括:

(1) 安全权,指消费者在购买、使用商品和接受服务时享有的人身、财产安全不受损害的权利;

(2) 知情权,即消费者享有知道其购买、使用的商品或者接受的服务的真实情况的权利;

(3) 自主选择权,即消费者享有自主选择商品或者服务的权利;

(4) 公平交易权,即消费者享有公平交易的权利;

(5) 求偿权,即消费者因购买、使用商品或者接受服务受到人身、财产损害的,享有依法获得赔偿的权利;

(6) 结社权,即消费者享有依法成立维护自身合法权益的社会团体的权利;

(7) 获得有关知识权,即消费者享有获得有关消费和消费者权益保护方面的知识的权利;

(8) 人格尊严和民族风俗习惯受尊重权,即消费者在购买、使用商品和接受服务时,享有其人格的尊严、民族风俗习惯得到尊重的权利;

(9) 监督权,即消费者享有对商品和服务以及保护消费者权益工作进行监督的权利。

(三) 旅游者的能力表现

旅游消费者自身的能力差异,必然使他们在购买和使用商品的过程中表现出不同的行为特点。具体可以分为以下几种典型类型:

成熟型。这类旅游者通常具有较全面的能力,非常了解需要购买的旅游产品,其内行程度甚至超过销售人员。由于具有丰富的旅游知识和购买经验,这类旅游者在选择中往往显得自信和坚定,自主性较高,能够按照自己的意志独立地作出旅游决策,而无须他人的帮助。这类旅游者较少受到外界及他人意见的影响。

一般型。这类旅游者的能力和水平都处于中等状况,通常具备一些旅游方面的知识,并掌握有限的旅游信息,但是缺乏相应的旅游消费经验。这一类型的旅游者在作出旅游决策之前,一般缺乏对旅游目的地的具体要求,因而很难对旅游服务的内在质量、功能、使用条件等作出准确的比较。因此,他们在购买决策过程中,往往更乐于听取推销人员的介绍和宣传。

缺乏型。这类旅游者的能力构成和知识水平都处于缺乏和低下状态,不了解有关旅游的知识和消费信息,同时也不具备任何旅游经验。与前两种旅游者相比较,能力缺乏型的旅游者在旅游决策前往往没有明确的旅游意识和想法,作出旅游决策时,经常表现得犹豫不决,不得要领,易于受到环境影响和他人意见的左右,使自己的旅游购买行为带有很大的随意性和盲目性。

第二节　旅游者的人格结构

一、人格结构的研究

人格是由不同成分构成的复杂系统,它从不同侧面反映了人的整体特征和人与人之间的个体差异。对人格内涵的理解不同,对人格结构的看法也不同。一般认为,人格结构包括两个方面:一是人格的心理倾向性,由需要、动机、兴趣、理想、信念、价值观和世界观等成分组成;二是人格的心理特征,由能力、气质和性格等成分组成。心理学上,一般把人格结构分为气质和性格。

心理学家对人格进行了深入研究,包括人格特质理论和精神分析人格理论。其中精神分析人格理论探讨了人格结构的有关问题。

（一）弗洛伊德的精神分析人格理论

奥地利精神病学家弗洛伊德是精神分析理论的创始人。弗洛伊德认为,推动人格发展的动力来自本能。各种本能可以归结为两种:生的本能和死的本能。在弗洛伊德的精神分析理论中，人格结构包括本我、自我和超我。

本我由先天的原始本能能量和欲念组成，是生的本能和死的本能的所在地，处于人格最原始的潜意识结构层次中，并蕴涵着人性中最接近兽性的本能行为，具有强大的非理性的心理能量。本我遵循快乐原则，一味地追求满足。本我是人格结构深层的基础和一切活动的内驱力。

自我代表理智，介于本我和超我之间，是人格结构中的管理和执行部分，也是个体行为的"决定者"。自我遵循现实原则，但是受到超我的观察、评判和监督，如果违背了超我，就会受到惩罚而产生自卑感或罪恶感。因此，自我的主要功能是保持个体心理的完整性，并协调人格结构中各个部分之间的关系以及个体与环境的关系，具有对本我冲动的缓冲与调节作用。

超我代表良心和自我理想的道德部分，从自我中逐渐分化和发展而来。良心规定自己的行为遵循规则进行；自我理想则要求自己的行为符合理想的标准。超我的内容主要来自父母的管教、代理人传递的文化伦理规范，是个体在幼儿发展期间父母管教和社会化的结果，因此，超我遵循道德原则，其功能是观察、监视自我或奖赏、惩罚自我，其中良心是衡量自我行为"恶"的尺度，指出自我不该做什么；自我理想则是衡量自我为"善"的尺度，指引自我应该做什么。

本我、自我、超我三者不是完全独立的，彼此交互作用构成人格的整体。一个正常的人，其人格中的三部分经常是彼此平衡而和谐的。

（二）阿德勒的个体心理分析

奥地利心理学家阿德勒是人本主义心理学的先驱，提出了个体心理学的观点。他认为，追求优越是统一人格的核心和总目标，它是生命的基本事实，这种天生的内驱力将人格汇成一个总目标，使人力图成为一个没有缺陷的"完善的人"。认为个体追求的优越中包含着完美、成就、满足和自我实现。

阿德勒认为，每一个人都有自己追求优越的独特方式，即生活风格。生活风格大约在四、五岁时已经在家庭环境的影响下逐步形成，在童年期是形成健康的生活风格和错误的生活风格的重要时期。因此，要了解一个人，首先应该了解他的生活风格，理解了个体的生活风格，就能够理解一个独特的自我，理解其内在人性。

创造性自我是人格塑造中一种有意识的主动力量，是个体按自己选定的方式建立起来的独特的生活方式。阿德勒认为，一个人并不是环境和遗传因素的消极接受者，每个人都有决定自己社会生活方式的自由，都能够对自己将来的发展作出选择。

（三）荣格的分析心理

瑞士心理学家荣格认为，人格是一个整体结构，包括思想、感情、意向等。人一生下来就有完整的人格特点。以后在此基础上促使它多样、连贯、和谐并防止分裂。人格的功能在于使个体适应社会环境和自然环境。因此，强调人格整体是分析心理学的核心和方法论。

荣格认为人格既是一个复杂多变的结构，又是一个层次分明、相互作用的结构，由意识（自我）、个人潜意识（情结）和集体潜意识（原型）三个层次组成。

其中，意识是人格中唯一能够被个体觉知的部分，随着感觉、思维、情感、直觉这四种心理机能的发展而逐渐发展起来。意识与个性化同步，意识的产生也就是个性化的开端，意识发展了，个性化也发展了，人的意识发展过程就是个性化的过程。

（四）埃里克森的自我心理

美国当代精神分析、自我心理学家埃里克森将人从出生到死亡的生命全程划分为相互交错、更迭的八个发展阶段，这也是个体人格形成的过程。埃里克森认为这八个阶段的先后顺序是不变的，并普遍存在于不同文化中，这是遗传因素决定的，但是，能否顺利地度过每个阶段，则是由社会环境决定的。

由于每个阶段都由一对冲突或两极对立组成，形成一种危机。危机并不是一种灾难，而是发展过程中一个重要的转折点，危机若能够得到积极解决，自我就会增强，人格就会得到健全的发展，有利于个人对环境的适应。危机若得不到解决，自我的力量就会削弱，人格就会不健全，从而阻碍个人对环境的适应。若前一个阶段中的危机得到积极解决，就会增加对后一个阶段危机解决的可能性。

八个阶段为：基本信任对基本不信任；自主对羞怯和怀疑；主动性对内疚；勤奋对自卑；同一性对角色混乱；亲密对孤独；繁殖对停滞；自我完善对绝望。

二、自我概念与旅游行为

（一）自我概念的含义

自我概念又称自我形象，是指个人对自己的能力、气质、性格等个性特征的感知、态度和自我评价。即个体如何看待自身。自我概念以潜在的、稳定的形式参与到行为过程中,对人们的行为产生极为深刻的影响。

一般认为,旅游者将选择那些与自我概念相一致的产品与服务,避免选择与自我概念相抵触的产品和服务。

自我概念是个体自身体验和外部环境综合作用的结果,是个人在社会化过程中,对自己的行为进行反观自照而形成的。具体来说,自我概念的形成要受到以下几方面因素的影响:

一是通过自我评价来判断自己的行为是否符合社会所接受的标准,并以此为基础形成自我概念。个体会自动把有的行为归入社会可接受的范围,有的行为则归入社会不可接受的范畴。通过对自身行为不断的观察、归类和验证,个体就形成了相关的自我概念。

二是通过他人对自己的判断和评价来进行自我反应评价,从而形成自我概念。个体自我评价受到他人评价影响的程度,取决于评价者自身的特点和评价的内容,一般来说,评价者的权威性越大,与被评价者的自我评价一致性越高,对被评价者自我概念形成的影响越大。

三是通过与他人的比较观察而形成和改变自我概念。个体对自身的自我评价还受到与他人比较的影响,个体对自身的评价与和他人的评价相比,超过或逊于他人,都会在一定程度上改变个体的自我评价,并驱动人们采取措施来修正自我形象。

四是通过从外界环境获取有利信息,来促进和发展自我概念。受趋利避害的心理趋势影响,个体一般希望能够从外界环境中寻找符合自己意愿的信息,对与自己意愿相反的信息则选择主观忽视。以此来证明自己的自我评价是合理、正确的。这一现象证明人们经常从自己喜欢的方面来看待和评价自己。

从以上影响因素可以看出,个体的自我概念实际上是在综合自身、他人或社会评价的基础上形成和发展起来的。自我概念包含五个基本组成要素:

实际的自我概念,指个体实际上如何看待自己;理想的自我概念,指个体希望他人如何看待自己;实际的社会自我概念,指个体感到别人是如何看待自己;理想的社会自我概念,指个体希望别人如何看待自己;期待的自我概念,个体期待在将来如何看待自己,它是介于实际的自我与理想的自我之间的一种形式。

这五种要素之间存在着明确的内在联系。在通常情况下,人们都具有从实际的自我概念向理想的自我概念转化的意愿和内在冲动,这种冲动成为人们不断修正自身行为,以求自我完善的基本动力。不仅如此,人们还力求使自己的形象符合他人或社会的理想要求,并为此而努力按照社会的理想标准从事行为活动。正是在上述意愿和动机的推动下,自我概念在更深的层次上对人们的行为发生影响,制约和调节着行为的方式、方向和程度。而期待的自我概念折射出个体改变"自我"的现实机会。

(二)自我概念与旅游消费

自我概念作为影响个人行为的深层个性因素,同样存在于旅游者的心理活动中,对其旅游消费行为有着深刻的影响。

1. 自我概念与消费象征性。

个体形象的自我概念是消费者在长期的消费实践中,通过与他人及社会的交往逐步形成的。这一概念涉及个人的理想追求和社会存在价值,因而每个旅游者都力求不断促进和增强它。而商品或服务作为人类物质文明的产物,除了具有使用价值外,还具有某些社会象征意义。也就是说,不同档次、质地、品牌的旅游服务商品往往蕴含了特定的社会意义,代表着不同的文化、品位和风格。

一般来说,成为象征性的旅游服务应具有三个方面的特征。一是应具有使用可见性。也就是说,它们的购买、使用和处置能够很容易地被人看到、感觉到;二是应具有禀赋差异性。由于资源禀赋的差异,旅游产品会分为高、中、低不同档次,某些旅游者有能力消费,而另一些旅游者则无力消费。三是应具有拟人化性质,能在某种程度上体现一般使用者的典型形象和社会地位。

2. 自我概念与物质主义。

自我概念从某种意义上是由个体所拥有的某些商品或服务所界定的。然而,不同的个体对这些世俗的拥有物的重视程度存在差别。有的旅游者特别关注这些物质类产品,并将其视为追逐的目标;另一些人则可能相对淡泊它们的价值。个体通过拥有世俗物品而追寻幸福、快乐的倾向被称为物质主义。怀有极端物质主义倾向的人将世俗拥有物置于生活中的中心位置,认为它们是满足感的最大来源。

三、自我状态与旅游行为

1964 年,加拿大临床心理医生埃里克·伯恩博士在其专著《人们玩的游戏》一书中,提出一种新的人格结构理论。该理论认为,人格是由"儿童自我状态"、"成人自我状态"和"父母自我状态"三种自我状态构成的。这三种自我状态大体上与弗洛伊德的"本我"、"自我"、"超我"相对应。每种状态都有其独立性,在任何情况下,人的行为都受到这三种人格状态或其中之一的支配。

自我状态理论为分析旅游者的消费行为提供了非常有价值的角度。不同的自我状态支配着人们不同的选择。

（一）儿童自我状态与感情决策

一个人最初形成的自我状态就是儿童自我状态。儿童自我状态由自然的情感、思维和行为构成。一个人按他的儿童自我状态行动时,他或者想怎么干就怎么干,叫做自然儿童自我状态;或者按他小时候所受的训练来行动,称为顺应儿童自我状态。

儿童自我状态是一个人的人格中感受挫折、不适当、无依无靠、欢乐等情感的一部分。此外,儿童自我状态也是好奇心、创造性、想象力、自发性、冲动性和新发现引起的激动等的源泉。儿童自我状态是完全不受压抑的、表面看起来可笑的行为、天真烂漫的行为以及自然的言行的约束。

儿童自我状态是人格中主管情感和情绪的部分。人们的欲求、需要和欲望大部分也由儿童自我状态掌管。每当一个人感到自己需要什么东西时,他的儿童自我状态就表达了他的愿望。可见,儿童自我状态表现出的大多是原始的、具有动机或动力性的东西。如果一个人的儿童自我状态缺乏,就是一个缺乏活力的、刻板的人。

旅游很容易迎合儿童自我形态。旅游能给人以许多乐趣,它无须花多少时间便勾起人们的想象,沙滩、频频摇动的棕榈树、时髦的飞机、举行冠军赛的高尔夫球场、美味的餐馆、窗明几净的舒适的旅馆房间、优美的景色、新奇的事物,还有一些令人激动的事都能激发各种年龄的潜在旅游者的儿童自我形态。旅游广告、对去年度假旅游的美好回忆、四处周游的朋友的第一手资料都促进儿童自我形态形成这些内心的想象。

（二）父母自我状态与习惯决策

父母自我状态是人们通过模仿自己的父母或其他在其心目中像其父母一样的权威人物而获得的态度和行为方式。父母自我状态提供一个人有关观点、是非、怎么办等方面的信息。父母自我状态的人以权威和优越感为标志,是一个"照章办事"的行为决策者,通常以居高临下的方式表现出来。

父母自我状态具有两面性：一方面是慈母式的如同情、安慰，另一方面是严父式的如批评、命令。父母自我状态告诉人们应该怎么样，也帮助人们分清功过是非。

父母自我形态的旅游动机，主要表现在教育和文化上的益处、家庭团聚、工作之余消除疲劳、义务、经济状况、地位、声望。如果这些动机被激发起来，就会使父母自我形态同意儿童自我形态通过旅游尽情娱乐。即使父母自我形态已同意儿童自我形态进行旅游之后，它还可能坚持已作出的诸如花多少钱、出去多长时间这样的规定。

（三）成人自我状态与理智决策

成人自我状态是人格中支配理性思维和信息的客观处理的部分。成人自我状态掌管理性的、非感情用事的、较客观的行为。当一个人的成人自我状态起主导作用时，他待人接物比较冷静，处事谨慎，尊重别人。这种状态支配下的人，说话办事逻辑性强，喜欢探究为什么、怎么样等问题。

由于健康的原因而形成的旅游动机，主要来源于成人自我形态。成人自我形态也负责调解儿童自我形态和父母自我形态之间的冲突，它考虑有关旅游的分歧，力图作出合理的、客观的决定。换言之，成人自我形态的作用，就是合理地作出旅游决策。它决定一次旅游，实际上就是向父母自我形态解释为什么在这个时候去旅游是个好主意。

成人自我形态也负责搜集同意个人安排外出旅游所需的真实、可靠的信息。这时，成人自我形态也充当仲裁，力图取悦要立即启程、想要在外久留、要把所有的钱挥霍在各地的儿童自我形态，力图调停实在不想走，并坚持无论如何花钱要合理、时间安排要得当的父母自我形态。成人自我形态需要收集诸如怎样去旅游地、花多长时间、带多少钱、食宿设施、费用多少等方面的信息，还要得到其他方面的有助于制订切合实际的旅游计划的信息。在未搜集到必要的、可用的真实信息时，成人自我形态很可能会推迟旅游。

对一个心理健康的人来说，三种自我状态处于协调、平衡的关系中，共同起作用。在不同的情境中，哪种自我状态起主导作用，要视当时的具体情况而定。如果一个人的行为长期由某一种自我状态支配，那么，他就是一个心理不健康者。

处于儿童自我状态时，一般容易被诱惑，而成为引发旅游决策的最初动力；而成人自我状态则是对旅游方案进行分析、判断的主要依据；父母自我状态的满足则是为最后的选择决定提供理由。因此,在旅游宣传时,应当针对三种自我状态的特点,精心设计旅游宣传的内容,全面满足自我的各个方面的不同要求,才能促使旅游者作出决策,采取实际的旅游行动。

练习思考

1. 选择一个旅游景点,假定要对别人做宣传,动员他去该地旅游。你应该向这个人的父母自我状态、成人自我状态和儿童自我状态分别传递哪些信息?
2. 旅游者有哪些气质类型? 有哪些个性类别?
3. 旅游者的能力表现如何影响旅游消费?
4. 旅游者有哪些能力表现?
5. 自我概念如何影响旅游行为?
6. 自我状态如何影响旅游决策?

实训练习

调查身边的人,分析其作为旅游者的个性类型特征,分析其不同的旅游消费决策的特点。

案例分析

自驾游旅游者的类型划分

自驾车旅游与大众旅游不同,具有自主程度高、消费行为多样、小团体活动等特性。自驾车旅游者对旅游活动的安全性、机动性、精彩性、旅游地的可游览性和旅游体验的快乐指数等方面具有较高的要求。可见,自驾车旅游发展受到诸多因素的影响,高度关注自驾车旅游者对这些影响因素的评价,是促进自驾车旅游可持续发展的必然要求,具有重大意义,而从自驾车旅游者的态度和行为角度出发研究自驾车旅游者的类型尚未涉及。

基于以上思考,本文以苏州市为例,利用社会调查和市场细分方法对自驾车旅游者态度与行为进行实地调查,据此对其进行分类研究,揭示不同类型的自驾车旅游者对自驾车旅游发展的态度和行为,刻画不同类型的人口和社会特征,剖析不同类型的自驾车旅游者对自驾车旅游发展的态度与行为的原因,以期为自驾车旅游发展提供决策依据。

一、问卷调查

基础数据来源于实地问卷调查,本项研究主要针对有自驾车旅游经历的群体。调查时间为2012年5月12—13日和2012年8月25—26日,均为双休日。调查地点为苏州私家车出入较集中的区域,主要在商业游憩区和休闲游憩区。正式调查前进行简单访谈,在了解对方有自驾车旅游经历后对其进行深入调查。向有自驾车旅游经历的群体共发放问卷350份,经过复查确认,回收有效问卷288份,回收有效率为82.29%。

调查问卷的设计包括以下三部分的内容:第一部分为自驾车旅游者行为特征调查,在统揽国内外相关文献的基础上,结合自驾车旅游特点和此次问卷的研究目的,设计了10项描述自驾车旅游者的行为特征;第二部分为自驾车旅游者对自驾车旅游发展的感知调查,要求应答者对25项影响自驾车旅游发展表明自己的态度,问卷采用李克特量表,要求应答者用1(非常反对)—5(非常赞同)的等级方法来表明自己的态度;第三部分为应答者的背景资料,包括被调查者的人口统计特征和社会属性。

二、数据处理

利用SPSS 13.0软件对调查问卷进行了统计分析。采用分层聚类、沃德法和欧氏距离法进行聚类分析,得到聚类树形图。通过比较分析,将自驾车旅游者分为三种类型。一般而言,李克特量表在1—5等级的平均值为1—2.4表示反对,2.5—3.4表示中立,3.5—5表示赞同。具体见表6.1。

为了进一步区分不同类型自驾车旅游者的态度差异,采用因子分析方法对25项有关自驾车旅游的评价信息进行提纯,最后有22项参与因子分析。根据特征值和方差贡献率准则对这6个公因子进行命名。

第一公因子在道路标识系统不完善等方面因子载荷均较高,反映了道路标识系统对自驾车旅游的影响程度,可称为"道路标识影响因子",且特征值为6.88,排在第一位,说明道路标识是影响自驾车旅游发展的最重要因素;第二公因子在汽车过路费、停车费、油费等相关费用方面具有较高载荷,反映了经济成本影响自驾车旅游发展,可称为"经济影响因子";第三公因子在出游时间安排、旅游线路选择、购物食宿便利等方面的因子具有较高载荷,反映了自驾车旅游灵活便利性,提高了旅游质量,可称为"出游灵活便利因子"。

表6.1　自驾车旅游者对自驾车旅游的影响因素感知均值比较

公因子	旅游感知指标	中立者	狂热支持者	理性支持者
道路标识:6.88[a],27.50[b]	1. 不少景区标识系统不完善,导致路向指引不明	3.18	1.94	4.24
	2. 城市道路标识不清,经常导致迷路、绕路	3.20	1.81	4.17
	3. 某些乡村或郊区道路标识空白	3.50	2.06	4.25
经济成本:4.01[a],16.05[b]	4. 路途收费站过多	3.84	1.94	4.29
	5. 油费等开支较大	3.38	2.44	4.24
	6. 停车费数目虽不大,但频次高且标准不一	3.47	2.38	4.14
灵活便利:1.79[a],7.14[b]	7. 不受旅游团队时间限制	3.39	4.00	3.97
	8. 旅游计划灵活	3.33	3.90	4.22
	9. 不受指定路线、景点、购物、食宿条件限制	3.68	4.00	4.19
	10. 可自由避开人头攒动的旅游高峰期	3.29	3.80	4.15
	11. 购物之后不用担心难以携带	3.33	3.69	3.98
服务设施:1.53[a],6.10[b]	12. 景区停车场有限,适合停车旅馆太少,停车困难	3.24	2.44	4.34
	13. 景区沿路缺乏经济型酒店及廉价汽车旅馆	3.20	3.00	4.17
	14. 娱乐设施简陋、数量少	2.96	2.25	4.08
	15. 较难寻找清洁卫生的就餐环境	3.14	1.81	4.02
	16. 缺乏预订网络,很难提前预订到房间	2.96	2.00	4.02
风险:1.09[a],4.34[b]	17. 对车辆的安全担心	3.27	2.50	4.07
	18. 有些山路太危险	3.46	2.44	4.07
享受:1.04[a],4.15[b]	19. 可全身心地感受自驾车旅游的快乐	3.67	4.06	3.90
	20. 出发前可充分收集信息以更全面地了解旅游目的地	3.39	4.19	4.07
	21. 旅游过程中能更贴近当地人的生活	3.33	3.68	3.92
	22. 能更真实感受到当地习俗	3.40	3.62	3.92

注:a指公因子特征值;b指方差贡献率。

第四公因子载荷具有综合性质,主要在景区停车、住宿、餐饮和娱乐等负面影响方面载荷相对较高,反映了旅游服务设施建设滞后对自驾车旅游发展带来的负面影响状况,因此称为"旅游服务设施影响因子";第五公因子在驾车安全性方面具有较高载荷,反映了自驾车旅游存在的驾车安全隐患影响其发展,可称为"风险影响因子";第六公因子在感受自驾车旅游的乐趣、深度旅游、更真实地了解当地文化方面具有较高的因子载荷,称为"享受效应因子",具体见表6.1。为进一步了解不同人口与社会特征以及旅游行为特征的自驾旅游者态度差异,我们进行了卡方检验分析,结果见表6.2和表6.3。

表6.2　不同人口及社会特征的态度差异分析

人口及社会特征		中立者(％)	狂热支持者(％)	理性支持者(％)	Chi-Square	P值
性别	男	58.87	9.93	31.21	1.484	0.476
	女	63.83	10.26	25.91		
年龄	18—24岁	38.89	27.78	33.33	11.115	0.045*
	25—44岁	51.38	6.90	41.72		
	45—60岁	46.67	4.17	49.17		
	60岁以上	100.00	0.00	0.00		
文化程度	初中及以下	56.25	24.25	19.50	7.612	0.028*
	高中/中专	62.50	14.58	22.92		
	大专/大学本科	51.02	6.78	42.20		
	研究生	33.33	0.00	66.67		
职业	公务员	50.00	0.00	50.00	17.151	0.144
	企事业管理人员	61.91	9.52	28.57		
	专业/文教科技人员	50.00	0.00	50.00		
	公司职员	60.00	8.57	31.43		
	私营业主	55.56	3.70	40.74		
月收入	1500元以下	70.73	17.07	12.20	16.007	0.042*
	1500—3000元	56.96	8.86	34.18		
	3000—5000元	59.26	3.70	37.04		
	5000—8000元	59.46	2.70	37.84		
	8000元以上	25.00	0.00	75.00		
家庭结构	单身	55.56	22.22	22.22	15.198	0.125
	二人家庭	58.06	6.45	35.48		
	三口或四口之家	56.48	7.41	36.11		
	三代同堂	84.21	0.00	15.79		

注:*P<0.05。

表6.3　不同旅游行为特征的态度差异分析

旅游行为特征		中立者（%）	狂热支持者(%)	理性支持者(%)	Chi-Square	P值
单程距离	100 千米以内	61.11	28.33	10.56		
	100—300 千米	56.06	6.06	37.88		
	300—500 千米	50.78	11.76	37.45	18.473	0.047*
	500—800 千米	56.67	6.67	36.67		
	800 千米以上	52.63	30.53	16.84		
组织方式	自行组织	60.69	6.90	32.41		
	单位组织	78.26	0.00	21.74		
	汽车俱乐部组织	33.33	33.33	33.33	9.812	0.457
	汽车租赁公司组织	25.00	25.00	50.00		
	旅行社组织	33.33	33.33	33.33		
出游方式	随团出游	61.54	7.69	30.77		
	家人伴随	60.19	6.80	33.01		
	独自出游依靠亲朋	61.11	0.00	38.89	5.576	0.695
	邀约同事亲友	60.98	14.63	24.39		
	独自出游依靠自己	53.85	15.38	30.77		
出游时间	小长假	34.62	27.69	37.69		
	十　一	32.86	17.14	50.00		
	春　节	68.75	0.00	31.25	13.582	0.033*
	带薪休假期	66.67	7.41	25.93		
	双休日	40.00	19.38	40.63		
停留时间	1 天	45.45	33.64	20.91		
	2 天	65.52	5.17	29.31		
	3 天	46.00	16.00	38.00	13.281	0.043*
	4—7 天	62.34	4.26	33.40		
	7 天以上	52.73	30.00	17.27		

注：* P＜0.05。

三、自驾车旅游者类型划分

比较分析表 6.1 发现,类型一的自驾车旅游者对自驾车旅游的关心程度很低,在 22 项选择中表示中立意见的高达 16 项,持支持态度的仅 6 项,因此这一类型的旅游者称为中立者。类型二自驾车旅游者对"道路标识"、"经济成本"、"服务设施"和"风险"这四个反映自驾车旅游存在负面影响的公因子中,每一指标的均值得分都较低,绝大部分在 2.5 分以下,甚至有四个指标低于 2 分,说明该群体并不赞成自驾车旅游具有这些负面影响。

此外,类型二在"灵活便捷"和"享受"等反映自驾车旅游具有积极效应的两个公因子中,每一指标的均值都较高,说明该群体肯定自驾车带来的方便与享受。由此可见,这类型的旅游者否定了自驾车旅游的负面影响,又肯定其带来的积极效应,说明他们对自驾车旅游持非常鲜明的积极态度与高度支持,对自驾车旅游表现出一种狂热的执着,可称该类型自驾车旅游者为狂热支持者。类型三在自驾车旅游具有负面影响的"道路标识"、"经济成本"、"服务设施"、"风险"四个公因子中每项指标的均值比中立者和狂热支持者高,同时该类型在自驾车旅游具有积极效应的"灵活便利"和"享受"两个公因子中的各个描述项都有较高的均值。由此表明,这类型旅游者在承认自驾车旅游负面影响的同时,积极肯定自驾车旅游带来的方便与享受,较客观和理性地评价自驾车旅游,因此称这一类型的旅游者为理性支持者。

四、不同人口及社会特征的自驾车旅游者态度差异

表 6.2 反映了不同人口和社会特征的自驾车旅游者态度差异性。分析表 6.2 发现,不同类型的自驾车旅游者在性别、职业和家庭结构等方面几无差异,而不同年龄结构、不同文化程度和月收入高低均对自驾车旅游者感知产生显著差异。

不同年龄段的自驾车旅游者对自驾车旅游感知有显著差异。18—24 岁年龄段,中立者、狂热支持者和理性支持者的比例较一致,这一年龄段的旅游者思维比较活跃,看问题的角度多样化,有明显的态度差异。三种类型的比重相当,但从狂热支持者来看,该年龄段的比重是所有年龄段中最高的,具有明显的执着、冲动、爱冒险等性格特征,由此对自驾车旅游表现很狂热。25—44 岁和 45—60 岁之间的旅游者由于人生阅历比较丰富,看问题较客观理性,因此这两个年龄段的狂热支持者比例明显下降,分别为 6.9% 与 4.17%,而中立者与理性支持者的比例相差不大。60 岁以上的自驾车旅游者由于精力和体力有限,对自驾车旅游兴趣不高,主要是随家人进行自驾车旅游(调查结果为 100%),自己并不关心自驾车旅游,因此该年龄段对自驾车旅游持中立态度。

文化程度不同的自驾车旅游者感知差异最为明显。初中及以下文化程度的旅游者,中立者比例最高,为 56.25%,理性支持者比例最低,而狂热支持者在所有文化程度中的比例最高,为 24.25%。随着文化程度的提高,狂热支持者比例明显下

降,理性支持者逐渐增多,但中立者人数比例依然较高,高于理性支持者(除研究生文化程度外)。由此可见,自驾车旅游者的感知与文化程度有密切联系,文化程度低的旅游者要么对自驾车旅游不关心,要么过于执著而忽略自驾车旅游的负面影响,认识较片面,表现为中立者与狂热支持者人数较多,而文化程度高的旅游者对自驾车旅游有全面客观的认识,理性支持者的比重较高,中立者比重逐渐下降,狂热支持者人数比重也最低。

月收入的高低对自驾车旅游者感知也有显著影响。分析表6.2发现,月收入在1500元以下的旅游者持中立态度的比例高达70.73%,主要原因是自驾车旅游相关费用较高,低收入群体不经常自驾车旅游,对自驾车旅游关心程度不高,因此持中立态度的居多。随着月收入的提高,自驾车旅游者对自驾车旅游持中立态度的比重逐渐减少,理性支持者逐渐增多。特别是月收入在8000元以上的自驾车旅游者中未出现狂热支持者,有75%的旅游者持理性态度,25%为中立者。这主要是由于高收入的旅游者可支配的收入充足,有一定的经济条件进行自驾车旅游,且比较频繁,阅历逐渐丰富,对自驾车有较全面的认识,因此在这一群体中理性支持者最多,未出现狂热支持者。

五、不同旅游行为特征的自驾车旅游者态度差异

表6.3反映了不同行为特征的自驾车旅游者感知差异。旅游者的组织方式、出游方式对自驾车旅游者的感知影响不显著,而出游单程距离、出游时间、停留时间对自驾车旅游者的感知产生显著影响。

分析不同单程距离旅游者的态度发现,单程距离在100千米以内和800千米以上的自驾车旅游者表现出相同的态度特征,即中立者最多,理性支持者最少。主要原因是100千米以内的自驾车旅游者因路程较短,对自驾车旅游带来的方便与满足自己求新、求愉悦等积极效应没有体会到,同时单程距离在100千米以内的自驾车旅游一般在城市周边景区,自驾车旅游者对旅游线路等环境较熟悉,对自驾车带来的负面影响认识并不全面,因此中立者的比重较大。单程距离在800千米以上的远程自驾车旅游者,正因为对自驾车旅游执著而愿意选择远程旅游,且旅游经验较丰富,在旅游前充分了解旅游地的道路、住宿等信息,对自驾车旅游带来的高费用已有充足心理准备,由于执著和准备充分,不在意自驾车旅游的负面影响,且在长途旅游过程中更能深刻体会到自驾车旅游带来的方便性和灵活性等优点。因此,该群体持狂热支持态度的比重在所有单程距离中是最高的,为30.53%;而理性

支持者比例却很低,仅为16.84%。

单程距离在100—300千米、300—500千米以及500—800千米之间的理性支持者比例明显上升,狂热支持者比例明显下降,中立者比例也有一定程度的下降。说明单程距离在100—800千米之间的旅游者比上述两类群体表现得更理性。主要原因是距离在100—800千米以内属于中长途,自驾车旅游者既能感受到自驾车旅游带来的灵活与方便,又感受到相关费用高、风险性大、道路标示系统不完善、相关服务设施滞后等自驾车旅游的负面影响,因此这部分群体能更理性、更全面地认识自驾车旅游。

不同出游时间对自驾车旅游者感知产生的影响最显著。分析表6.3发现,选择在春节出游的旅游者中,中立者比例高达68.75%,其次为理性支持者,比例为31.25%,不存在狂热支持者。主要原因是,春节出游的旅游者以探亲访友为主要目的,一般以家庭出游方式为主,追求亲朋团聚,对自驾车旅游的积极效应和负面影响不关注。因此该群体以中立者居多,未出现狂热支持者。选择带薪休假出游的自驾车旅游者感知特征与选择春节出游的感知特征一致,只是狂热支持者占有一定比重。选择在"十一"、小长假和双休日出游的群体中,理性支持者显著增加,狂热支持者的比例也有所增加。这是因为"十一"、小长假和双休日是出游的高峰期,自驾车旅游带来的灵活方便性更加突出,可避开人头攒动的车站码头,避免排队候车的烦恼,可随时改变游览的线路,选择游览旅游者较少的旅游景点。因此狂热支持者人数有所增加,但同时自驾车旅游负面影响也更突出,如安全问题,停车、住宿等服务设施建设滞后等问题。这三个时间段出游的旅游者在感受到自驾车旅游带来方便灵活的积极效应的同时,也深刻体会到自驾车旅游的负面影响,对自驾车旅游有着更为理性的认识,因此选择十一、小长假和双休日出游的群体中理性支持者比例较高。

不同停留时间对自驾车旅游者感知也有显著影响。停留时间在1天以内和7天以上的旅游者感知类似,即中立者最多,理性支持者最少。分析原因发现,停留时间在1天以内的旅游者,因旅游时间短暂,无须过夜,对自驾车旅游住宿等服务设施滞后的负面影响不太关注,又因停留时间短、旅游费用不高,无须考虑自驾车旅游的费用较高等问题。因此该群体大部分是中立者和狂热支持者,理性支持者很少。停留时间在7天以上的旅游者,对自驾车有执著的偏好,过多考虑自驾车旅游带来的方便,忽视自驾车旅游的各种负面影响,因此该群体也是以中立者和狂热支持者为主体。停留2天、3天和4—7天的旅游者有着共同的特征,即理性支持者明显增多,狂热支持者明显下降。这些旅游者在旅游过程中由于时间较长,在深刻体会到自驾车旅游带来方便的同时,也感受到自驾车旅游的众多负面影响,是停留时间结构中较理性的群体。

六、结论

影响自驾车旅游发展的因素主要表现在道路标识、经济成本、灵活便利、服务设施、风险和享受六个方面。其中,道路标识系统不完善是影响自驾车旅游发展的最主要负面影响因素,自驾车旅游相关费用较高、自驾车旅游的服务设施建设滞后和存在风险也是影响自驾车旅游发展的因素,而出游灵活便利和能尽情享受旅游是自驾车旅游带来的积极效应。因此为促使自驾车旅游可持续发展,首先,需要完善景区、城市和乡村道路标识系统,为自驾车旅游者指明路向,方便驾车;其次,要尽量减少收费站,统一停车费用标准;再次,加强为自驾车旅游服务的设施建设,增加汽车旅馆和经济型酒店数量,解决停车难的问题,建立自驾车旅游网络预订系统,便于自驾车旅游者收集信息和预订;最后,对自驾车旅游经常出行的路况定期进行养护,尤其是一些山路,加强道路安全措施建设。

苏州市自驾车旅游者对自驾车旅游普遍持中立和支持态度,未出现反对者。根据自驾车旅游者对影响自驾车旅游发展因素的评价,将自驾车旅游者分为中立者、狂热支持者和理性支持者三种。狂热支持者不赞成道路标识不完善、自驾费用高、旅游服务设施建设滞后以及自驾车存在风险等因素影响了自驾车旅游发展,同时对自驾车旅游带来的灵活便利和享受旅游等积极效应感知明显。理性支持者赞成道路标识不完善、自驾费用高、旅游服务设施建设滞后以及自驾车存在风险等因素影响自驾车旅游发展,同时肯定了自驾车旅游带来的方便与享受。人口及社会特征对自驾车旅游者的感知产生显著影响主要表现文化程度、年龄和月收入方面。随着文化程度的提高,理性支持者逐渐增多,狂热支持者与中立者逐渐减少,年龄在25—60岁之间的旅游者理性支持者较多,年龄在60岁以上群体以中立者居多。收入低的自驾车旅游者群体以中立者居多。随着月收入的提高,狂热支持者与理性支持者的比重相应增加,特别是收入在8000元以上的旅游者对自驾车旅游有着更加客观、理性的认识,理性支持者的比重最大。

案例来源:刘昌雪:《基于态度与行为的自驾车旅游者类型划分——以苏州市为例》,《资源开发与市场》,2013年第29期,第889—893页。

案例讨论

1. 自驾车旅游者有哪些类型?
2. 不同类型的自驾车旅游者的态度有何异同?
3. 预测未来自驾车旅游的发展。

案例点评

美国人的个性类型与旅游

美国的斯坦利·帕洛格博士建立了一种连续统一心理图示。该图用"安乐小康型"及"追新猎奇型"来表示美国人的个性类型,并分别位于两个极端。美国人的个性类型在这两个极端呈正态分布,在两个极端之中为近安乐小康型、中间型和追新猎奇型。

这里提到的安乐小康型意思是将思想(即注意力)集中于生活细小问题上。追新猎奇型意味着其兴趣集中于多变的活动中,这种人性格开朗,对自己的行为充满自信,他们富有冒险精神,乐于远行,乐于"玩命",旅游永远是追新猎奇型的人表达和满足好奇心的途径之一。这两种个性类型的人,在旅游行为上的具有明显差异。而大多数人属于这两种类型之间的中间型。

帕洛格在《旅游地名望升降原因》的论文中,阐述了安乐小康型和追新猎奇型的人的旅游行为有许多明显的差异。安乐小康型的人强烈要求生活具有可预见性,他们的行为倾向是消极、被动的,以休息和松弛为主要旅游动机,他们理想中的度假旅游应该是有条不紊、事先都安排好的,包括旅游的全部活动、旅游设施、餐馆以及提供接待等方面。对追新猎奇型的人而言,在他们的生活中不需要事先的预料和安排,他们渴望出现不可预见的事物。他们的行为倾向是积极、主动、灵活,他们理想中的度假旅游应该是事先无法估计到的,而且是复杂多变的,他们喜欢光临那些鲜为人知的旅游地,喜欢去国外,喜欢乘飞机,他们还喜欢与不同文化、不同历史背景的人交谈,这一类型的旅游者因能去一些不被人知道的旅游地、获得新的经历、避免出现那些意料之中和雷同的事而感到满意。

表6.4　安乐小康型和追新猎奇型的人的旅游行为的差异

安乐小康型	追新猎奇型
喜欢熟悉的旅游地	喜欢去一般旅游者未到过之处
喜欢旅游地老一套的活动	喜欢追新猎奇,在新地区捷足先登
活动量小	活动量大
喜欢坐车前往旅游地	喜欢乘飞机前往旅游地
喜欢设备齐全的食宿设施,如家庭式餐馆和游客商店	希望能提供较好食宿服务的饭店,但不一定要求现代化的联营饭店,"游客"吸引物要少
喜欢熟悉的气氛、熟悉的娱乐活动,异国情调要少	喜欢与不同文化背景的人会晤、交谈
喜欢把旅游活动排得满满的,如包价旅游	要求有基本的旅游安排(交通工具和饭店),但允许较大的自主性和灵活性

　　安乐小康型和追新猎奇型的人所喜欢的旅游地也不相同。安乐小康型和追新猎奇型的主要个性特征影响到他们对度假旅游区的爱好,并表明很少有人纯属安乐小康型或追新猎奇型。典型安乐小康型的人一般对著名的旅游胜地,如柯尼岛、迈阿密海滨和蒙特利尔特别感兴趣。这些胜地已有千百万人游览过,是体现一致性和可预见性的旅游胜地。典型追新猎奇型的人,由于爱冒险、好奇、精力充沛、性格开朗,一般对新奇的旅游胜地,像古巴、南太平洋、非洲和东方国家特别感兴趣。

　　所谓中间型的人,是既不很爱冒险,也不很害怕旅游的人,他们是整个旅游市场的对象。他们对夏威夷、加勒比海、欧洲和墨西哥这些旅游胜地特别感兴趣,这些旅游胜地对他们来说似乎是陌生的、不熟悉的,但又不完全如此。许多美国人已经游览过这些地方,并带回种种趣闻与录像。结果使这些陌生的地方变得不那么不可预见了。

案例来源:刘纯著:《旅游心理学》,科学出版社2004年版。

点评:

　　美国人的个性类型影响了其旅游行为和旅游地的选择。表明消费决策与消费者的个性有明显的关联性。旅游者的旅游决策常常与其自身个性特征相符,即旅游者所选择的旅游地常常能够体现或满足其个性需求。

第七章

旅游者的情绪和情感

核心提示

旅游者的情绪情感是一种比较特殊的心理现象,是其需要能否得到满足的反应。在旅游活动中,旅游者的情绪情感发挥着重要的功能。旅游者的情绪反应会通过表情和语言传达出来,从而影响旅游活动的效率。旅游者只有调节自己的情绪、控制不良情绪,才能使旅游活动更加顺利。

学习要点——1.情绪情感的功能在旅游活动中的体现;2.旅游者的情绪情感状态表现;3.旅游者的情绪情感特征;4.旅游者情绪情感影响因素。

基本概念——情绪情感、旅游情绪、心境、应激、激情。

第一节　旅游者的情绪情感体验

情绪情感是一种比较特殊的心理现象,反映客观现实与人的需要之间的关系。认识是通过形象或概念来反映客观事物,而情绪情感则是通过态度体验来反映客观现实与人的需要之间的关系。

一、情绪和情感的基本内涵

（一）什么是情绪和情感

广义的情绪包括情感，是人对客观事物与自身需要之间关系的态度体验，是人脑对客观现实的主观反映形式，是由某种外在刺激或内在身体状况作用而引起的体验。旅游本质上就是一种情绪体验过程。

情绪和情感是复杂的心理现象，其中包括认知活动、生理反应和行为表现，情绪情感具有特殊性：

1. 情绪情感具有独特的主观体验。

主观体验是情绪和情感最主要的组成成分，旅游者对不同事物的自我感受与体验因人而异，涉及的认知活动以及对认知结果进行的评价是主观的。旅游者的认知过程是通过概念、判断、推理来反映旅游活动的特征，情绪和情感是通过旅游者个体的感受和体验反映客观事物。因此，旅游者的情绪和情感不是对旅游吸引物或旅游服务客观现象本身的反映，而是由客观事物与主体需要之间的关系引起的喜、怒、哀、惧等的主观感受。能满足旅游者需要的事物，其会感到愉快；违背其愿望的事物，会使其产生痛苦、郁闷、愤怒等感受。

2. 情绪情感具有明显的机体变化和生理唤醒状态。

旅游者通过表情反映情绪情感的变化。表情是明显的情绪和情感的外部表现，它通过面部肌肉、身体姿势、语言语调等方面的变化表现出来，在情绪和情感中具有传递自身体验的独特作用。同时，机体内脏机能也发生变化，旅游者兴奋、消极或恐惧时其消化、呼吸、血液循环和内分泌腺的活动、脑电和皮肤电活动的变化就会出现。

情绪和情感是从不同角度来揭示人的心理体验的概念。由于人的心理体验的复杂性，很难对情绪和情感作出严格区分。

首先，引起情绪和情感需要的性质是不同的。情绪通常是指那种有机体的天然性需要是否得到满足而产生的心理体验。天然性需要得到满足，就产生积极的、肯定的情绪，否则，就产生消极的、否定的情绪；情感则与人在历史发展中所产生的社会需要相联系，由此产生的责任感、荣誉感、道德感、集体感等心理体验，就是情感。这些需要和情感都是人们在社会生活条件下形成的，具有社会历史性。

其次,情绪和情感存在稳定性上的差别。情绪带有很大的情境性和短暂性,一般是由当时特定的条件所引起的,它常常在活动中表现出来。一定的情境引发一定的情绪,当情境过去了,情绪也就消失了。情感则具有稳定性和长期性。

再次,情绪比情感强烈,具有较大的冲动性和较明显的外部表现;情感体验一般较弱,很少有冲动性。

(二) 情绪和情感的两极性

情绪和情感的两极性是指每一种情绪和情感的品质都能够找到与之相对立的情绪和情感,它们表现在快感度、紧张度、激动水平和强度上。

1. 快感度的两极。

在快感度方面的两极是"愉快—不愉快"。这种感受和体验与主体需要满足的程度相联系。当一个人的情绪和情感从消极向积极方面变化时,就会伴有不愉快和愉快两种对立的主观体验,例如悲哀与快乐、热爱与憎恨等。

2. 紧张度的两极。

在紧张度方面的两极是"紧张—轻松"。这种感受和体验是想要动作的冲动的强弱。紧张程度不仅取决于当前事件的急迫性,也取决于人的心理准备状态和个性品质。与紧张相对的是轻松的情绪状态,一般是发生在紧急事件妥善解决之后的轻松感受和体验。

3. 激动水平的两极。

在激动水平方面的两极是"激动—平静"。这种感受和体验在很大程度上反映了个体的机能状态。激动和平静反映过度兴奋或抑制状态,如狂喜、暴怒、麻木、冷漠等。激动是在短时间内对某事件或现象猛烈爆发的情绪反应,并且伴有激烈的内部器官活动变化和明显的表情动作。

4. 强度的两极。

在强度方面的两极是"强—弱"。情绪表现的强弱是划分情绪和情感水平的标志。一般把情绪和情感中的怒划分为由弱到强的微愠、愤怒、大怒、暴怒和狂怒;喜欢由弱到强的划分为好感、喜欢、爱慕、热爱、酷爱等。情绪和情感的强度与个体面临的事件对自身意义大小有关,同时也与人的行为目的和动机强度密切相关。

(三) 情绪和情感的功能在旅游活动中的体现

在旅游活动中,旅游者的情绪情感发挥着重要的功能。

1. 适应功能。

情绪和情感是个体适应环境、求得生存与发展的重要形式。情绪和情感的根本含义在于适应社会环境。旅游者的负面情绪是其旅游活动受到不断阻碍时引起的,如果旅游者能够调整心态并动员机体的能量,就能够比较顺利地克服障碍,完成旅游计划。旅游者的许多表情动作,尤其是面部表情,具有实际意义或是有行为或动作的体现,是其重要的沟通交流手段。

2. 组织功能。

旅游者积极的情绪和情感具有调节和组织作用,消极的情绪和情感则具有干扰和破坏作用。研究表明,中等强度的积极情绪和情感,可以为认知活动提供最佳的心理状态,有助于提高个体的认知活动效果,如促进或组织个体的记忆、推理操作和问题解决过程。心理学研究发现,当情绪唤醒水平达到最佳状态时,效率最高;情绪唤醒水平较低时,人就像处于深度睡眠状态,没有效率可言;情绪唤醒水平过高,则会干扰认知操作。因此,旅游活动是否达到满意,旅游者的情绪情感能够起到促进或阻碍的作用。

3. 信息功能。

情绪和情感是个人与他人相互影响的重要方式之一,旅游者与外界交流时,传递信息首先是通过语言交际,但在某些情况下,个体的思想或愿望不能言传而只可意会时,可以通过表情信息达到人与人之间的沟通与交流,以及互相了解、彼此共鸣的目的。

4. 动机功能。

人的需要是行为动机产生的基础和主要来源,情绪和情感作为个体需要是否获得满足的主观体验,激励人去从事某些活动和行为,以提高活动效率。旅游者积极的情绪和情感状态会成为其旅游行为的积极推动力,而消极的情绪和情感则会成为旅游行动的阻力,情绪和情感这种状态起到了旅游动机的始动作用和指引功能。

（四）四种基本情绪在旅游活动中的体现

基本的和原始的情绪是快乐、愤怒、悲哀、恐惧四种,它们与个体的基本需要相关,具有很高的紧张性。在旅游活动中旅游者的基本情绪都会随着其需要是否满足而出现。

1. 快乐。

快乐是达到盼望的目的后解除紧张时产生的舒适感受和体验。快乐的程度与达到目的的容易程度和或然率有关，其激动水平取决于自己的愿望满足的意外程度。当旅游者得到超值服务或意外惊喜时，紧张解除，就会感到极大的快乐。

2. 愤怒。

愤怒是当个体遭受攻击、威胁、羞辱等强烈刺激而感到自己的愿望受到压抑、行动受到挫折、尊严受到伤害时表现的极端情绪体验。愤怒时，个体常会出现攻击、冲动等不可控制的言论和行为。愤怒的程度与个体的人格特征有关，也与情境对个体的压制状况和干扰的程度、次数、性质有关。因此，愤怒的产生是个体与所处环境之间交互作用的结果。当旅游者的权益受到损害时，便会产生愤怒情绪。

3. 悲哀。

悲哀是个体失去某种他盼望或追求的事物时产生的主观体验。悲哀的强度依赖自己所失去事物的价值，失去的事物越珍贵，价值越大，就越感到悲哀。当旅游者的人身财产或生命遭到威胁时，便会产生悲观失望的情绪体验。

4. 恐惧。

恐惧是企图摆脱、逃避某种危险刺激或预期到有害刺激时产生的强烈情绪感受和体验。当恐惧产生时，会伴随极度不安的主观体验，想逃离或进攻的欲望，以及交感神经系统的兴奋、肌肉紧张、神经末梢收缩、呼吸急促、心跳加快等反应。旅游活动中引起恐惧的状况通常是不熟悉的环境、意外变化、风险的突然出现、身体突然失去平衡以及他人恐惧情绪的感染等。恐惧的产生与人的认知预期有关，关键是自己缺乏应对可怕情境的能力。

二、旅游者的情绪情感状态

（一）情绪状态

情绪状态是在某种事件或情境影响下，人在一定时间内产生的情绪体验，典型的情绪状态有心境、激情和应激，它们是依据情绪发生的强度、持续性和紧张度划分的。

1. 心境。

心境是一种较微弱、平静而持续的带有渲染作用的情绪状态，是人在某一段时

间内,心理活动的基本背景。心境具有以下明显特点:

从发生强度和激动性看,心境是微弱而持续的情绪体验状态,它的发生有时自己觉察不到或很难感受到;从持续时间看,心境是稳定的、持续时间较长的情绪体验状态,短则几天、几周,长则数月、数年;从作用的范围来看,心境不是对某些具体事物的特定体验,而是一种具有非定向的、弥散性的情绪体验状态,即心境不指向某个特定事物,而是使人的整个精神活动和行为都染上某种情绪色彩。

引起心境的因素很多。工作中的顺境和逆境、事业上的成功和失败、人际关系的亲疏、生活条件的优劣、健康状况的好坏,以及时令节气、环境景物、身体状况等,都是导致某种心境的原因。旅游活动中旅游者的心境是由外界景色及景物的变化引起的。

2. 激情。

激情是一种强烈的、短暂的、爆发式的情绪状态。激情往往由与人关系重大的事件引起,例如,取得重大成功后的狂喜,惨遭失败后的绝望和沮丧等。旅游活动中面对宏大场面引起的震撼可以看作是激情的爆发。激情状态的特点有以下几种。

爆发性。激情发生过程一般都是迅猛的,在短暂时间内把大量能量喷发出来,犹如火山爆发,强度极大。

冲动性。一旦激情发生,个体会被情绪所驱使,言行缺乏理智,带有很大的盲目性,出现"意识狭窄现象",即个体在激情状态下,认知活动范围变得狭小,理智分析能力受到抑制,此时个体的自我调节能力下降,意志控制减弱,出现行为失控现象。

短暂性。激情爆发后的短暂平息阶段,冲动开始弱化或消失,出现疲劳现象,严重时会出现精力衰竭,对身边的事物漠不关心,精神萎靡。

指向性。激情一般都由特定对象或现象引起。例如,意外成功会引起狂喜,反之,目的没有达到会产生绝望。对个体意义重大的事件、对立意向、愿望冲突等都会导致激情。

外部性。在激情状态,可以看到愤怒时的"怒目圆睁"、狂喜时的"手舞足蹈"、悲痛时的"嚎啕大哭"等,有时甚至还出现痉挛性动作,言语过多或语无伦次。

可控性。激情是可以控制的,在激情发生的最初阶段有意识地加以控制,能够将危害性减低到最低限度,因此,旅游者要学会控制激情的消极影响。

3. 应激。

应激是个体在生理或心理上受到威胁时出现的非特异性的身心紧张状态,表现在出乎意料之外的紧张状况下引起的情绪体验。应激是人对意外环境刺激作出的适应性反应。旅游者面临危险时,需动员机体各部分以处于紧急状态,使自己的精力集中某事件,迅速作出抉择,并采取有效行动,这时其身心已处于应激状态。

产生应激的原因主要是个体已有的知识经验与面临的事件提出的新要求不相符,缺乏有效方法参照,就会进入应激状态以备应对。另外,由于个体经验不足,难以应付当前的境遇而产生无能为力的失助感和紧张感。应激对人的活动影响很大,个体在应激状态下的反应有积极和消极之分。

(二) 情感状态

情感状态是与人的社会性需要相联系的主观体验,反映了人的社会关系和生活状况,是人类特有的心理现象。人类高级的社会性情感可以分为道德感、理智感、美感。这些社会情感在旅游活动中均有所表现。

1. 道德感。

道德感是个体根据一定的社会道德规范和标准,评价自己和他人的思想、意图及行为时产生的内心体验。当自己或他人的言论和行为符合社会道德规范和标准时,就会产生肯定性情感体验,如自豪、幸福、敬佩、欣慰、热爱、厌恶等;否则就会产生否定性情感体验,如不安、羞愧、内疚、憎恨等。

道德感内涵丰富。按其内容分为自尊感、荣誉感、义务感、责任感、友谊感、民族自豪感、集体主义、爱国主义、人道主义、国际主义等情感。旅游者在旅游活动中,由对某种情境的直觉感知直觉的道德感体验,如入乡随俗;通过联想某种具有道德意义的人或事物的形象而产生形象的道德感体验,如红色旅游;观赏美好河山产生的自豪感、荣誉感。

2. 理智感。

理智感是个体在对客观事物认知活动所得成就评价过程中产生的情感体验,主要表现在智力活动中的感受。例如,旅游者探求事物的好奇心、渴望理解的求知欲、解决问题的质疑感。

3. 美感。

美感是个体根据审美标准评价事物时的主观感受和获得理解的精神愉悦的体

验。美感包括自然美感、社会美感和艺术美感三种。旅游者游览山水风光、观赏大海波涛、夕阳晚霞等产生的美感属于自然美感；旅游者感受纯朴诚实、古朴民风时产生的美感属于社会美感；旅游者欣赏艺术绘画、音乐舞蹈、戏剧魔术时产生的美感属于艺术美感。

旅游者的美感是一种愉悦的体验。自然界的美景使人心旷神怡，高尚的行为会使人在敬佩中享受美的愉悦，喜剧艺术使人在笑声中享受美的快乐，悲剧艺术使人在同情、赞叹中得到慷慨悲壮的美的感受。

旅游者的美感还是一种带有好恶倾向的主观体验。美感表现了旅游者对于美好事物的肯定和对丑恶事物的反感，以及对完美再现事物的美或丑的赞叹。

三、旅游者的情绪和情感特征

旅游活动中旅游者的需要是多层次、综合性的。各类需求的满足能够实现旅游的目的，使旅游者的身心得到享受，产生愉悦的情绪。同时良好的情绪又能够推动和谐愉快的旅游活动。

（一）旅游者的情绪情感的共性特征

1. 兴奋性。

兴奋性常常表现为解放感和紧张感两种完全相反的心理状态的同时高涨。外出旅游使旅游者暂时摆脱了单调紧张的日常生活，现实生活中的对人的监督控制在某种程度上也有所减轻，这给旅游者带来了强烈的解放感。另外到异地旅游可能接触到新的人和事物，对未知事物和经历的心理预期使旅游者感到缺乏把握和控制感，难免会感到紧张。

无论"解放感"或"紧张感"，其共同特征都是兴奋性增强，外在表现为兴高采烈和忐忑不安。外出旅游对旅游者来说带来了一系列的改变：环境的改变，生活圈子的改变，人际关系的改变，生活习惯的改变，社会角色的改变，需求愿望的综合性调整等。无论是兴趣所致，还是由于心情的紧张，旅游者的情绪都表现出一种因新奇而兴奋的状态。

2. 敏感性。

在旅游活动中，旅游者的情绪能够影响别人，使别人也产生相同的情绪。旅游者情绪的敏感特征，表现为在旅游活动过程中不能把握相关的情况，自身处于一种不断变动的活动中,其情绪也相应地呈现出不稳定状态。这是因为差异较大的时空跨度、陌生的生活环境和人际关系,给旅游者带来了生理上和心理上的强烈刺激后,产生的应激状态前的紧张反应。

3. 易变性。

在旅游活动中,旅游者随时会接触到各种各样的刺激源,而人的需要又具有复杂多变的特点,因而旅游者的情绪容易处于一种易变的不稳定状态。面对丰富多样的刺激源,旅游者的情绪处于一种不稳定的易变状态。

4. 多虑性。

处于不同地域,不同民族,不同国家的风俗民情、生活习惯的差异,既给旅游者带来了新奇的刺激,同时也产生了一定程度的不适应感,如某些地区的民族饮食习惯、风土人情等方面的差异,会使旅游者体验到差异而出现不适应感;出于自然环境的差异,也会使旅游者产生生理的和心理的不适应感从而导致多虑的情绪。

5. 即时性。

旅游活动、特别是观光游览型的旅游活动,通常是一种速变、临时、短暂的行为活动。随着场景的变化,活动内容的交迭,当然也包括旅游团队群体的人际关系的互动和旅游者个体自身的因素,旅游者的情绪反应表现出因时、因地的即时性特征。刺激源的流动和时过境迁的转换,决定了旅游者因景、情、事而产生的即时情绪的条件依据。

(二)旅游者的情绪情感对行为的影响

旅游者的情绪反应会通过表情语言传达出来,从而影响旅游活动的效率。情绪情感对旅游者行为的影响,主要表现于以下几个方面。

对旅游者动机的影响。要促使旅游者产生旅游行为,首先要激发其旅游动机。而喜欢、愉快等情绪可以增加人们活动的动机,增加作出选择决定的可能;消极、悲观、懊悔的情绪会削弱人们从事活动的动机。

对旅游活动效率的影响。人的一切活动都需要积极、适宜的情绪状态,才能取得最大的活动效率。情绪与工作效率的关系理论说明,旅游者的情绪过高或过低,都不利于产生最佳的活动效率。过低的情绪不能激发人的能力,而过高的情绪会对活动产生干扰作用。

对旅游人际关系的影响。人在良好的情绪状态下,会增加对人际关系的需要,对人际交往表现出更大的主动性,并且容易使别人接纳,愿意与之交往。在旅游活动中,旅游者的情绪会感染周围的人,并通过表情语言影响人际沟通和交流。

（三）旅游者情绪情感的影响因素

旅游者在旅游活动中所接触到的一切,都会引起情绪和情感的变化。具体说来,影响旅游者情绪情感的因素主要有以下几个方面。

1. 需要是否得到满足。

人们外出旅游就是为了满足某种需要,比如,为了身体健康的需要、为了获得知识的需要、为了得到别人的尊重等。需要是情绪产生的主观前提。人的需要能否得到满足,决定了情绪的性质。如果旅游能够满足人们的需要,旅游者就会产生积极肯定的情绪,如高兴、喜欢、满意等。如果旅游者的需要得不到满足,就会产生否定的、消极的情绪,如不满、失望等。

2. 活动是否顺利。

需要是动机的基础,为了满足需要,人们在动机的支配下产生行动,不仅行动的结果产生情绪,而且在行动过程中是否顺利也会引起不同的心理体验。在整个旅游过程中,如果一切活动顺利,旅游者就会产生愉快、满意、轻松等情绪体验;如果活动不顺利,旅途或游览过程中出现这样或那样的差错,旅游者就会产生不愉快、紧张、焦虑等情绪。

3. 客观条件是否完备。

客观条件是一种外在刺激,它引起人的知觉,从而产生情绪、情感体验。旅游活动中的客观条件包括游览地的旅游资源、活动项目、接待设施、社会环境、交通、通讯等状况。此外,地理位置、气候条件等也是影响旅游者情绪的客观条件。比如,优美的自然景色使人产生美的情感体验,整洁的环境使人赏心悦目;脏乱的环境、刺耳的噪音,使人反感、不愉快。

4. 团体状况和人际关系是否良好。

旅游者所在的旅游团队的团体状况和团体内部的人际关系也能对旅游者的情绪产生影响。如果一个团体中成员之间心理兼容、互相信任、团结和谐,就会使人心情舒畅,情绪积极;如果互不信任、互相戒备,则会随时都处在不安全的情绪之中。在人际交往中,尊重别人、欢迎别人,同时也受到别人的尊重和欢迎,就会产生亲密感、友谊感。

5. 身体状况是否健康。

旅游活动需要一定的体力和精力作保证。身体健康、精力旺盛,是产生愉快情绪的原因之一。身体健康欠佳或过度疲劳,则容易产生不良情绪。因此,旅游工作者应该随时注意旅游者的身心状态,使其保持积极愉悦的情绪,以保证旅游活动的正常进行。

第二节　旅游者的情绪调节与控制

旅游行为是旅游者在旅游活动过程中满足某种需要的社会活动。一方面旅游者的情绪情感影响着旅游者的行为,另一方面,旅游者的行为也影响到情绪情感。二者是相互制约的互动关系。旅游者只有调节自己的情绪、控制不良情绪,才能使旅游活动更加顺利。

一、情绪智力

美国耶鲁大学的沙洛维和新罕布什尔大学的梅耶对情绪智力进行了探讨。沙洛维把情绪智力描述为由三种能力组成的结构:一是能准确认知、评价和表达情绪的能力;二是有效调节情绪的能力;三是将情绪体验运用于驱动、计划和追求成功等动机和意志行为过程的能力。

沙洛维在对情绪智力做了进一步研究后,把它界定为社会智力的一种类型,对情绪智力包含的能力和内容进行了新的阐述,认为情绪智力主要是能区分或认知自己与他人情绪的能力、调节自己与他人情绪的能力以及运用情绪信息去引导自己思维的能力的综合。

美国心理学家丹尼尔·戈尔曼认为,情绪智力包括五个方面的能力:一是认识自身情绪的能力;二是妥善管理自己情绪的能力;三是自我激励的能力;四是认识他人情绪的能力;五是人际关系的管理能力。以上五种能力与自知、自控、热情、坚持、社交技巧等非智力因素相关。

根据沙洛维和梅耶的情绪智力结构理论,情绪智力在个体的发展和成熟过程中具有先后次序和级别高低的区别,第一级能力最标准并最先发展,第四级能力比较成熟,而且要到后期才能发展。

第一级,对情绪的认知、评估和表达能力。主要包括从自己的生理状态、情感体验和思想观念中辨认自己情绪的能力;通过语言、声音、仪表和行为从他人、艺术作品、各种设计中辨认情绪的能力;准确表达自己的情绪,以及表达与这些情绪有关的需要的能力;区分情绪表达中的准确性和真实性的能力。

第二级,情绪对思维活动过程的促进能力。主要包括情绪给予思维的引导能力;情绪生动鲜明,对与情绪有关的判断和记忆过程产生积极推动作用的能力;心境的起伏使个人从积极到消极摇摆变化,促使个体从多个角度、多个方面进行思维的能力;情绪状态对特定问题解决具有促进的能力。

第三级,理解和感悟情绪,在对情绪进行分析的基础上获得情绪知识的能力。主要包括标志情绪、认识情绪本身与语言表达之间关系的能力;理解情绪传达意义的能力;认识和分析情绪产生原因的能力。

第四级,对情绪进行成熟调节以促进心智发展的能力。主要包括以开放的心态接受各种情绪的能力;根据获得的信息,判断成熟进入或离开某种情绪状态的能力;成熟地监察与自己和他人有关的情绪的能力。

情绪智力理论的提出,使人们从理论上认识到:人是有能力调节和控制自己的情绪的,只是这种能力因人而异。情绪智力高的人,能够很好地觉察和意识到自己与他人的情绪状态,并能有效地调节和控制自己的情绪;而情绪智力低者,则较难觉察和意识到自己与他人的情绪状态,只能听任情绪的摆布,产生不良的情绪体验以及错误的行为表现。

二、旅游者情绪识别

（一）旅游情绪与旅游者情绪

1. 旅游情绪。

旅游情绪是旅游者在旅游过程中的各个特定阶段普遍出现的共同情绪体验,是一种在特定的旅游活动中,旅游者群体产生的共同心理体验。

如旅游者在旅游准备阶段心理活动十分复杂和活跃,向往和盼望、好奇和激动交织在一起,情绪表现为一种兴奋、亢进的状态。在旅途中,交通安全、畅达、舒适而不单调等问题是旅游者特别关心的方面,如果由于长途旅行产生生理和心理上的不适,就会引起烦躁的情绪。当旅游者刚抵达某游览地时,陌生、新奇、人地生疏等心理状态也会产生不安、紧张的情绪。而在游览过程中,旅游者的心理活动与行为都非常活跃,常常表现出一种激动和兴奋的情绪。旅游结束阶段,念友、思归等心理情感往往表现出敏感、易变的情绪特征。

2. 旅游者情绪。

旅游者情绪则是具有旅游者个性特征的情绪。旅游者情绪是以旅游者个体的情绪情感特征为基础的,反映了旅游者个人所属国家、地区、民族、阶层、职业等的差异性。旅游者情绪表现为:在同样的旅游情境刺激下,不同个性的旅游者反映的强度、情绪波动和表露的程度有所不同。一个敏感的旅游者对外界刺激的反应就比较迅速、激烈;个性沉稳的旅游者对外界刺激的反应就迟缓、温和些。个性不同的旅游者的情绪表征也就显示出较大的差异。

(二)旅游者情绪分析

当人处于某种情绪状态时,身体上发生着各种变化,因而可以通过这种情绪反应观察旅游者的情绪。

1. 表情是情绪的外显形式。

情绪的表情是指与情绪状态相联系的身体各部分的动作变化。面部的表情动作称为面部表情,身体各部分的姿态称为身段表情,情绪性的言语声调、音色等的表现称为言语表情。这些表情动作是处于情绪状态时机体变化的外部表现,它是与机体的内部变化密切联系的。在面部表情和身段表情之外,言语本身是人类所特有的表达情绪的手段。

表情具有自然形式和后天习得性。人的表情动作绝非有意地用以传达情绪,表情有其生物学根源,许多基本的情绪如喜怒悲惧的原始表情是通见于全人类的。而习得的表情可能掩盖表情的自然形式,使其受到明显的文化和社会交际的影响。许多原来具有适应含义的表情动作获得了新的社会功能,成为社会通行的交际手段,用来表达思想和感情,人类的表情动作变成了独特的"情绪语言",使人的言语表达更为生动有力,成为辅助言语交际的有力工具。

表7.1所列的是通过旅游者的有声语言和无声语言的表情线索的观察,对旅游活动中的旅游者情绪反应的线索、含义的研究结果,这一研究对分析旅游者情绪有很大帮助。

表 7.1　旅游活动中的旅游者情绪反应的线索及含义

类　别	线　索	含　义
客人用语	请您……	自然、随和、令人愉快的,高兴的
	我想要……	清楚明确的期望,可能是愉快的或要求很高
	我需要……	同上
	我说的是……	困难的、要求很高
	我听到的不是如此!	不耐烦,沮丧、争议、气愤
语　调	低、慢	自然、随和、高兴,疲倦
	欢欣的	高兴、愉快
	讽刺的	不耐烦、不高兴、找麻烦的
	强烈的	要求很高
仪　表	仪表整洁	体面、令人愉快,有较高期望
	运动服	可能在度假、随便,轻松愉快
	领带纠结	疲倦、不舒服
	西装多皱	不在意的、粗心的
身体语言	挺立	坦率,直爽、不说废话
	弯腰驼背	疲倦、被冒犯,不耐烦、不高兴
	膝盖晃动	不耐烦
	手指关节作响	不耐烦
	走路迅速	热情、要求很高
	说话或倾听时扬眉毛	不喜欢或不相信对方
	踱步	闲散、不慌不忙、随和
	歪头倾听	集中注意力、感兴趣的

2. 情绪状态与行为的组合。

情绪状态分析假设将人的心理状态划分为两个维度,即积极性和情绪性,并设定可测量人的积极性和情绪性的单位,若情绪积极、情绪高涨则用正数表示,情绪消极、情绪低落则用负数表示。具体见图 7.1。

图中,x 轴代表情绪状态,y 轴代表行动积极性。每个人情绪状态和行动积极性的不同数值都能在图中找到,并合成一个交叉点,这个点表示个体的情绪体验。从图中可以看出,坐标系所划分出的四个自然区域恰好可以把个体的情绪体验分为四种类型。

Ⅰ区表示情绪状态很好,行动积极性很高。在这种状态下人显得轻松愉快,活跃好动,容易接纳他人、易于接近。

Ⅱ区表示情绪状态很好,但行动积极性不高。这时人一般比较沉静、自得其乐,有种沉浸其中的感觉。

Ⅲ区表示情绪状态不好,行动积极性也不高。这时人看起来意志消沉、心灰意懒,没有行动的愿望。

Ⅵ区表示情绪状态不好,行动积极性却很高。此类人可能刚刚遭遇挫折,内在冲突无从发泄,此时最易寻衅滋事,与他人发生冲突。

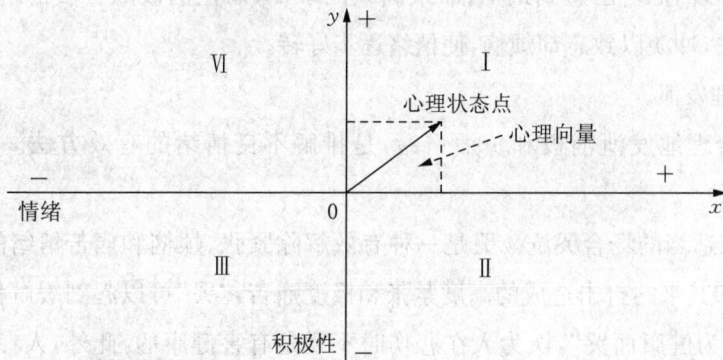

图 7.1 情绪状态分析图

(三) 旅游者不良情绪控制

个体在负面情绪状态下,有机体处于一种应激状态,人的有机体会产生一系列生理反应。例如,腺体和神经递质的活动使有机体紧急动员起来,肌肉紧张,血压、心率、呼吸都会发生变化。这些变化有助于个体适应环境的变化,以维系个体的生存与发展。但是,长期的应激状态会击溃人体的生物化学机制,损伤人体的内脏器官,抵抗力就会下降,最终导致身心疾病的发生。因此,旅游者在面对离家在外的陌生环境、旅游需求不能满足时,应该用理智的力量控制自己的情绪,用适当的方法来转移和调整自己的情绪,这对保持旅游活动顺利、保持身心健康十分重要。

1. 觉知情绪状态。

当处于情绪状态时,主动地认识到"我正在大动肝火"、"我很焦虑"、"我很伤心"等负面情绪,此时对自我状态暂时不作反应也不加评价,只是意识到自己的情绪起伏状态,这样就提供了一个选择和处理负面情绪的空间,或是约束、控制自己的情绪,或是任由情绪宣泄。只有在认识到自己的情绪处于什么状态时,大脑才有可能发出控制的指令,随时调控自己的行为。

2. 转移注意力。

当认识到自己正处于激动的情绪状态时,就要有意识地转移注意力,以使它不至爆发和难以控制。例如,转移话题,或者做点别的事情,改变注意焦点,从而分散注意力做一些平时最感兴趣的事,这是使人从消极、负面情绪中解脱出来的好办法。在苦闷、苦恼时,不要再去想引起苦闷、烦恼的事,而是去游戏、观赏、散步、游览等,或者多回忆自己感到最幸福、最高兴的事,从而把消极的负面情绪转移到积极情绪上去,冲淡以致忘却烦恼,使情绪逐步好转。

3. 合理发泄。

学会合理地发泄消极和负面情绪,是排解不良情绪的有效方法。具体的方法有:

(1) 在适当的场合哭泣。哭是一种有效解除紧张、烦恼和痛苦情绪的方法,尤其是对突如其来的打击造成的高度紧张和极度痛苦,"哭"可以起到缓解作用,因此有人提出"为健康而哭",认为人在悲伤时不哭是有害健康的,此外,人在不良状态下产生的眼泪中含有一种"毒素",排除后有益于身体健康。

(2) 向他人倾诉。有了不良或负面情绪,可以向亲朋好友和其他信任的人倾诉,诉说委屈,发发牢骚,以此来消除心中的不良情绪感受。

(3) 进行比较剧烈的运动。人在情绪低落时,往往不爱活动,越不活动,情绪越低落,形成恶性循环。事实证明,情绪状态会改变身体活动,身体活动则可以改变人的情绪状态。例如,改变走路的姿势,昂首挺胸,加大步幅,加大双手摆动的幅度;或者通过跑步、登山、干体力活等比较剧烈的活动,把体内积聚的能量释放出来,使郁积的怒气和其他不愉快的情绪得到宣泄,从而改变消极的负面情绪状态。

(4) 放声歌唱或喊叫。雄壮的歌曲可以振奋精神,放声歌唱可以提高士气。在憋闷时,找个适当的场合放声喊叫,可以把心中郁积的不良"能量"释放出来,也能解除心中的烦闷。

4. 主动运用语言。

言语是人类特有的高级心理活动,语言暗示对人的心理乃至行为具有有效的作用。当不良或负面情绪要爆发或感到心中非常压抑的时候,可以通过语言的暗示作用来调整和放松心理上的紧张,使不良情绪得到缓解。将要发怒的时候,可以用语言来暗示自己:"别做蠢事,发怒是无能的表现,发怒既伤自己,又伤别人,于事无补。"这样的自我提醒,就会使自己的心情平静一些。

练习思考

1. 情绪和情感的功能在旅游活动中的体现是什么?
2. 四种基本情绪情感类型在旅游活动中的体现是什么?
3. 情绪和情感状态的内容是什么?
4. 旅游者有哪些共性的情绪特征? 对旅游行为有什么影响?

实训练习

观赏一道美丽风景,体验良好的心境与美感。

案例分析

语言沟通的作用

爱挑剔的许先生对酒店的服务觉得这也不好、那也不好,喜欢指挥来指挥去,弄得服务员团团转。这次,他刚入住酒店,对服务员小方提出了颇有难度的要求:"每次我按铃叫你的时候,要在 30 秒内赶到房间;在收拾房间时,那些东西的排放要严格按照我的要求去做。否则,我投诉你服务不周到。"服务员小方意识到他是一个爱挑剔的顾客,于是,小心翼翼地点了点头。

开始几天,服务员都能按照其要求去做。但是,一次意外发生了。当服务员接到其按铃后,匆忙乘电梯前往,但电梯中途突然出故障,等到达许先生房间时已超过 5 分钟。服务员一进门,许先生可就有借口发作了,不等她开口解释,就指着小方的鼻子叫开了:"你怎么搞的,让我等了老半天,你们不是说'顾客就是上帝'吗?这算什么态度!"

"我……"

"我什么我! 你还要争辩?"

"对不起,我刚才……"

"做错了就是做错了,要敢于承担!"

　　服务员小方本是一个有脾气的人,这几天来对许先生的挑剔早已经有一肚子火,忍耐终于到了极限,就跟许先生横眉相对起来:"我什么态度,你又是什么态度!你也不看一下你自己,成天只会指挥别人,你很了不起呀!"

　　许先生铁青着脸,眼看着"火山"就要爆发。这时,领班刚好路过门外,听到争吵声,连忙走进来,把小方拉到一旁,及时制止了争吵,他了解事情经过后,用很抱歉的语气对许先生说:"许先生,很对不起,我们服务员冲撞了你,很希望你能够大人不记小人过,多多原谅。"许先生只"哼"了一声,没说话。

　　"不过,我想你可能有些误会了。"领班接着说。

　　"什么误会,事实就摆在眼前,没得说!"许先生依然没消气。

　　"请您先冷静一下,别激动,听我把话说完。刚才电梯的确发生了小故障,致使小方不能及时赶来,我想这个情况她也不想发生。但没办法,这是意外,我们谁都不能料到会被困在电梯里。而且,从前几天她的服务看来,她是尽职尽责的,只不过她的脾气冲了点,希望你能够理解。"

　　说完,扯了扯小方的衣服。小方红着脸诚恳地说:"许先生,我刚才的确是冲动了点,但您根本不让我有说话的机会啊。"

　　终于,许先生舒缓了紧皱的眉头,脸色也渐渐好转:"真的是那样吗?那我真的要自我检讨一下了。"最后,他还对小方道歉:"我没想到事情是这样的,我错怪你,希望你能原谅我。"从而使事情最终得到圆满解决。

　　语言沟通技巧对服务员来说非常重要,一个意思用不同的语言和语气表达出来的效果就会不同。顾客的知觉、个性不同,应使用相对应的语言,才能让顾客准确地理解,服务才能收到好的效果。

　　案例来源:何丽芳编著:《酒店服务与管理案例分析》,广东省出版集团、广东经济出版社2008年版。

案例讨论

1. 如何对案例中的客人情绪状态进行情绪分析? 应该采取何种服务策略?

2. 作为客人如何控制自己的情绪?

案例点评

酒店服务管理中的情绪策略

一天下午,某酒店商务中心收到广州某大公司常客何先生发来的传真投诉,传真中讲述了他前几天来到酒店的遭遇,要向酒店讨个说法。

一个星期以前,何先生打电话到酒店预订两天后的一个大床间,当时酒店预订员告诉何先生两天后的大床间都已订满,何先生无奈只好订了一个标准间。两天后,当何先生来到酒店,在前厅办理入住登记手续时,听到旁边一位没预订的顾客却被接待员安排了大床间。何先生认为,这本来是一件小事,但作为酒店的长期合作宾客受此冷遇,心里感到十分不快,他还是希望酒店给个合理的解释,并考虑以后是否还会入住。

大堂副经理看完传真,立刻找到当班预订员小蓝和接待员小许查询原因。经查实,在何先生打电话订房时酒店确实没有大床间了,所以预订员小蓝在征得何先生的同意后,给他安排了一个标准间。当何先生入住时,接待员小许根据预订单将预留好的房间分配给何先生。凑巧的是,此时另一接待员小殷恰好将一间刚刚结账的大床间又分配给了正在前厅询问有没有大床间的吴先生。因此在何先生看来,觉得酒店厚此薄彼,令人难以接受。

事情了解清楚后,大堂副经理精心拟写了一份热情诚恳的信件传真给何先生,向客人道歉。并在解释原因的同时,表示酒店的接待工作仍有待完善,非常感谢何先生中肯的意见。酒店在最近的装修中会适当增加大床间,恳请何先生的再次下榻。

一个月之后,何先生又光临该酒店,入住新改建的舒适的大床间,他十分满意。

案例来源:何丽芳编著:《酒店服务与管理案例分析》,广东省出版集团、广东经济出版社 2008 年版。

点评:

以固定的、僵化的模式对待所有的顾客,这样就不可能满足不同顾客的不同需求。因此,从满足每一位顾客的物质方面和精神方面的需求出发,适应顾客需求的多层次性,是所有酒店经营的根本出发点。

　　由于客人的社会地位、经济收入、风俗习惯、文化素质、民族、年龄、性别、职业、消费目的等方面的不同,决定了客人的服务消费需求的多层次性。每位顾客各个方面的差异性,才使他们的消费心理和行为与相应的营销策略显示出多样性。接待服务要区别对象,切不可千篇一律。何先生的不满情绪可以理解,酒店服务有疏漏,应该在预定时注明其特殊要求。

第八章

旅游社会心理

核心提示

　　旅游社会心理包括旅游者的态度倾向，以及旅游者偏好倾向。在人际交往过程中，旅游者的社会心理表现为各种社会知觉定势。此外，旅游者群体心理又受到群体规范的影响。

　　学习要点——1.态度的含义与功能；2.旅游态度的形成与改变；3.旅游偏好的形成；4.旅游人际关系的障碍及调节；5.群体规范对旅游者的影响；6.社会影响对旅游行为的作用。

　　基本概念——态度、旅游态度、旅游偏好、社会印象、消费者群体、群体规范、从众、暗示。

第一节　旅游者态度

一、态度的基本内涵

（一）什么是态度

态度是指个体基于过去经验对周围的人、事、物持有的比较持久而一致的心理准备状态或人格倾向。态度由认知成分、情感成分和行为意向成分三个部分构成，是外界刺激信息与个体行为反应之间的中介因素。

从态度的含义可以看出，态度中的认知成分说明了个体如何知觉态度的对象，它既可以是具体的人、物或事，也可以是代表人、物、事的抽象概念。不管是抽象的还是具体的态度对象，人在认知时总是带有一定的倾向，表明了个体的基本看法，反映了个体对态度对象的信念。例如，旅游者不接受探险旅游的态度，是基于对探险旅游风险的认知产生的。情感成分是个人对态度对象的评价与内心体验，例如，接纳或拒绝、喜欢或厌恶、热爱或仇恨、同情或冷漠等。行为意向成分是个体对态度对象的行为准备状态，反映了个体对态度对象的行为意图和准备状态，主要有两方面的含义：一是态度一旦形成，就会对态度对象产生影响，既可能是积极的，也可能是消极的；二是态度具有特定的意动效应。这种意动效应会影响人的行动方向与行为方式，只不过不易被人察觉而已。因此，可以由个体的外显行为来推知其态度。

态度的认知成分、情感成分和行为意向成分彼此协调统一并共同作用，当认知成分与情感成分产生矛盾时，行为意向成分与情感成分的一致性就要大于与认知成分的一致性。

态度具有五个维度：(1)指向维度，指个体对态度对象持肯定或否定的心理倾向，例如，赞同与反对、喜爱与厌恶等；(2)强度维度，指个体的特定态度倾向于某个对象的强度；(3)深刻维度，指个体在态度对象上的卷入水平，它涉及态度对象对个人的重要性程度，既可以是一致的，也可以是不一致的；(4)向中度或向中性维度，指在个体态度系统和相关价值系统中接近核心价值的程度，其指标是某种态度与其根本信念相关联水平或价值体系核心要素的相互关系；(5)外显维度，指个体在某种态度对象上表现的外露程度，它既可以体现在行动方向上，也可以体现在行为方式上。

（二）态度的功能

1. 手段功能。

态度具有工具性和实用性的功能。态度可以帮助个体实现期望的目标，获得奖赏或避免惩罚，即个体对有利于达到目的的人或事，会持积极态度，而对阻碍达到目的的人或事持消极态度。旅游者对旅游的态度积极则会积极寻找旅游信息。

2. 知识功能。

反映了个体通过组织和构建信息对态度对象的认知结构,可以帮助个体了解自己生活的环境状况,态度的改变与个体对相关知识的改变有关,能够帮助个体高效地组织和处理来自不同环境中的人、事、物等信息。旅游者可以通过了解旅游目的地信息,改变对其抱有的态度偏见。

3. 价值表达功能。

对个体来说,表明并保持自己的核心价值观、信念和思想观念是通过态度实现的。通过表达对人、事、物的态度,可以感受到态度主体具有的自我概念。一般来说,具有价值表达功能的态度比较稳定,只有价值改变,它才可能改变。对待旅游的态度反映了一个人对生活方式及消费方式的价值观念。

4. 自我防御功能。

态度的自我防御功能保护个体免受焦虑或自尊免受威胁。自我防御概念最初来自弗洛伊德的精神分析理论,其心理机制是投射,即通过歪曲、否认现实来否认和回避自己的不适当、失败、弱点等,目的是自我保护,保持比较良好的自我意识。如果在旅游中受挫,旅游者可以采取否认现实的态度来回避。

5. 社会适应功能。

态度使个体认识到自己是某社会群体中的一部分。当有人对某事、某人持特定看法或态度时,其实是来自朋友、家人或邻居的看法或想法。社会群体要比个体的观念和态度的影响大得多。如果社会规范变化,态度也可能会发生改变,在这个意义上说,态度起着适应社会的功能。旅游观念的变化可以由社会群体观念的变化来改变。

(三)态度与行为的关系

态度与行为的关系极为复杂。个体一般通过自己的经验形成对人、对己、对事和环境持肯定或否定的行为反应倾向。但是,决定行为的原因,除了态度以外,还有许多其他因素。一个明显的因素是社会环境的压力。

态度一般可以在以下四种状况下预见行为。第一,态度强烈并相对一致时。强烈、一致的态度比微弱、矛盾的态度更能有效地预告行为。第二,态度与被预告行为相关时。当某人对某事、某物等具有相关态度时,能有效地预告行为。第三,当态度建立在个人主观体验上时。基于主观体验形成的态度能够有效地预告行为。第四,个体清醒地意识到自己的态度时。对自己态度具有警觉的人,能以态度一致的方式行动。

因此,态度是影响并决定一个人行为产生的重要因素之一,是预测和调控人的行为产生的中介。观察旅游者对待旅游消费的态度,可以预测其旅游消费行为。

二、旅游态度与旅游偏好

（一）旅游态度的形成与改变机理

旅游态度就是旅游者在旅游消费过程中所持有的对景观、服务、交通,以及旅游过程中的人、事、物和观念等的评价与行为倾向。

通过对态度的研究,不仅容易理解旅游者选择旅游消费的心理倾向,同时也有可能通过改变旅游者的思想和观念来改变其行为。根据心理学的研究,旅游者态度的形成与改变有以下几种情况:

1. 通过学习形成态度。

态度形成的学习论认为,态度是个体通过联结学习、强化学习和观察学习习得的。态度的联结学习建立在经典条件反射理论的基础上,当条件刺激和无条件刺激配对多次呈现时,条件刺激获得了无条件刺激所具有的评价性意义。在旅游信息传递过程中,当旅游吸引物与具有积极意义的信息同时出现时,旅游者对旅游吸引物的反应变得积极,就会产生积极评价。

态度的强化学习建立在操作条件反射理论的基础上,可以运用强化原理解释旅游态度的形成。当旅游者的旅游行为得到他人赞许时,就获得了积极强化,使其产生积极的旅游情感体验,从而表现出对旅游行为的积极态度;反之,如果其旅游行为受到不公正待遇或惩罚,使其产生消极的情感体验,则会表现出对旅游行为的消极态度。

态度的观察学习,强调模仿在态度形成中的重要作用,态度是通过模仿形成和改变的。旅游者在认知旅游活动时,对很多事情的看法与评价,都是模仿他人的价值观和人生态度而形成的。

2. 态度形成与变化是分阶段的。

态度分阶段变化理论由美国社会心理学家凯尔曼提出,认为态度形成过程可以分为三个阶段:服从、认同和内化。

服从是一种行为方式。在服从阶段,个体在社会要求、群体规范或他人意志下作出自己本不愿意做的行为。旅游者在外界环境的压力影响下，或出于某种目的，会被迫地表现出与他人一致的旅游行为，此时的态度是暂时性的、表面的改变了自己与群体成员的态度倾向。

在认同阶段，个体的态度不再是表面的变化，也不是被迫改变，而是自愿接受他人的观点和信念。这个阶段已经与要形成的态度比较接近，但是还没有与自己的态度体系融合。在这个阶段，旅游者出于情感因素，表现出旅游行为的主动性。

在内化阶段，经过社会学习，个体将一定的精神和文化转化为自己稳定的心理特征。当对旅游的新的观点、新的情感、新的意见和社会标准等成为个体价值观体系的一部分时，旅游就成为自身态度的一部分。一般比较稳固，不易改变。在这个阶段，旅游者态度真正形成。

3. 认知不协调导致态度改变。

态度的认知不协调理论认为，两种或多种认知因素之间出现不一致，就会产生心理紧张状态，这是由美国社会心理学家费斯廷格提出的。旅游者对旅游活动的认知是个体对环境、他人及自身行为的看法、信念、知识和态度的总和。

每一种认知结构都由诸多基本的认知元素构成，认知结构的状态取决于这些基本认知元素之间的相互关系，有三种可能性：①协调，两种元素的含义一致，相互之间没有矛盾，如旅游可增长见识、放松心情；②不相干，两种元素的含义互不牵连，如旅游可以满足好奇心，旅游需要花费时间和精力；③不协调或失调，若两种元素单独存在，一个认知元素将由其反面而产生它的正面，如从 y 产生出非 x，x 和 y 就是不协调的。如"旅游消费"和"较大的支出"，就是认知不协调或失调。

当个体的认知因素之间出现不一致时，就会产生不协调的心理紧张和动机状态，这种不协调动机状态会促使个体去重新认知，以改变自己的有关信念或行为，从而避免或减少不协调。消除或减少认知不协调：①改变或否定不协调认知，使认知符合态度或使态度符合行为。②当出现失调时，除了设法减少外，还可主动地避开增加认知失调的情境及信息因素，同时改变不协调认知因素的强度，尤其是改变观念和行为在个体心目中的重要性。③引进新的认知因素，以改变原有认知因素的不协调。④改变行为，使之与认知一致。

4. 认知平衡导致态度改变。

美国社会心理学家海德提出了态度的认知平衡理论，其与认知不协调理论本质上都强调认知的一致性,因此也把它们称为态度一致性理论。海德认为,客观事物都是相互作用、相互联系的,事物之间相互影响而组成了单元或系统。如果在客观事物单元或系统中各个部分或方面具有相同动力特征,那么这些单元或系统是平衡的,就没有促使个体态度变化的压力。反之,如果各个部分或方面存在不一致的动力特征,那么这种不平衡状态就会使个体在这些单元或系统内产生压力,从而促使认知结构发生改变,以实现平衡状态。

因此,认知平衡理论在于客观的旅游消费活动单元或系统内各部分是否平衡,不平衡就有压力,有压力就会促使人去寻求旅游态度变化以实现平衡。人总是力图保持其内部认知系统的平衡与和谐,旅游者对旅游的认知因素包括信念、态度、感情、行动等。旅游者不平衡的认知状态具有动机性质,促使其改变对旅游的认知系统的某些因素,以恢复认知系统的平衡。

(二) 旅游态度改变的条件

态度的改变有两种情况:一是方向的改变;二是强度的改变。当然,方向与强度也有关系,从一个极端转变到另一个极端,既是方向的改变,也是强度的改变。影响旅游者态度改变的因素主要有以下几个方面:

1. 旅游者的因素。

由于旅游者的需要、性格特点、智力水平、自尊心、受教育程度以及社会地位等的不同,对态度的改变会产生影响。

需要:态度的改变与旅游者的需要密切相关,如果能最大限度地满足其需要,则容易使其改变态度。

性格:凡是依赖性强、暗示性高或比较随和的人,都容易相信权威、崇拜他人,因而容易改变态度;反之,独立性、自信心强的人则不容易被他人说服,因而不容易改变态度。

智力:智力水平高的人,由于具有较强的判断能力,能准确分析各种观点,不容易受他人左右;反之,智力水平低的人,难以判断是非,常常人云亦云,容易改变态度。

自尊:自尊心强的人,心理防卫能力较强,不容易接受他人的劝告,因而态度改变也比较难;反之自尊心弱的人则易变。

社会角色:旅游者在社会生活中所扮演的角色对其态度的形成有很大的影响。变换角色是一条有效的改变态度的途径。

2. 态度本身的因素。

态度的强度：旅游者受到的刺激越强烈、越深刻，态度的强度就越大，因而形成的态度越稳固，也越不容易改变。

态度的形成：态度形成的因素越复杂，态度越不容易改变。如果态度建立在很多事实的基础上，那么要改变态度就比较难。

态度的要素：认知成分、情感成分、意向成分三者的一致性越强，态度越不容易改变。如果三者之间出现分歧，那么态度的稳定性较差，也就比较容易改变。

态度的价值：如果态度的对象对旅游者的价值很大，那么对他的影响就会很深，因而一旦形成某种态度后，就很难改变；反之，如果态度的对象对旅游者的价值较小，则态度就容易改变。

3. 外界因素。

除了旅游者和态度本身的特点影响态度的改变以外，一些外界条件也能改变旅游者的态度。这些外界条件有：

信息的作用：从某种意义上说，旅游者的态度是在接受各种信息的基础上形成的。旅游者在行动前，会主动收集各种有关的信息。各种信息间的一致性越强，形成的态度越稳固，因而越不容易改变。此外，获得旅游信息的方式和内容，包括信息传递者的声誉、传播信息的媒介选择、表述信息的方法和技巧，以及宣传的次数等，都是改变旅游者态度的重要因素。

旅游者之间的态度：态度具有相互影响的特点。这在作为消费者的旅游者之间表现得尤为明显。由于旅游者之间角色身份、目的和利益的相同或相似性，彼此的意见也容易被接受。事实证明，当一个人认为某种意见是来自与他自己利益一致的一方时，人们就乐于接受这种意见，有时甚至主动征询他人的意见，作为参考。

团体期望：旅游者的态度通常是与其所属团体的要求和期望相一致的。这是因为团体的规范和习惯力量会无形中形成一种压力，影响团体内成员的态度。如果个人与所属团体内大多数人的意见相一致时，就会得到有力的支持；否则，就会感受到来自团体的压力。个人与其所属团体的关系是促使旅游者改变态度的关键因素之一。要改变旅游者的态度，必须重视团体的关系，充分发挥团体的作用。

（三）旅游偏好的形成

所谓旅游偏好，是指个体趋向于某一旅游目标的心理倾向。偏好的特点是并不关注对象的整体，而总是针对对象的异质特征来进行判断。

态度是偏好形成的基础,心理学研究表明,态度的强度与态度的复杂性对偏好的形成具有重要影响。态度的强度就是指个体对对象的肯定或否定的程度。一般来说,态度越强烈也就越稳固,改变起来也就越困难;态度的复杂性是指人们所掌握的对象信息的多少,所反映的是对对象的认知程度,掌握的对象信息越多,态度也就越复杂。一般来说,稳固、复杂的态度较难改变,从而形成个人偏好。偏好是在态度的基础上形成的,持有特定偏好的人,其行为处事往往受到偏好的影响而表现出一贯性。具体见图8.1。

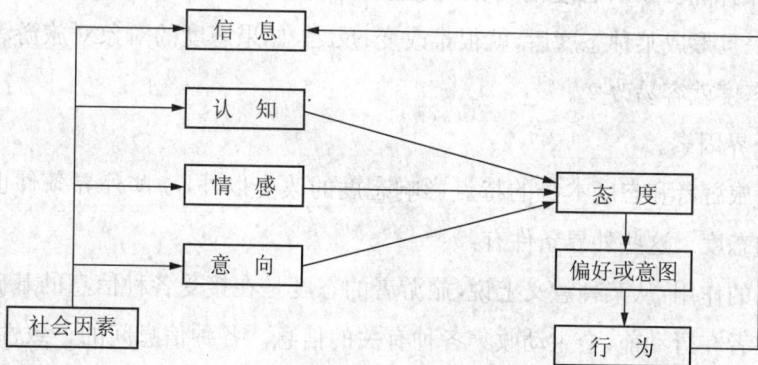

图8.1 态度与偏好

在旅游决策过程中,旅游者首先不是权衡和评价旅游产品本身,而是针对旅游产品的异质特征进行判断,即旅游产品是否具有符合个人偏好的某些特点。如果认为旅游对象的异质特征能满足其偏好,尽管整个产品并不尽如人意,也会引发浓厚的旅游兴趣,从而产生积极的旅游行为。

第二节　旅游者社会认知

一、社会印象及其效应

(一) 什么是社会印象

社会印象是指个体在社会生活过程中形成并存储认知对象的形象。社会印象对象范围广泛,既可以是人,也可以是事或物以及内在体验。例如,对人的印象不仅包括对他人外表的印象,也包括对这个人的行为、人格特征以及在交往过程中的主观感受等。事实上,当谈及对他人的印象时,往往指对他人人格特征和行为表现等方面的印象。

社会印象反映的是主体对认知对象的总体特征。一般把认知对象视为一个完整的对象,当认知对象是某人时,这种倾向性更明显。

印象形成是个体在有限信息的基础上,对认知对象的某些属性作出判断,或对其总体特征形成印象的过程。印象形成具有以下特点:

第一,印象的一致性,即在判断一个人时,人们倾向于把他的各种特性协调一致起来,即使有些信息资料甚至是自相矛盾的,也会力图去除这些不一致。

第二,印象的评价性,即个体从评价、力量、活动三种角度来描述对某人的印象,其中占有重要地位的是评价。

第三,印象的核心性,即构成印象的各种信息资料中,有些信息作用更大些,经常会影响整个印象的形成和组织,是印象形成中的核心特性,而有些信息仅仅起辅助支持作用。

（二）印象形成中的效应

社会生活情境是复杂的,尤其在旅游过程中,旅游者接触到的更多的是陌生的环境和人,有时需要使用认知策略来简化信息加工,提高信息加工的速度。借助这些认知策略产生了一系列对他人的印象形成效应。

1. 刻板印象。

刻板印象是指个体对某个群体及其成员的概括而固定的看法。在同一地域、相同的社会文化背景下,人们确实会表现出某些共同特征,在与他们的交往过程中,会对他们的相似性特征进行概括,被反映到个体的认识中并固定化时形成了对他们的印象,即刻板印象。

刻板印象存在着不同类型。一般认为,男性比较自信、进取心较强,女性善于持家、心灵手巧。这种对男性和女性的不同看法称为性别刻板印象。认为老人反应迟缓、保守,年轻人精力充沛、头脑灵活,这种对老年人和青年人的不同看法,称为年龄刻板印象。有时会从地域上对人群进行区分,例如,认为北方人比较豪爽、耿直,南方人比较精明、感情细腻,这种区分称为地域刻板印象。此外还有国家刻板印象和民族刻板印象等。刻板印象一般具有极高的稳定性,难以改变,即使遇到了许多相反的事实,仍然出现并倾向于坚持它,甚至去否定事实或"修改"事实来验证自己的印象。

因此,刻板印象在现实生活中既有积极作用,也存在消极作用。积极作用表现在刻板印象可以简化人的认知过程,起着以简驭繁的效果,因为在现实生活中,每个人都会不断接受到大量信息,如果对所有信息都进行分析与综合,就会造成认知超载,反而会降低对信息的加工处理效率。消极作用表现在刻板印象可能会导致过度概括,导致个体认识的僵化,阻碍个体接受新事物、新经验,并造成认识上的过度概括化。

2. 首因效应和近因效应。

信息呈现的先后次序会影响最终印象的形成。最初的信息对人形成印象具有强烈影响的社会心理现象,即最先呈现的信息对印象形成具有重要作用,这种现象称为印象形成的首因效应。

人们在对他人形成印象的过程中,往往是以最先接受到的某些信息为依据,然后用最初获得的深刻印象来解释后来得到的新信息,这就是首因效应的作用。在和他人初次见面时形成的印象的好坏,会直接影响其以后的交往过程。

在印象形成过程中,有时在近期呈现的信息或最后接受的信息形成对他人的印象起重要作用,这种社会心理现象称为近因效应。首因效应或者第一印象往往发生在与陌生人交往过程中,而近因效应一般发生在熟人之间的交往过程中。

第一印象在旅游活动中具有先入为主的作用,旅游者往往根据第一印象来认知旅游工作者,旅游工作者也往往以此来判断旅游者。影响第一印象的主要因素,一方面是对方的外部特征的直接影响,另一方面是有关对方的间接信息的间接影响。旅游活动中的第一印象特别重要,这是由旅游活动的特点所决定的。旅游者每到一处新地方,接触到第一个服务员、导游,吃第一餐饭等,留下的印象都会特别深刻,甚至会影响整个旅游过程中的心情。作为旅游工作者,一定要时刻注重自己的仪容、言谈、举止和态度,给旅游者留下良好的第一印象。

3. 晕轮效应。

晕轮效应又称为光环效应,是人际交往过程中认知上的一种偏见。在社会心理学上,是在人际交往中形成的一种夸大了的社会印象和盲目的心理倾向。仅仅依据人或事物某一个方面的特征来形成对此人或事物的总体印象,就形成了晕轮效应。

晕轮效应是指认知主体对客体获得的某一特征的突出印象，进而将这种印象扩大为对象的整体行为特征，从而产生美化或丑化对象的现象。

晕轮效应与第一印象一样普遍存在，两者的主要区别在于：第一印象是从时间上来说的，由于前面的印象深刻，后面的印象往往成为前面印象的补充；而晕轮效应则是从内容上来说的，由于对对象的部分特征印象深刻，使这部分印象泛化为全部印象。晕轮效应之所以导致认知的偏差，其原因是犯了以点带面、以偏概全的错误。

晕轮效应在旅游活动中会妨碍客我关系的正确知觉。这种晕轮效应一旦泛化，会产生很大的消极作用。

4. 投射倾向。

投射倾向是指因个体具有某种特性而推断他人也具有与自己相同特性的社会心理现象。即"以己度人"、"将心比心"，认为自己的言行和需要，别人也一定会有类似的言行和需要，其实质是"强加于人"。

在现实生活中，投射倾向有两种表现形式：一是有人总是从好的方面来解释别人的言论和行为，认为世界上尽是好人；二是有些人总是从坏的方面来解释别人的言论和行为，认为周围环境尽是坏人。当一个人在认知他人时，如果受到投射倾向的影响和干扰，那么，他的认识、判断与看法就会从"是这样的"、"一定会这样的"心理倾向出发，强行把他人的特性纳入到自己既定的认知框架中，并按照自己的思维方式加以理解，从而导致主观臆断和陷入认知偏见。

5. 知觉防卫。

知觉防卫是指人们对阻碍自己发展的信息或者与自己看法不一致的信息，有时会故意视而不见或将输入的信息加以歪曲。

很多时候，知觉防卫会阻碍人们对事实和真理的发现。当发现实验现象与自己先前已建立和被人广泛认同的理论相矛盾时，有些人可能会对该现象视而不见，甚至歪曲事实，这是非常有害的。当然，当相互竞争的公司之间、敌对国家之间存在严重的分歧和冲突时，知觉防卫不仅普遍存在，而且被视为一种斗争策略和形式。

二、旅游人际关系

（一）什么是人际关系

人际关系是指人与人之间心理上的关系、心理上的距离。这种关系是在人与人之间发生社会交往和协同活动的条件下产生的。

人际关系一般可分为积极关系、消极关系、中性关系。不同类型的关系伴随着不同的情感体验,如积极的关系使当事人双方在发生交往时产生愉快的体验,而消极关系会给双方带来痛苦。

人际关系的形成包含认知、情感和行为三方面的心理因素,其中情感因素起主导作用,制约着人际关系的亲疏、深浅和稳定程度。因此人际关系的心理构成由三个部分组成:一是认知成分,指人与人之间是相互肯定还是相互否定,以认识上的一致为相互选择的标准;二是情感成分,指人与人之间是相互喜爱还是厌恶,以情感上的倾慕为相互选择的标准;三是行为成分,指人与人之间是相互交往还是相互隔绝,以行为上的共同活动为相互选择的标准。三种成分共同构成了错综复杂的人际关系状态。

人际关系是人际交往的结果。通过人际交往,使人们认识社会、了解自己和他人,并协调相互之间的关系,以便更好地适应环境。人际关系的功能主要表现在:信息沟通功能、心理保健功能及相互作用功能。

（二）人际关系的基本类型

需要是人们相互交往的根本原因。社会心理学家舒茨认为,每个人都需要别人,因此都具有人际关系的需求。但每个人需求的内容和方式不同。在实践中,每个人都会逐渐形成对人际关系的基本倾向,也称人际反应特征。对人际反应特征的了解,能预测人与人之间的交往中可能发生的交往反应。

舒茨认为,人际关系的模式大致可以通过三种人际需要来加以解释,即包容的需要、控制的需要和情感的需要。

包容需求。包容需求是个体为了谋求社会、物质和精神方面的生活条件而建立起来的一种人际需求关系。人人都有与别人来往、结交、与别人建立并维持和谐关系的欲望,这就是接纳别人和被别人接纳的包容的需要。具有这种需求的人,希望与别人交往并建立和维持和谐的关系。包容需求存在于人的任何一个年龄阶段以及任何一种职业中,它是人际关系最基本的要求。由这种需求产生的待人行为有交往、沟通、容纳、参与等。与这种需求相反的对待别人的行为特征是孤立、退缩、排斥、疏远、忽视、对立等。这种需求的性质和强度不同,交往的深度和维持的时间也不相同。

控制需求。控制需求是个体为了满足支配欲与依赖心理而建立起来的一种人际关系需求。支配欲望人人都有，只是因为环境和能力的差异造成了支配欲的强弱不同，其行为特征表现为运用权力、权威、威望来影响、控制、支配或领导他人。与此相反的人际反应特征是依赖或追随他人、模仿他人、受人支配。同样，由于环境和能力的差异，每个人依赖心理的强弱也不相同。支配欲较强者往往支配那些依赖心较强的人，从而形成一种支配与被支配的控制关系。

感情需求。感情需求是个体为了满足爱的需要而建立起来的人际关系需求。每个人都存在感情上与他人建立维持良好关系的愿望，其行为特征表现为喜爱、亲密、同情、友善、热情、照顾等。与此相反的人际反应特征是冷漠、反感、疏远、厌恶、仇视、憎恨等。爱具有动力作用和平衡作用，它可以活化人的感情，振奋人的精神，也可以使人保持心情愉快，促进人的心理健康发展，从而形成健全的人格。如果爱的需要得不到满足，这种积极的情绪体验不能形成，就会产生孤独、焦虑、忧郁、恐惧的消极体验，久而久之将导致人格异常。人的这种感情需求在人的心理发展过程中自始至终都存在，只是在不同的年龄阶段，需要的情感内容不同而已。

（三）旅游人际关系的调节

在旅游活动中，旅游者之间、旅游者与旅游工作者之间、旅游者与旅游地居民之间会产生不同程度的人际交往关系，双方的沟通交流极为重要。旅游活动中人际沟通的障碍主要有：

语言障碍。语言是表达思想感情最基本的沟通工具，也是最复杂、最容易产生歧义的工具。由于知识水平、文化修养、思维方式等的不同都会引起语言沟通障碍。特别在旅游活动中，旅游者来自各地，文化差异明显，首先是语言不通，其次是语义不明。

认识障碍。认识障碍是由沟通双方认识失调而引起的。每个人看问题的角度都不同，导致对同一问题会有不同的理解。当发生旅游纠纷的时候，旅游工作者和旅游者都容易从自己的角度来思考问题，从而造成矛盾。

习俗障碍。风俗习惯是在一定的历史文化背景下形成的、具有固定特点的、调整人际关系的规则。来自不同地方的旅游者具有不同的习俗，不同的旅游目的地也具有特定的习俗。旅游服务的提供者要克服习俗障碍，根据不同旅游者的风俗习惯和禁忌提供不同的服务。对旅游者来说，到不同的旅游目的地就要服从当地的风俗习惯，要入乡随俗。

个性障碍。个性障碍是由人际关系双方在兴趣、习惯、信念、性格等方面存在的差异引起的。不同的个性倾向和个性心理特征会对沟通产生不同的影响。在旅游活动中,不同人群个性不可能是完全相同的。

旅游活动也是一个人际沟通的过程,沟通的有效性决定了旅游服务的质量和旅游者的心理感受。当旅游工作者和旅游者接触的时候,双方都希望能够理解对方的意思。有效的沟通要运用基本的沟通技巧,包括成功表达、有效聆听和准确理解。

第三节　旅游者群体心理

一、群体及群体规范

(一)群体及消费者群体

群体或社会群体是指两人或两人以上通过一定的社会关系结合起来进行共同活动而产生相互作用的集体。群体规模可以比较大,如几十人组成的旅游团;也可以比较小,如一起参观游览的旅游者。

具有共同消费特征的消费者组成的群体就是消费者群体。在同一消费群体,如旅游者群体内部,在消费心理、消费习惯及购买行为等方面有许多共同之处;不同消费群体之间则存在诸多差异。同一群体成员之间一般有较经常的接触和互动,从而能够相互影响。

作为消费者群体,许多消费者尽管在年龄、性别、职业、收入等方面具有相似的条件,但表现出来的购买行为并不相同。这种差别往往是由于心理因素的差异造成的。可以作为群体划分依据的心理因素主要是生活方式。

在依据生活方式划分消费群体方面做得最成功的是美国加州的 SRI 国际研究机构。SRI 在全美抽取了 2500 名消费者进行问卷调查,收集消费者心理特征的数据,建立了著名的数据库 VALS(Value, Attitudes and Lifestyles),并且不断更新。VALS 将消费者分为八个群体,整个消费者群体的划分依据两个维度:纵向维度代表资源,包含收入、教育、自信、健康、购买欲望、智商和能力;横向维度代表三种类型的行为导向,一是原则导向(消费者的行为主要受自己的世界观和价值观的指导），二是地位导向（消费者行为主要受其他人的行为和意见的指引），三是行动导向（消费者自身的消费经历和体验指导着消费行为）。

由此消费者可以划分为如下八个群体（见图 8.2）：

实现者群体。这些消费者拥有最丰厚的收入，很高的地位，强烈的自尊，丰富的资源，这使得他们在大多数情况下可以随心所欲地消费。他们位于最高层。对于他们来说，个人形象非常重要，因为这显示了他们的品位、独立和个性。这一类旅游消费者喜欢挑选名贵和个性化的产品，倾向选择国外旅游度假区。

尽职者群体。这类消费群体在原则型消费群体中拥有最丰富的资源。他们受过良好的教育，成熟且有责任心。他们闲暇时间大多待在家里，但却很关注时事，了解各种信息和社会变化。他们虽然收入颇丰，但却持有实用主义的消费观念。这一类旅游消费者比较喜欢选择性价比高的旅游产品。

信任者群体。在原则型消费群体中，这类消费群体拥有较少的资源。他们思想保守，消费行为易于预测。他们喜欢本国本地的品牌和产品。他们的生活围绕着家庭、教堂、社区和国家。他们拥有中等收入的水平。这一类旅游消费者比较喜欢近距离的旅游活动。

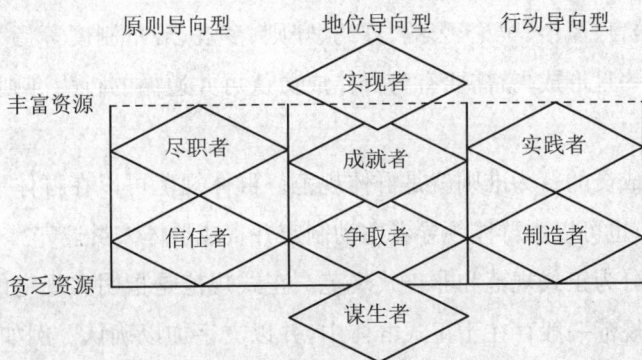

图 8.2　消费者群体的类型

成就者群体。这类消费者在地位导向型消费者中拥有较多的资源。他们事业成功，家庭幸福。他们在政治上比较保守，尊重权威和地位。他们常会选择同伴评价很高的产品和服务。这一类旅游消费者会选择价格和服务均为高水平的旅游产品。

争取者群体。这类消费者在地位导向型消费者中拥有较少的资源。他们的价值观与成就者相似,但收入较低,地位较低。他们试图模仿所尊重和喜爱的人的消费行为。这一类旅游消费者是潜在的、可以通过广告影响的群体,价格是其看中的重要因素。

实践者群体。这类消费者在行动导向型消费者中拥有较多的资源。他们是最年轻的群体,平均年龄 25 岁,精力充沛,喜爱各类体育活动,积极从事各种社会活动,在服装、快餐、音乐以及其他一些年轻人所喜爱的产品上不惜钱财,尤其热衷于新颖的产品和服务。这一类旅游消费者是旅游消费的主体,但是受到经济条件的限制。

制造者群体。这类消费者在行动导向型消费者中拥有较少的资源。他们讲究实际,只关注与自己息息相关的事物——家庭、工作和娱乐,而对其他一切都毫无兴趣。这一类旅游消费者更倾向于实用功能型的产品。

谋生者群体。这类消费者收入最低。他们生活在最底层,拥有最少的资源。这一类旅游消费者基本上属于潜在的群体。

(二)群体规范对消费者群体的影响

群体规范是群体的重要特征,群体中具有要求其成员必须遵守的行为准则。确定的行为准则,既是群体成员公认的,也是每个成员都必须遵守的。群体规范主要包括文化、语言、风俗、舆论、公约、守约、守则、乡规、规章制度等行为规范以及价值标准。群体一旦形成,就需要有为群体成员认可并遵循的行为准则,以保障群体目标的实现。

约束群体成员的行为准则就是群体规范。群体规范可以在群体形成过程中自然而然地形成,也可以由群体领导者主动制定并责成群体人员遵守。

群体规范分为正式规范和非正式规范。正式规范是指明文规定的群体成员行为准则。正式规范一般存在于正式群体中,并以文字加以确认。例如,旅游活动中旅游团成员必须遵守的规章制度就是正式群体行为规范。非正式规范是群体自发形成并得到群体成员认可的行为准则,一般不以文字形式加以确认,但能被群体成员自觉遵守,有时非正式规范对群体成员的约束力会强于正式规范。例如,旅游活动中形成的保持秩序的规范,作用是对群体成员心理上的约束力。群体规范并不都和社会文化规范一致,有些群体规范违反了社会文化规范,称为反社会规范。

群体规范形成后,将不断地内化为群体成员的心理标准,达到规范群体成员行为的作用。群体规范对群体成员行为的约束力称为群体压力。群体压力虽然不具有外部强制性,但它反映了群体内大多数成员的一致意见,个体一般很难违抗。个体一旦偏离个体在群体中受群体规范的影响,会产生以下四个方面的心理效果,即群体归属感、群体认同感以及行为的定向作用和惰性作用。

在消费者群体内部,可以有成文的规范,如某些规章制度,或以法律形式规定的行为准则,但更多的规范是以不成文的形式对内部成员加以约束。比如,一个地区的风俗习惯,一个民族的传统习俗等,即属于不成文的规范形式。消费者群体内部的规范,不论成文与否,对于该群体成员都有不同程度的约束力。

不成文的规范表现为通过群体压力迫使消费者调整自身行为,以适应、顺从群体的要求。例如,旅游中如果不入乡随俗,会被大多数人视为不合常规的特殊行为,会受到他人的注意、诘问甚至非难。迫于这种不成文的规范压力,旅游消费者只能入乡随俗。

成文的规范通常通过组织、行政、政策乃至法律的手段和方式,明确规定人们可以做什么,不可以做什么,以及应当怎样做,从而强制性地影响和调节消费者行为。例如,在旅游城市新加坡,国家法律明文规定,不允许在公开场合食用口香糖,以减少口香糖造成的环境污染和不卫生。

二、社会影响与旅游行为

(一)暗示

暗示,又称提示,是在无对抗条件下,用含蓄、间接的方式对消费者的心理和行为产生影响,从而使消费者产生顺从性反应,或接受暗示者的观点,或按暗示者要求的方式行事。

社会心理学的研究认为,群体对个体的影响,主要是由于"感染"的结果。处于群体中的个体几乎都会受到一种精神感染式的暗示或提示,在这种感染下,人们会不由自主地产生这样的信念:多数人的看法比一个人的看法更值得信赖。因此暗示的主要影响因素就是暗示者的数目,或者说暗示所形成的舆论力量的大小,暗示得当,就会迫使个人行为服从群体的行为。

暗示的具体方式多种多样,如用个人的话语和语调、手势和姿势、表情和眼神以及动作等进行暗示,暗示还可以以群体动作的方式出现。例如,有的企业为了推销商品,不惜重金聘请名人作广告,这就是信誉暗示;有的出售商品时挂出"出口转内销"或"一次性处理"的招牌,这是词语暗示;还有的商贩业主雇佣同伙拥挤摊头,造成一种"生意兴隆"的假象,吸引他人随之抢购,这是行为暗示。

在旅游消费行为中,旅游者受暗示而影响旅游决策的现象极为常见。实践证明,暗示越含蓄,其效果越好。因为直接的提示形式易使旅游者产生疑虑和戒备心理;反之,间接的暗示则容易得到旅游者的认同和接受。

(二) 模仿

模仿是指仿照一定榜样作出类似动作和行为的过程。社会心理学家和社会学家的研究表明,人类在社会行为上有模仿的本能,这一本能同样存在于人们的消费活动中。消费活动中的模仿,是指当某些人的消费行为被他人认可并羡慕,便会产生仿效和重复他人行为的倾向,从而形成消费行为模仿。

在旅游消费活动中,经常会有一些旅游者作出示范性的消费行为。这些人可能是普通旅游者,但他们消费兴趣广泛,个性独立,旅游行为有独创性;也可能是一些名人,如影视歌星、运动员、政界人士等;还可能是旅游行业的消费专家,如旅行家、美食家、资深的"发烧友"等。这些特殊旅游消费者的示范性行为会引起其他旅游消费者的模仿,模仿者也以能仿效他们的行为而感到愉快。

消费领域中,模仿是一种普遍存在的社会心理和行为现象。可供模仿的内容极其广泛,从着装、发型、家具到度假、游览、饮食习惯,都可成为消费者模仿的对象。

旅游消费活动中的模仿行为,大致有以下特点:

模仿行为的发出者,即热衷于模仿的旅游者,对旅游活动大都有广泛的兴趣,喜欢追随消费时尚和潮流,经常被别人的旅游方式、生活方式所吸引,并力求按他人的方式改变自己的旅游消费行为和习惯,大多对新事物反应敏感,接受能力强。例如"驴友"们的探险旅游活动。

模仿是一种非强制性行为,即引起模仿的心理冲动不是通过社会或群体的命令强制发生的,而是旅游者自愿将他人行为视为榜样,并主动努力加以模仿。模仿的结果会给旅游消费者带来愉悦、满足的心理体验。

模仿可以是旅游者理性思考的行为表现,也可以是感性驱使的行为结果。成熟度较高、消费意识明确的旅游消费者,对模仿的对象通常经过深思熟虑,认真选择。相反,观念模糊、缺乏明确目标的旅游消费者,其模仿行为往往带有较大的盲目性。

模仿行为发生的范围很广,形式多样。所有的消费者都可以模仿他人的行为,也都可以成为他人模仿的对象。而旅游消费领域的一切活动,都可以成为模仿的内容。只要是旅游者羡慕、向往、感兴趣的他人行为,无论流行与否,都可以加以模仿。

模仿行为通常以个体或少数人的形式出现,因而一般规模较小。当模仿规模扩大,发展成为多数人的共同行为时,就衍生为从众行为或旅游消费流行趋势了。

（三）从众

从众行为,是指个体在群体的压力下改变个人意见而与多数人取得一致认识的行为倾向。与模仿相似,从众也是在社会生活中普遍存在的一种社会心理和行为现象。

从众在旅游消费领域中表现为,旅游消费者自觉或不自觉地跟从大多数旅游消费者的消费行为,以保持自身行为与多数人行为的一致性,从而避免个人心理上的矛盾和冲突。这种个人因群体影响而遵照多数人消费行为的方式,就是从众消费行为。例如,在选择旅游点时,偏向热点城市和热点路线。

社会心理学研究认为,群体对个体的影响,主要是由于"感染"的结果。个体在受到群体精神感染式的暗示或提示时,就会产生与他人行为相似的模仿行为。与此同时,个体之间又会相互刺激、相互作用,形成循环反应,从而使个体行为与大多数人的行为趋向一致。

上述暗示、模仿、循环反应的过程,就是心理学研究证实的求同心理过程。正是这种求同心理,构成了从众行为的心理基础。具体来说,从众行为的产生是由于人们寻求社会认同感和安全感的结果。在社会生活中,人们通常有一种共同的心理倾向,即希望自己归属于某一较大的群体,被大多数人所接受,以便得到群体的保护、帮助和支持。此外,对个人行为缺乏信心,认为多数人的意见值得信赖,也是从众行为产生的另一重要原因。有些旅游消费者由于缺乏自主性和判断力,在复杂的消费活动中犹豫不定、无所适从,因而,从众便成为他们最为便捷、安全的选择。

从众消费行为的发生和发展受到群体及个体多方面因素的影响。

1. 群体特性。

群体的一致性。如果其他群体成员的意见完全一致,此时持不同意见者会感到巨大的压力,从众的可能性大大增加。相反,如果群体中有不同的意见,不管这种意见来自何方,也不管其合理和可信的成分有多大,个体从众的可能性都将降低。

群体的规模。在一定范围内,个人的从众性随群体规模的扩大而增加。在个别情况下三四个人的群体能产生很大的从众压力,群体规模的继续扩大并不产生从众性的相应增加。但在多数情况下,三四个人的群体只产生相对小群体压力,随着群体人数的提高,所产生的群体压力就越大,从众行为就越容易发生。

群体的专长性。群体及其成员在某一方面越有专长,个体遵从群体意见和受群体影响的可能性就越大,反之则减弱。

2. 旅游者特性。

旅游者的自信心。自信心既与个性有关,也与决策问题所拥有的知识和信息有关。研究发现,被试者的自我评价越高,做事越果断,其从众性越低。知识和信息的缺乏,会降低消费者对决策问题的自信心,从而提高其从众倾向。

旅游者的自我介入水平。如果旅游者对某一问题尚未表达意见和看法,他在群体压力下有可能作出和大家一致的意思表示。但如果他已经明确表达了自己的态度,此时如果屈服于群体压力而从众,他在公众面前的独立性和自我形象均会受到损害。在这种意识下,他会产生抗拒反应,从而不轻易从众。

旅游者对群体的忠诚程度。个体对群体的忠诚程度是由群体的吸引力与个体的需要两方面因素所决定。当旅游者强烈地认同某一群体,希望成为它的一部分,那么与群体保持一致的压力会越大。相反,如果他不喜欢这个群体,或认为该群体限制了他的社会生活,从众的压力就会降低。

心理学研究表明,一个人的习惯、爱好以及思想行为准则,不是天生就有的,而是在后天的社会活动中,受外界影响逐渐形成的。在各种外界影响中,参照群体对消费心理与行为有着至关重要的影响。

(四)参照群体

参照群体又称相关群体、榜样群体,最初由西方学者海曼提出,是指一种实际存在的或想象存在的,可作为个体判断事物的依据或楷模的群体,它通常在个体形成观念、态度和信仰时给人以重要影响。

对旅游者影响较大的参照群体是亲朋好友、单位同事,也可以是联系密切的某些社会团体,或较少接触但羡慕并愿意模仿的社会群体。

参照群体对个人的影响在于,个人会以参照群体的标准、目标和规范作为行动指南,将自身的行为与群体进行对照。如果与群体标准不符或相悖,个人就会改变自己的行为。由此,参照群体的标准、目标和规范会成为个人的"内在中心"。

旅游者的参照群体的类型通常有三种类型,即准则群体、比较群体和否定群体。

准则群体。是指人们所希望或愿意参加的一种群体。这种群体的价值观念、行为准则、生活方式、消费特征等是人们赞赏、推崇并愿意效仿的。通常这种群体对旅游者的影响最大。

比较群体。是人们并不希望或并不愿意加入的一种群体,而仅把它作为评价自己身份与行为的参考依据。比较群体对旅游者行为的影响带有较大局限性。

否定群体。是人们对其持否定态度、加以反对的一种群体。对于这种群体的某些方面,人们是不赞同或厌恶的。旅游者通常不会购买那些与否定群体典型表征有关的产品,以此表明与这类群体划清界限,不愿与其为伍。

1. 影响旅游者的主要参照群体。

家庭成员。这是旅游者最重要的参照群体,它包括了旅游者的血缘家庭和婚姻家庭的成员。家庭成员的个性、价值观以及成员之间的相互影响,形成了一个家庭的整体风格、家风和生活方式,从而对旅游者行为起着直接的影响作用。

同学和同事。由于长时间共同学习或在同一组织机构中合作共事,旅游者常常受到来自同学或同事的影响。

社区邻居。旅游者受传统习俗影响,比较注重邻里关系,尤其居住条件比较拥挤的居民,邻里往来更为密切。在旅游消费活动中,左邻右舍的旅游消费倾向、价值评价、选择标准等,往往成为人们重要的参照依据。

亲戚朋友。这也是影响旅游者行为的主要参照群体。在某些情况下,由于具有共同的价值取向,朋友的看法往往更具有说服力。

社会团体。各种正式和非正式的社会团体,如党派、教会、书法协会、健身俱乐部等,也在一定程度上影响着旅游者的旅游决策行为。

名人专家。如政界要人、专家学者、影视明星、优秀运动员、歌唱家、著名作家,以及那些受到人们崇拜和爱戴的权威人士,都可能成为旅游者的参照系。

2. 参照群体的心理作用机制。

参照群体对旅游者行为的影响是在一定心理机制的作用下发生的。具体作用形式包括以下几方面:

模仿。模仿是指个人受非控制的社会刺激引起的一种行为反应,这种行为反应能够再现他人特定的外部特征和行为方式。研究表明,旅游消费者之所以发生模仿行为,是由于人的本能、先天倾向,以及社会生活中榜样影响的结果。在榜样的影响下,旅游者不仅模仿了某种行为方式,而且会形成共同的心理倾向,从而表现出旅游观念、兴趣偏好和态度倾向的一致。

暗示。暗示是在无对抗条件下,用含蓄间接的方法对人们的心理和行为产生影响,从而使人们按照一定方式去行动,并使其思想、行为与提示者的意志相符合。影响暗示作用的最主要因素是暗示者的数目。只要众多暗示者保持一致,就会形成一种强大的驱动力量,推动引导个人行为服从群体行为。

情绪感染与循环反应。情绪感染是循环反应最主要的机制之一。它的作用表现为一个循环过程。在这一过程中,别人的情绪会在个人心理上引起同样的情绪,而这种情绪又会加强他人的情绪,从而形成情绪感染的循环反应。群体行为即是循环反应的结果。循环反应强调群体内部成员之间的互动。因此,群体气氛、群体中的价值观念、行为规范等,都会直接影响每个成员的思想、态度和行为。

行为感染与群体促进。个人虽然已经形成某种固定的行为模式,但在群体条件下,由于群体规范和群体压力的作用,会使某些符合群体要求的个人行为得到表现和强化,而另一些不符合群体要求的行为则受到否定和压抑。为了减少来自群体的心理压力,个人必须服从群体的要求,被群体行为所感染。

认同。认同是一种感情的移入过程,是指个人在社会交往中,被他人同化或同化他人。任何群体都有为多数成员共同遵从的目标和价值追求。个人作为群体内部的成员之一,在与其他成员的互动交往中,会受到这一共同目标和认识的影响,从而产生认同感。认同感往往通过潜移默化的方式发生作用,使人们的认识和行动趋于一致。

3. 参照群体对旅游者行为的影响。

对旅游者购买投向的影响。参照群体的消费特征会直接影响旅游者的购买投向。例如,现在旅游的人越来越多,一方面反映了现代人追求高质量生活方式的渴望,另一方面,也有相当一部分旅游者是因为受到环境影响或艳羡他人而加入旅游行列的。

对旅游者所选旅游目的地特征的影响。参照群体的消费标准会影响旅游者对旅游目的地的选择。例如,特殊的消费者群体——白领阶层,位于富豪与工薪阶层之间的他们在消费上形成了独特的风格和特点,他们消费时讲究生活品质,喜欢高档、个性化的旅游线路,他们往往是新型高层次旅游线路的早期购买者,经常成为社会上某种商品流行的先导。其他旅游者则追随其后,仿效他们的消费行为。

对购买行为的社会评价的影响。在旅游消费中,旅游往往具有社会评价意义,即可以成为社会地位、身份的象征。同一群体的人们通过特定商品的消费,能够显示出他们共有的观念和行为特征。在参照群体的影响下,旅游者通常通过对不同风格、档次的旅游线路的选择,使自己的旅游消费行为具有某一群体的特征。这一表现实际上是人们自觉接受群体诱导的结果。

练习思考

1. 态度包含什么成分,具有哪些功能?
2. 论述旅游态度的形成与改变机理。
3. 旅游偏好是如何形成的,与旅游态度有什么关系?
4. 群体规范如何影响旅游者行为?
5. 论述社会影响与旅游行为的关系。

实训练习

查找相关资料,对比分析不同类型的旅游者的旅游偏好的形成。

案例分析

台湾太鲁阁"国家公园"旅游者的生态旅游态度

随着赴台旅游的火热兴起以及 2008 年开放大陆居民去台观光旅游,赴台旅游的旅游者人数大幅增长。其中,台湾"国家公园"扮演着重要的角色。台湾"内政部"营建署的统计数据显示,到台湾各"国家公园"的旅游者人次 2010 年已达到 1666 万人次。作为台湾八大"国家公园"之一的太鲁阁"国家公园"成立于 1986 年,位于台湾东部,东临太平洋,西接雪山山脉,南为木瓜溪流域,北以南湖山棱为屏,横跨花莲县秀林乡、南投县仁爱乡、台中县和平乡,总面积约 9.2 万公顷。2010 年游客量达到了 3938518 人次,接近 400 万,占总旅游人次的 23.6%。太鲁阁"国家公园"在台湾"国家公园"中扮演的角色不言而喻。

一、研究方法

过去大量的研究都集中在居民的态度对生态旅游的发展所起的作用,很少研究旅游者的态度对生态旅游的发展所起的作用。研究将从可持续发展的角度,从保护自然资源、维系文化传统、促进社区永续发展、让相关利益关系人参与生态旅游规划与管理四个具体的方面来探讨旅游者对生态旅游的态度与认知。旅游者对生态旅游的态度会直接或间接地影响自然环境的质量。因此,了解旅游者对生态旅游的态度有助于政府和相关单位推动生态旅游,与旅游者更好地沟通和联系,保护生态环境资源,取得生态旅游资源保护与开发之间的平衡。

该研究首先应用因子分析法(Factor Analysis, FA)萃取出旅游者对太鲁阁"国家公园"的生态旅游态度因素,利用集群分析法(Cluster Analysis, CA)划分出不同生态旅游态度群体,利用旅行成本法(Travel Cost Method,TCM)中的 On-Site Poisson 模型建构太鲁阁"国家公园"游憩需求模型。然后分析影响旅游者游憩需求的相关因素,推估不同生态旅游态度群体的价格弹性、收入弹性与游憩效益。

旅行成本法虽然是一种最古老的评估资源非使用价值的方法,但是迄今为止,关于总旅行成本的组成部分的处理、时间价值的考虑与否、旅游距离测量的处理、旅游需求模型的选择、国外旅游者的处理、替代旅行地的处理等问题,学术界还没有达成一致意见。该研究中,太鲁阁"国家公园"的总旅游成本包括时间机会成本、交通成本与本次旅游支出。

时间的机会成本=停留时间×工资率×0.5。其中,停留时间=到旅游地的交通时间+在旅游地的停留时间=到旅游地的距离/开车时速(假设 80 千米/小时)+在旅游地的停留时间;工资率=月薪/240;到旅游地的距离用 Urmap 来测量;0.5 由切萨里(Cessaria)在 1976 年提出。

交通成本=直接成本+间接成本。直接成本=到旅游地的距离/燃油效率×问卷访问期间的油价。其中,燃油效率以《2010 年台湾地区自用小客车使用状况调查》的一般道路(视为本县市)每升 9.2 千米及高速、快速道路(视为外县市)每升 11.8 千米的平均 10.5 千米为准;问卷访问期间,当时各种汽油(92、95、98 无铅汽油)平均每升为 30.03 元。

间接成本=到旅游地的距离×(燃料费+保养维修费+停车费+保险费)。其中,《20 年自用小客车使用状况调查报告》公布燃料费、保养维修费、停车费、保险费分别为每千米需 3.24 元、1.09 元、0.54 元与 0.59 元。

旅游支出方面包括食宿、参与活动、购买纪念品等。另外,该研究选择的是 On-Site Poisson 模型。在国外旅游者的处理上,估算的是旅游者从桃园机场到太鲁阁"国家公园"的距离。如果考虑到替代旅行地的花费,在统计上,会造成多重共线性问题;并且对生态旅游者来说,每个"国家公园"都有其独特的生态系统,不具有替代性。因此,该研究没有选择替代旅游地。

二、调查设计

该研究采取面对面、一对一随机抽样方式对旅游者开展问卷调查。2012 年 5 月 19 日为前期预调查,2012 年 5 月 24 日—5 月 27 日、6 月 1 日—6 月 3 日为正式调查,调查的时段为 10:00—17:00,调查对象为年满 20 岁的成年人。收集到的有效问卷为:前期预调查 49 份,正式调查 760 份。

旅游者生态旅游认知态度因子分析和集群分析依据之前的研究成果可知,旅游者对生态旅游认知态度的 17 个原始变量可萃取出"维系自然与文化资源"、"社区永续发展"、"降低游憩冲击"、"设定游憩承载量"四项生态旅游认知态度因素。依据因素分析所萃取出的因素,使用非阶层式 Kmeans 集群分析法,对持不同生态旅游认知态度的旅游者进行集群划分,可划分出"降低冲击群"、"多元重视群"和"关注薄弱群"三群,同时三集群有着明显的市场区隔。

三、数据研究

该研究中旅游需求的实证模型建立如下:TRIPS = f(COST, OTHERPARK, LNINCOME, GROUP, SCENERY, SATISFY, PERCEIVE, CLUS1, CLUS2),其中,TRIPS 代表受访旅游者最近一年(含本次)到太鲁阁"国家公园"的次数;COST 包含时间的机会成本、交通成本及相关支出,单位为新台币元;OTHERPARK 为虚拟变量,代表一年内是否到过其他"国家公园",是为 1,否为 0;LNINCOME 为受访旅游者的月收入,并取对数;GROUP 为虚拟变量,代表是否曾参加过环保团体或相关的活动,参加过为 1,没有参加过为 0;SCENERY 代表到太鲁阁"国家公园"是否以欣赏自然风景为目的,是为 1,否为 0;SATISFY 代表受访者对太鲁阁"国家公园"的整体满意程度;PERCEIVE 代表受访者对太鲁阁"国家公园"的知觉价值的评价;CLUS1 为具有不同生态旅游态度群体的虚拟变量,多元重视群为 1,其他为 0;同样 CLUS2 为具有不同生态旅游态度群体的虚拟变量,降低冲击群为 1,其他为 0。其中,SATISFY 和 PERCEIVE 采用 1—10 分衡量,分数越高代表受访旅游者对太鲁阁"国家公园"有较高的整体满意度和知觉价值。显然,在以上 9 个变量中,

COST，OTHERPARK，LNINCOME 为旅游成本和社经变量；GROUP，SCEN-ERY，SATISFY，PERCEIVE 为旅游者特质与认知变量；CLUS1，CLUS2 为旅游者生态旅游态度集群变量。

表 8.1　太鲁阁"国家公园"旅游者 On-Site Poisson 旅游需求估计结果

变量类别	变量	评价系数
旅游成本与社经变数	常数项	$-1.86(-4.26)$ ***
	COST	$-1.00\text{E}-03(-32.58)$ ***
	OTHERPARK	$0.09(2.15)$ **
	LNINCOME	$0.28(7.84)$ ***
特质与认知	GROUP	$0.35(8.63)$ ***
	SCENERY	$0.13(2.05)$ **
	SATISFY	$5.08\text{E}-02(2.69)$ ***
	PERCEIVE	$8.85\text{E}-02(5.82)$ ***
生态旅游发展态度集群	CLUS1	$4.51\text{E}-02(0.56)$
	CLUS2	$0.56(7.36)$ ***
对数似然值		-4560.529
限制性对数似然值		-5717.222
卡方值		2313.386 ***

注：括号内为 t 值，*** 表示在 1％的显著水平下显著，** 表示在 5％的显著水平下显著，* 表示在 10％的显著水平下显著。

从 On-Site Poisson 模型估计结果可看出（见表 8.1），COST 的系数值为负且 t 值具有 1％的显著性，明显看出受访旅游者前往太鲁阁的旅行成本越高，旅游次数越少。OTHERPARK，LNINCOME，GROUP，SCENERY，SATISFY，PER-CEIVE，CLUS2 的系数值为正且具 t 值 1％或 5％的显著性，表明去过台湾其他"国家公园"的旅游者，收入越高的旅游者，参加过环保团体或相关活动的旅游者，以欣赏自然风景为目的的旅游者，感到整体满意的旅游者，感到物超所值的旅游者，重视降低游憩冲击的旅游者，去太鲁阁的旅游次数会越多。同时也在说明认为生态旅游的发展应该降低游憩冲击的旅游者，对太鲁阁"国家公园"有较高的旅游需求，相关单位在推广生态旅游时可将旅游者类群聚焦在"降低冲击群"，同时应使更多的旅游者成为此群体中的一员。

从不同生态旅游认知态度集群游客的价格弹性与收入弹性估计结果中可看出（见表 8.2），价格弹性和收入弹性在三种不同生态旅游态度集群旅游者之间并没有显著差异，说明去太鲁阁"国家公园"的旅游者不受价格调整和所得高低的影响，这可能与太鲁阁"国家公园"不收门票，台湾地区人民生活水平比较高有关。

表8.2　不同生态旅游发展态度集群旅游者之价格弹性与所得弹性之估计结果

项　　目	多元重视群 (n = 375)	降低冲击群 (n = 314)	关注薄弱群 (n = 71)	F 值	显著值
价格弹性	−1.6967	−1.5980	−1.3926	1.578	0.207
收入弹性	2.0542	2.0116	1.8654	0.925	0.397

从是否参与过环保团体或相关活动的旅游者的需求价格弹性与需求收入弹性估计结果来看（见表8.3），环保经验的有无，对于价格弹性与收入弹性都有明显的差异（分别为10％显著与5％显著），代表有环保经验的旅游者比没有该经验的旅游者更不会受到价格调整与所得高低的影响，进而影响前往太鲁阁"国家公园"的意愿与次数，这也是太鲁阁"国家公园"管理处为发展生态旅游制定对策的依据。太鲁阁"国家公园"不收取任何准入费用，使得游憩区的收益无法表征其游憩价值。为了促进太鲁阁"国家公园"的可持续发展，让公园内的自然资源和文化资源得到合理的开发和保护，对资源的游憩价值进行核算是必要的，该研究的结果将会为制定合理的准入费用机制提供依据。

表8.3　是否参与过环保团体或相关活动的旅游者之价格弹性与所得弹性估计结果

项　　目	否	是	t 值	显著值
价格弹性	−1.6929	−1.4823	1.952	0.051*
收入弹性	2.0739	1.8969	−2.095	0.036**

四、研究结论

从 On-Site Poisson 游憩需求模型的估计结果来看，太鲁阁"国家公园"游憩需求较高的旅游者的特征为：去过台湾其他"国家公园"，收入较高，参加过环保团体或相关活动，以欣赏自然风景为目的，对环境和服务整体满意，感到物超所值，重视降低游憩冲击的旅游者。该研究将生态旅游态度群体纳入 On-Site Poisson 游憩需求模型加以估计，降低冲击群旅游者前往太鲁阁"国家公园"的旅游次数较多，年游憩效益也是最高该研究同时将有无参加环保团体或相关活动纳入到 On-Site Poisson 游憩需求模型加以估计，参与环保团体相关活动的旅游者比没有参与环保团体或相关活动的旅游者前往太鲁阁"国家公园"的平均旅游次数多，年游憩效益也比较高，且不容易受到价格弹性和所得弹性的影响。这可能与台湾 2011 年通过

"环境教育法"有关,通过环境教育,将会使更多的旅游者参与到环保团体及相关活动中来,同时太鲁阁"国家公园"旅游者的游憩需求也会相应增加。

案例来源:申韩丽、李俊鸿、贾竞波:《台湾太鲁阁"国家公园"游客生态旅游态度与游憩需求探讨》,《安徽农业科学》,2013年第12期,第5428—5432页。

案例讨论

1. 案例中旅游者的生态旅游态度有何特点?
2. 旅游者的生态旅游态度对旅游景区有何意义?
3. 研究旅游者的生态旅游态度的量化研究方法有哪些?

案例点评

旅游地居民对旅游发展的态度

一、案例选择

张家界作为湖南省的一个品牌旅游景点,有其独特之处。作为中国首个国家森林公园,它以丰富的植物资源、珍稀的动物资源和独特的石英砂岩峰林景观,于1992年被联合国科教文组织列入《世界自然遗产名录》。从1992年开始,在经历了20多年的发展后,已成为融自然与人文景观于一体,极具吸引力的旅游景点。然而,近年来张家界出现部分居民只注重旅游所带来的经济收益而忽视了旅游者的旅游满意度和当地旅游业可持续发展。针对这个问题,本文选择张家界旅游景点作为调研对象,通过对居民对旅游的感知度和满意度以及对于旅游经济收益的态度等维度的调查,了解居民的真实感受,并依此为样本依据,实证研究出现此问题的原因,并试图找出解决方案,为张家界的旅游发展提供改善建议。

根据以往研究基础,假设旅游地居民对旅游的感知度和满意度会对其经济收益、发展前景和文化设施等三方面的态度产生影响,通过构建结构方程模型研究三者之间的相互关系。通过研究当地居民旅游的感知度和满意度对居民态度的影响机制,为当地政府解决当地居民只注重经济收益而忽视旅游业可持续发展的问题提供参考。

二、调查方法

此研究的主要方法是走访当地居民进行问卷调查。调查时间是2012年11月。调查问卷是结合国内外的研究经验以及调研地点的特色进行设计,该问卷内容除了被访问者及其家庭基本情况和他们各自的社会属性,包括年龄、性别、教育水平、是否参与旅游经营以及当地居民参与旅游业的基本情况外,还包括调查居民对于旅游的感知度和满意度以及居民对旅游产业的态度,主要由居民对于旅游产业带来的经济效益、旅游产业未来发展和游客满意度、传统文化和交通设施等方面组成。共给当地居民发放问卷300份,回收有效问卷264份。被调查对象中男性134人,女性130人,深度访谈10人,男女比例适当,使调查结果更具有说服力。

三、数据指标

为了更好地研究分析旅游地居民对于旅游的满意度、感知度和态度之间的关系,本文把问卷选项分为这三方面共28个指标,1—7项指标是被调查对象的基本情况,如性别、年龄、文化程度、当地居住时间、从事职业是否与旅游业有关、是否参与旅游经营、参与旅游经营的时间等。8—15项指标是关于外国旅游者和旅游经营收入方面的问题,答案有空缺,为了不影响实证研究的信度和效度,本文不把8—15项指标列入研究的指标范围内,主要分析16—28选项方面的数据指标。

问卷的选项采用李克特量表法,从完全同意(计1分)到完全不同意(计5分)分为五个度量,让受访者明确表达其态度,并计算均值。以1—2.4,2.5—3.4,3.5—5三段划分平均值,分别表示同意、中立、反对。对于变量:X16表示发展旅游业后,就业机会比以前增多了;X17表示旅游使当地老百姓收入增加,生活大为改善,居民基本表示赞同,表明居民对当地旅游满意度较高;X18表示旅游收益大多数被外来经营户获取;X19表示招商引资固然重要,但应该合理限制外来经营者的数量,居民持中立态度;X20表示发展旅游后,当地物价明显上涨,居民表示赞同,表明当地居民对旅游经济效益的态度比较注重;X21表示由于旅游开发,民俗表演已经没有了原来的内涵与功能,商业味道很浓;X22表示由于旅游开发,现在的一些民俗与以前相比有了很大的改变;X23表示由于旅游开发,民族传统食品与过去相比有了变化;X24表示旅游发展对居民生活产生较大影响,均值为2.3—2.4,表明居民基本都表示赞同,旅游发展对当地居民的生活习惯、民俗文化产生较大影响;X25表示根据旅游者需要,对传统文化做一些适当的改变是有必要的;X26表示旅游开发使公路等交通条件改善了,均值都小于2.4,表明居民对于旅游改变文化设施方面持肯定态度;X27 表示不管旅游业发展,趁现在有机会抓紧挣钱,均值为 2.95,表明居民持中立态度;而 X28 则表示只要有钱赚就行,旅游者满意不满意是次要的,均值为 3.58,表明居民持否定态度。

四、因子分析

为了解释旅游地居民旅游的感知度、满意度对旅游态度的关系和影响机制,本文利用探索性因子分析研究旅游地居民对旅游的感知度、满意度及态度的不同维度因子,在探索性因子分析结果的基础上,进一步提出研究的理论模型和假设。具体见表 8.4。

表 8.4　旅游地居民感知度、满意度及形成态度因子分析

潜变量	可测变量(提取的因子)	均值	因子载荷	贡献率(%)	累计贡献率(%)	信度
F1:旅游感知度	X21 由于旅游开发,民俗表演已经没有了原来的内涵与功能,商业味道很浓	2.33	0.63	26.99	26.99	0.717
	X22 由于旅游开发,现在的一些民俗与以前相比有了很大的改变	2.23	0.83			
	X23 由于旅游开发,民族传统食品与过去相比有了变化	2.28	0.79			
F2:旅游满意度	X16 发展旅游业后,就业机会比以前增多	2.14	0.86	15.07	42.06	0.80
	X17 旅游使当地老百姓收入增加,生活水平改善	2.11	0.88			
F3:旅游经济效益态度	X18 旅游收益大多数被外来经营户获取	2.51	0.79	10.72	52.78	0.712
	X19 招商引资固然重要,但应该合理限制外来经营者的数量	2.53	0.75			
	X20 发展旅游后,当地物价明显上涨	1.94	0.56			
F4:旅游发展态度	X27 不管旅游发展,趁现在有机会抓紧挣钱	2.95	0.9	8.83	61.61	0.703
	X28 只要有钱就行,旅游者满意是次要的	3.58	0.82			
F5:旅游文化设施改变态度	X25 根据旅游者需要,对传统文化做一些适当的改变是有必要的	2.45	0.85	7.75	69.35	0.744
	X26 旅游开发使公路等交通条件改善了	1.97	0.68			

根据上述数据指标分析结果,旅游地居民对于旅游的感知度基本持肯定观点,表明当地旅游发展对居民生活和当地民俗习惯确实产生了影响。对于潜变量 F2 的两个可测变量,均值小于 2.4,表明居民对当地旅游发展基本满意。这两个指标对居民旅游态度的形成会产生不同的影响,而居民对于旅游发展的态度比较复杂,对于旅游产业各个方面可能持不同态度,这可以从潜变量 F3—F5 的均值体现出来。因此,文章把旅游地居民态度分为对旅游经济效益、旅游发展和旅游文化设施改变态度三个方面。通过建立如图 1 所示的结构方程模型,考虑旅游地居民感知度和满意度对这三个方面的态度影响机制。

　　五、研究结论

　　实证研究得到的结果表明,旅游地居民对旅游态度的形成受其对旅游感知度和满意度的影响,旅游地居民感知度对其所形成的经济收益态度的影响作用比较明显,而满意度主要对其文化设施方面的影响比较显著。因此,当地旅游局应该充分考虑当地居民的感知度和满意度,针对其感知度和满意度变化,对旅游收入合理分配,有针对性地引导和改变旅游地居民对于旅游经济和旅游文化发展的态度,有效减低旅游发展对当地民俗文化的冲击,以得到当地居民的支持。

　　研究发现,旅游感知度和满意度对旅游发展态度的影响较小,这一结果与本文结构方程模型假设有出入,然而由这一结果可知,居民对忽视旅游发展和旅游者满意度的态度形成并非由居民感知度和满意度决定的。因此,政府可以通过宣传教育提高当地居民对于旅游发展前景和旅游者满意度的重视程度;另外可以通过奖励方式鼓励旅游地居民优先考虑旅游者满意度,同时告知旅游产业未来发展对当地居民的益处,促使居民把眼光放远,更加关注旅游产业未来发展,从而能保证旅游经济效益的持续发展和提高。

　　研究结果表明,旅游地居民除了比较关注旅游发展带来的经济效益外,还比较关注旅游发展对当地传统民俗文化冲击的影响和对当地交通等公共服务设施的改善。因此,当地旅游局要得到旅游地居民的支持,在开发拓展旅游项目时,应该考虑适度保护和弘扬当地的民俗和传统文化以及传统饮食等。同时加大投资力度,完善交通设施等公共服务的建设,在吸引旅游者的同时,也为当地居民谋福利。

　　案例来源:崔曦、麻学锋:《旅游地居民感知度、满意度对其旅游态度的影响机制——以张家界为例》,《西安财经学院学报》,2014 年第 7 期,第 91—96 页。

点评：

　　态度的形成受到多方面因素的影响。案例中，旅游地居民对旅游态度的形成受其对旅游感知度和满意度的影响，旅游地居民感知度对其所形成的经济收益态度的影响作用比较明显。态度与行为既有一致性，也有不一致性。态度形成之后不是不可以改变。案例中，当地政府的政策可以引导居民态度的转变。加强信息交流是引导态度改变的重要变量。

下篇　旅游服务心理

第九章
旅游活动中的互动心理

核心提示

服务业的范围极其广泛。由于服务是一种特殊产品,服务市场中消费者的心理与行为具有不同的特点。旅游服务态度、服务技术、服务语言、服务时机都具有不同的心理功能。旅游者的消费心理具有共性,旅游者在旅游活动的不同阶段具有不同的心理。研究旅游者的投诉心理,有利于提高旅游者的满意度。

学习要点——1.旅游活动中的互动交往的基本内涵和心理特点;2.旅游者消费心理的共同特征;3.旅游者的投诉心理;4.旅游者的满意度;5.旅游工作者的心理素质和职业意识;6.旅游工作者的心理健康及其维护。

基本概念——服务、心理契约、需求心理、客我关系、投诉心理、满意度、职业意识。

第一节　服务及服务心理

旅游业是借助风景、酒店来出售服务的。只有充分理解旅游者的角色特征,掌握旅游者的心理特点,提供令旅游者舒适和舒心的服务,才能打动旅游者的心并赢得旅游者的认可。

一、服务的基本内涵

服务与物质产品一样,虽然无法触摸,但由于服务能为消费者提供一定的利益,因此,服务提供者可以通过交换获得报酬。而对于消费者来说,由于服务的特殊性,购买服务比购买物质产品有更大的风险。

（一）服务业的划分及范围

近年来迅猛发展的服务业,尤其是现代服务业的发展,已不能用低收入及低技术水平的工作来准确地概括服务行业。1985 年国务院批准的《国家统计局关于建立第三产业统计的报告》对服务业的层次进行了划分(见表 9.1)。

表 9.1　服务业层次的划分

层　次	性　质	服　务　行　业
第一层次	流通服务业	商业、餐饮业、仓储业、运输业、交通业、邮政业、电讯业等
第二层次	生产和生活服务业	金融业、保险业、房地产业、租赁业、技术服务业、职业介绍、咨询业、广告业、会计事务、律师事务、旅游业、娱乐业、美容业、修理业、洗染业、家庭服务业等
第三层次	精神和素质服务业	文艺、教育、科学研究、新闻传媒、图书博物、出版、体育、医疗卫生、环境、宗教、慈善事业等
第四层次	公共服务业	政府机构、军队、检察院、法院、警察等

服务业又称第三产业,它的范围取决于三大(或三次)产业的划分。根据联合国有关组织对三大产业的划分,服务业的范围,包括除第一大产业和第二大产业以外所有的行业。可见,服务业的范围是极其广泛的。

（二）服务的含义及特点

1. 服务。

服务是依托一定的设施为顾客提供的满足其功能需要和精神需要的有形产品和无形产品的综合价值。任何一种服务都是由多种要素组合而成的。依据服务管理的理论,服务的构成通常分为四个部分:

支持设施。指在提供服务前必须具备的物质资源,例如,客房设施、餐厅设施、游乐设备、交通设施等。

辅助物品。指顾客购买和消费的物质产品、顾客自备的物品,例如,食物、零部件、法律文件、餐具、其他用具等。

显性服务。指可以用感官察觉到的和构成服务基本或本质特性的利益,例如,饭菜味道很好、客房很舒适、玩得很舒心等。

隐性服务。指顾客能模糊感到服务带来的精神上的收获,或服务的非本质特性,例如,在五星级饭店住宿和进餐所带来的身份感、坐头等舱的感觉、出国旅游的社会地位感等。

服务提供给顾客的利益大致可以分为两大方面,即功能价值和心理价值。按照在服务中两部分所占比例的多少,可以把服务划分为功能服务、混合服务和心理服务。

2. 服务的特点。

产品的无形性。服务具有非实体性,即服务产品的本质是抽象的、无形的,因此,服务的创新没有专利。对于服务产品的购买,消费者必须依赖服务企业的声誉,或者只能在消费后才能体验到。因此,旅游者常常是在购买一个承诺,一种体验,一种经历。因此,服务产品也无法退换。

产销同时性。服务产品的生产、销售和消费是同时进行的,其生产和消费是不可分割的活动,因而服务产品不能贮存。这就使得服务业不能像制造业那样依靠存货来缓冲或适应需求变化,而且,在制造过程中,存货还可以用来分离生产工序,对服务业来说,这种分离是通过顾客等候实现的。服务产品的产地和销地也具有不可分割性,通常不能像有形产品一样,在某一地点集中生产而在各地分散消费,因此,企业提供的服务产品的质量取决于其雇员的质量。

产品易消失性。服务产品是易逝的产品,极易发生机会损失。由于服务不能贮存,如果没有使用的话,就将永远失去服务产品的销售机会。

顾客参与性。服务产品的生产是发生在服务设施环境中的。如果服务设施的设计符合消费者的需要,就可以提高服务质量。对装饰、布局、噪音以及色彩的关注能够影响消费者对服务产品的感知,而且,消费者可以以自己的偏好来影响服务产品的生产。服务产品提供的场所常常由消费者决定,所以,在确定服务场所时必须考虑设施的固定成本和顾客的路程成本。

质量的易变性。服务是由人来实施的,所以服务产品具有高度的可变性。不同的人或者同一个人在不同的时间里,所提供的服务不可能完全一样。服务产品由于是员工直接面对消费者,是企业和顾客唯一的接触媒介,控制不良服务的发生就非常困难,通常管理者只能充当事后诸葛或救火队员的角色。

产出衡量的困难性。衡量服务产品的产出没有统一的标准。通常可以从量和质两个方面进行业绩评估。量的方面可以包括员工在单位时间和消耗内所服务的顾客的数量和创造的利润;质的方面是指测量顾客从开始接受服务到服务结束这个过程中的变化,一切以顾客的主观感受为准。前一种方法使用起来客观方便,但忽视了服务的特殊性。后一种方法充分考虑到了服务的特殊性,但使用起来成本高且难以把握,主观性强。

二、服务市场中消费者的心理与行为

(一)服务市场中消费者心理契约的形成

心理契约的概念源于组织行为学的研究,是指以承诺为基础的义务或责任观。近年来,部分学者将心理契约研究扩展到服务管理和营销渠道管理等领域。心理契约是服务市场中的一个内生变量,它是消费者对服务企业许诺义务或责任的感知或信念,有利于降低消费者的感知风险,促进他们的消费行为。

在服务市场中,交易之所以能够进行,就是因为顾客感受到企业或隐或明的承诺,对企业产生了售后保证、人格尊重及其他无形关怀方面的心理期望,这就是企业与顾客互动过程中生成的心理契约。一旦一方作出某种承诺,这种承诺就成为一种感知义务或责任,它将使人们相信能从这种互动关系中获益,此时就产生了心理契约。

因此,服务市场中的消费者心理契约可以理解为:消费者对自己与服务企业之间互惠义务或相关责任的感知,它包括交易心理契约和关系心理契约两个维度。交易心理契约是指某一有限时期内的具体的、可货币化的交换,关注的是具体、短期的经济交互关系;关系心理契约则来自较高卷入水平的情感投入,更多地关注广泛、长期的情感交互关系。

消费者心理契约作为顾客和服务企业之间互动的结果,其形成过程可分为初期、中期和后期三个阶段,并受到三大因素的影响:一是消费前的信息接触,即消费前企业通过宣传等途径传递的信息,它是心理契约的形成基础;二是销售过程中对心理契约的再定义,即在交易过程中,通过双向沟通使心理契约清晰化;三是消费后对心理契约的调整,即企业根据消费者的需要,提供必要的售后服务及补偿服务,会影响消费者最终的心理契约的稳定。

1. 心理契约形成初期。

在服务市场中,消费者在消费前,就会根据企业通过广告、口碑等形式所做的承诺,而形成一种预期和消费信念。广告是服务企业向顾客作出显性或隐性承诺的主要表现之一,是影响顾客心理契约初步形成的关键因素。

2. 心理契约形成中期。

在服务消费过程中,消费者会继续收集新的信息并进行比较和验证,而矛盾的信息极易与顾客的心理预期产生抵触。在这一阶段,服务质量和服务公平性是影响心理契约形成的关键因素。

在消费之前,消费者可能对服务产品缺乏必要的认识,此时心理契约并不一定存在。但在与服务人员的服务接触互动过程中,期望和实际感知服务质量之间的差异,就会导致消费者心理契约的变化。在服务环境、服务设施、服务程序和服务人员等服务质量的诸多方面,企业与消费者都很难作出明确的事先约定,而这些又正是消费者心理契约的主要内容。在服务消费过程中,企业在上述方面如能达到甚至超过消费者的心理预期,就会促进心理契约的形成和强化;而由于服务企业过度承诺等原因,所产生的消费者过高服务期望,则会导致心理契约的弱化甚至拒绝。

公平是影响心理契约形成的关键变量,消费者感知到服务企业对其回报的公平性将会影响他们的心理和行为。消费者对服务过程、服务结果和服务人员的态度和行为公平性的感知,将会影响他们的心理契约。

3. 心理契约形成后期。

消费者在购买和消费服务之后,如果感觉满意,就会与服务企业形成初步的心理契约。但与此同时,由于并不是所有与售后服务有关的内容都有正式契约或明文规定,消费者还会对售后服务形成一定的心理契约,如对顾客投诉的响应速度和处理态度等方面的心理预期。因此,售后服务质量对能否保持消费者心理契约的动态平衡非常关键。

(二)服务市场中消费者的行为特征

由于服务产品所具有的不同于有形产品的特征,因此,服务产品的购买也就不同于有形产品。消费者在购买服务产品时的角色特点表现为具有优越感、情绪化、享受心理,其行为特征受到服务产品特点及其自身角色特点的影响。

1. 搜集信息的方法。

服务市场消费者主要通过人际交流来获取所要购买的服务产品的信息,而广告等媒体沟通手段相对不被服务消费者所重视。也就是说,在服务市场中,消费者更多的是依靠口中说出的话,而不是物质产品本身。因此,服务市场上的消费者可能在很大程度上依靠朋友和同事的推荐。

2. 对服务的风险知觉。

因为服务的生产与销售同时进行,因而消费者在购买服务产品时感知到的风险可能更大。这一方面涉及购买价格风险,另一方面更可能遇到的是功能风险和心理风险。这主要是由服务的无形性和易变性所造成的,特别是在专业的服务中,更容易出现这种情况。

消费者对服务的功能性风险的知觉也和消费者本人的期望有关。只有当消费者期望得到的利益与服务提供者真正提供的服务之间有距离的时候,消费者才会感知到风险。遗憾的是,这种距离在旅游消费中经常存在。

3. 对品牌的忠诚度。

由于购买服务具有更大的风险,因而消费者对品牌有更高的忠诚度。正因为如此,服务业的促销就比较难一些。消费者一般不会因为一个暂时的价格优惠而转向其他的不熟悉的服务产品提供商。所以,对服务业来说,鼓励已有的消费者保持品牌忠诚是可能的,但创造新的消费者就比较难。

4. 对服务质量的评估。

对服务企业来说,服务质量的评估是在服务传递的过程中进行的。在服务过程中,消费者与服务人员要发生接触。消费者对服务质量的满意可以定义为:将对接受的服务的感知与对服务的期望的比较。也就是说,当感知超出期望时,消费者就会认为质量很高,就会表现出高兴甚至惊讶;当没有达到期望时,消费者就会认为这种服务是不可接受的,就会表现出不满甚至愤怒;当期望与感知一致时,消费者就处于满意状态。

(三)旅游服务中的互动关系特征

所谓互动交往,是指旅游工作者与客人之间为了沟通思想、交流感情、表达意愿、解决在旅游活动中共同关心的某些问题,而相互施加影响的各种人际沟通过程。

互动交往的形式分为直接交往和间接交往两种。直接交往可以理解为运用人类自身的交际手段(语言、面部表情、身体语言),面对面地心理接触。间接交往是借助于书面语言、大众传播媒介或通讯技术手段所形成的心理接触。直接交往的优点是反馈迅速而清楚,间接交往的反馈联系则比较困难。

旅游服务中两种交往形式同时存在,多以直接交往为主,它是影响服务效果的主要因素。由于旅游服务是客我双方相互作用的过程,因此旅游工作者熟悉主客之间的角色关系、人际关系和旅游活动关系的全部内容,并努力创造和谐的交流气氛是提供优质服务的前提条件。旅游服务实践可以证明,主客之间只要宽容、谅解和友好,旅游者的陌生感和戒备心会很快消除,任何事情都更容易解决。

在旅游行业中,由于旅游服务提供者的特定角色以及客人所处的特定地位,决定了旅游服务与一般服务的不同。其特点如下:

互动交往的短暂性。旅游本质上就是旅游者暂时离开久居地点而在其他地方活动,加上旅游交通与市场经济的迅猛发展,使旅游者们穿梭般地往返各地,形成了旅游服务交往频率高、时间短的活跃局面,互动交往短暂性的特点愈加突出。旅游者在一个目的地逗留的时间不会很长,因而主客之间接触的时间也相应变得短暂,主客之间相互了解、沟通和熟悉的机会随之减少。

互动交往的公务性。在一般情况下,服务提供者与客人的接触限于客人需要服务的时间和地点,否则就是一种打扰客人的犯规行为。客人之间的接触也只限于公务而不涉及个人关系。主客之间若发生正常公务以外的往来,一般是不可取的。

互动交往的不对等性。在旅游活动中,主客之间的接触通常是一种不对等的过程。所谓不对等的接触,是指这种接触过程中只有客人对服务员下达指令、提出要求,而不存在相反过程的可能。不对等接触也表示服务提供者必须服从和满足客人的意愿和要求。因此,主客之间的不对等主要体现为客人的金钱与地位为一方面,服务提供者的技能与服务为另一方面,这两方面的关系是不对等的。

互动交往的兼顾性。在旅游活动中,一般情况下接待的是一些个性心理相异,具有不同消费动机和消费行为的旅游者个人,因此,在交往中依据每个旅游者个体的个性消费特征向他们提供服务,就成为交往的主要方面。但同时,旅游活动使得同一社会阶层、同一文化背景、相同或相似职业的人聚集在一起组成同质旅游团,在消费过程中便出现从众、模仿、暗示、对比等群体消费特征。因此,在互动交往中必须注意个体与群体的兼顾、个性与共性的兼顾。

三、旅游服务的心理功能

（一）服务态度的心理功能及改善

旅游服务态度是旅游工作者针对客人和服务工作状况产生认识评价、情感体验和行为倾向的心理过程,它对客人的心理和行为产生重要影响。服务态度对做好服务工作具有重要的心理功能,这已成为旅游界的共识。

1. 服务态度的心理功能。

由于态度方向和强度的不同,服务态度对客人的影响具体表现在以下两个方面。

一是正向功能:感召功能和感化功能。

服务态度的正向功能是良好的服务态度对客人所产生的吸引力,即感召功能和感化功能。感召功能与感化功能在心理作用上是相似的,只是感化功能轻于感召功能,感召功能犹如黏合剂,使客人和旅游工作者更加亲近。

感化功能与感召功能相比,虽不能使客人产生较强的趋向力,但它却能起到化解客人不满情绪和转变客人对企业和服务看法的作用。在旅游市场上,我们常见到某些客人对某些旅游产品并不十分满意,但由于旅游工作者的热情好客、诚恳待人之举,使得这些客人转变了看法,这就是态度的感化功能所起的作用。

二是负向功能:逐客功能和激化功能。

服务态度的负向功能是指低劣的服务态度作用于顾客所产生的恶劣后果。逐客功能是不良态度给客人造成的心理反感和心理威慑。旅游服务态度低劣,对客人不尊重,不一视同仁,甚至冷嘲热讽,挖苦斥责,出难题,设障碍,使客人失望而却步,把客人赶跑。激化功能是服务工作不热情、不主动、不耐烦,致使客人产生情绪波动,理智失控,心理冲突加剧。

2. 服务态度的改善途径。

旅游工作者怎样才能让客人感受到良好的服务态度?这个问题很复杂,它既涉及旅游工作者自身意识,也涉及社会和周围的环境条件。因此,必须综合考虑以下因素。

第一，建立良好的第一印象。

良好的第一印象是服务初始阶段的主要工作目标。由于旅游工作者与客人的交往一般都是"短"而"浅"的，所以客人的良好第一印象至关重要，它不仅能在服务工作一开始就给客人留下一个好印象，还为以后各阶段的服务打下了坚实的基础。

要建立良好的第一印象，提高旅游工作者的心理素质是关键。需要明确的角色意识，旅游工作者必须摆正自己在服务活动中的位置，要使旅游者感受到充分的尊重；需要敏锐的观察力和准确的辨别力，旅游工作者应用敏锐的观察力和准确的辨别能力，在与旅游者接触的较短时间内从旅游者的着装、表情、物品、语气、词汇、气质等方面作出准确的判断，从而决定具体技巧；需要出色的表现能力，旅游工作者与旅游者的交往是短暂的，旅游工作者要在接触的初期，通过第一时间的语言、表情和动作，把自己的专业能力和对旅游者的关心、体贴表达出来；需要较强的感染力，旅游工作者要想在服务初始阶段给旅游者留下良好的第一印象，必须情绪稳定、精神饱满、乐观开朗、表情可亲、语言精练、动作轻盈，要有端庄的仪表、优雅的姿态、诚挚的笑容、热情的语言和熟练的操作技能。

第二，不断自我提高。

旅游工作者要提高自己的文化修养、职业修养、心理素质。良好的心理素质，如忍耐力、克制力和稳定乐观的心境，能使一个人主动自觉地形成和保持良好的服务态度。通过各种途径的学习和培训，提升旅游服务工作者的技术含量和知识含量，从而提高整个行业的从业人员的素质，并努力探索服务创新的方法。

第三，完善服务行为。

旅游工作者的服务行为常表现在服务形象、服务举止和服务语言三方面。一是形象美，在给人们形成深刻印象的各种刺激中，视觉印象占大部分，而仪容仪表是形成视觉印象的主体。旅游工作者在和客人接触和提供服务时，首先给客人形成视觉印象的就是仪容仪表。二是举止美，旅游工作者站立姿势要挺直、自然、规矩，行走时要平稳、协调、精神。三是语言美，旅游工作者要有良好的语言表达能力，可通过语言表达来表示对客人的关心和尊重。

第四，改善服务环境。

环境影响情绪，情绪影响态度。良好的环境会使旅游工作者产生愉快的情绪，愉快的情绪会使旅游工作者表现出良好的服务态度。环境既包括物质环境，也包括人际环境。如果一个旅游企业自然环境差，设备简陋，用品陈旧，客流量大，工作无秩序,上下级之间不协调,同事关系紧张,必然会使旅游工作者情绪低落,极易将这种情绪转嫁给客人。

（二）服务技术的心理功能及其改善

服务技术是旅游工作者对服务知识和操作技能掌握的熟练程度。服务技术有高低之分,一般来说,服务技术水平高的旅游工作者,不仅有娴熟的操作技巧、高超的服务技艺,还有丰富的知识和信息。

1. 服务技术的心理功能。

一是对旅游者心理预期的影响。旅游者在接受服务前具有心理预期,购买服务时旅游者会将实际的服务和预期进行比较,实际的服务达到或者超过预期,会使旅游者在心理上产生满足感,反之则会产生不满。服务技术也会影响旅游者对以后得到服务的心理预期。服务技术高会提高旅游者对未来服务的心理预期,从而对服务提出更高的要求,而企业要满足提高了的心理预期就要付出更多努力。反之会降低预期,低至一定程度旅游者会放弃该服务。

二是对旅游者信任感的影响。服务技术的高低,也直接影响旅游者对旅游工作者和旅游企业的信任,丰富的服务知识和熟练的操作技能会使旅游者对服务结果和企业的管理水平产生信任。从而,旅游者的信任度和满意度会得到提升,也会认同所得到的服务的质量。

2. 提高服务技术的途径。

提高服务技术既是旅游企业管理的重点之一,也是旅游工作者自身发展的需要。旅游企业应当建立有效的激励机制、培训机制、考核机制,完善各种规章制度,创造良好的环境条件和竞争氛围,引导旅游工作者自觉学习,把强制提高和旅游工作者的自觉行动结合起来。

作为旅游企业的员工,则要努力提高自身的综合素质,端正对提高服务技术水平的态度,把在岗操作和岗下练习结合起来,把经验积累和书本知识结合起来,积极参加组织培训,主动学习和掌握相关专业知识,不断提高操作的熟练程度。

（三）服务语言的心理功能及其改善

对以语言交往为主要工作内容的旅游工作者来说,服务语言如何表达是事关服务质量的重大问题。

服务语言的心理功能是可以影响客人的情绪、态度和行为。服务语言不仅影响客人的心理和行为,也影响客人对服务质量的评价。在旅游服务中,服务语言应适当、得体、清晰、纯正、悦耳，这会使旅游者有愉快、亲切之感，反之，服务语言无礼、生硬、唐突、刺耳，客人会难以接受。强烈的语言刺激，很可能会引起客人强烈的不满和对抗，严重影响企业的信誉和客人对服务质量的评价。

旅游服务语言不同于一般的交流语言，它具有自身的行业特点。一是灵活性。旅游服务工作面对的是不同的客人，服务语言一定要因人而异。服务语言最基本的出发点就是尊重客人，只有语言符合客人要求，才会使客人有亲切、自然、顺耳、满意之感。二是专业性。旅游服务语言是典型的职业用语，它的语言主体大都由职业词汇构成。

总之，语言在塑造良好的服务形象，构建良好的客我关系中是极其重要的，旅游工作者可以通过训练来改进说话方式、速度、语调及词句的选择，使客人觉得和蔼可亲；也可以通过专门的培训和学习，掌握语言沟通技巧，发挥服务语言的积极功能。

（四）服务时机的心理功能及其改善

服务时机是指旅游工作者在某一次具体的服务过程中，为旅游者提供服务所选择的时间点。要想使服务达到最佳效果，必须把握好服务时机。

1. 服务时机的心理功能。

旅游者对自己得到的服务有非常明确的时间要求，虽然大多数人不会明确地在语言中表露出来，但他们在不同的时间和场合下得到的服务会有不同的心理感受，这种感受会通过神态、表情、行动表现出来。

一般来说，如果旅游服务时间和客人的消费需求时间基本一致，客人就会感到便利和满足。在此时间段里客人就会愉快地接受服务，进行消费。如果旅游服务时间和客人的消费时间的需求不一致，客人就会感到不便和失望，在行动上也很难接受其服务，即便是接受了服务，在情绪上也会是不愉快的，后续行为会受到很大的影响。

服务适度使人轻松。多年来，热情服务一直被作为提高服务质量的重要手段，但是过分的热情会使人厌烦。许多旅游者在接受服务的过程中，需要有时间独自思考、比较和选择，他们并不希望被打扰。如果旅游工作者的热情过度了，在不需要服务的时候打扰旅游者，轻者会使旅游者感到不快，重者会产生逐客作用，使旅游者在思考未成熟的时候放弃接受服务。

服务适时使人愉快。旅游者想要得到更多信息而需要帮助的时候，最佳的服务时间点就出现了。这时出现在身边的旅游工作者使旅游者心情愉快，旅游工作者的言行也就有了更强的说服力,能够对旅游者的消费心理和行为产生较强的良性影响。在实际的服务过程中,常常发现客人对服务的"适时"非常满意。"适时"即恰到好处,会使客人产生愉快的心情。如果服务时机"超前",客人会产生厌烦情绪。如果服务时机"拖后",客人会产生不满情绪。

等待服务使人烦躁。最佳的服务时机出现了,可旅游工作者没有出现,旅游者虽然不是很高兴,但也不会有太多不满,他们会自行寻找和召唤旅游工作者。如果寻找和召唤的过程很顺利,服务也能顺利进行;如果寻觅无人,或者召唤得不到响应,这时的等待会使旅游者烦躁不安,等待的时间和不耐烦的强度成正比。依照旅游者性格的不同,可能出现抱怨、离去、争吵、投诉等不良后果。

2. 科学的服务时间策略。

正常服务时间稳定不变。在正常情况下,旅游服务时间是固定的、有保证的。客人有计划的活动也都依服务时间的长短来安排,从而保证服务活动在时间序表中顺利进行。

特殊情况服务时间灵活安排。服务时间的稳定性是相对的,但在季节变化、客流量变化以及节日特殊变化的情况下,服务时间就必须做适当的调整。冬季和夏季白天时间是不同的,服务时间应该有区别。服务时间的灵活安排,是满足客人需求的上策。

服务时间安排要多样。客人兴趣的广泛性是不一样的,对各种服务项目的要求在顺序上也有先有后。因此,在支配消费时间上彼此都存在较大的差异。在此情况下,如果各种服务项目的服务时间的"起始点"和"终结点"都相一致,那么,就极大地限制了客人对不同活动项目的消费要求,客人自然不满意。为此,各项服务项目的服务时间应针对这一特点实行多样性策略。

第二节　旅游者的满意度

一、旅游者消费心理的共性特征

旅游者的旅游动机呈现多样性,旅游者的个性心理也千差万别,但是作为旅游消费群体,旅游者具有共同的消费心理特征。

（一）方便心理

方便是旅游者选择饭店、景点首要考虑的因素。方便包括饭店的地理位置对旅游者是否便利、饭店的硬件设施是否符合旅游者的要求,服务项目能否满足旅游生活和工作的需要。对于景点的可进入性,旅游者的要求也是很高的。求方便是旅游者外出旅游时最基本、最常见的心理需求。旅游业的发展,最先要解决的就应该是旅游者的方便与否问题,以更舒服、更方便为目标,全方位满足旅游者的食、住、行、游、娱、购的需要。

为旅游者提供多种方便,是饭店的首要任务,也是旅游者的主要心理需求。客人入住饭店或景点时,如果处处感到方便,在心理上会得到安慰,产生愉快、舒适的情绪,能消除旅途的疲劳和各种不安。如果感到不方便,就会产生沮丧、不满的情绪,最终可能导致客人离开。

针对不同类型的旅游者,饭店提供的方便性服务也应该不同。例如,对观光型旅游者,应该首先注重其行、住、食方面的方便;对会务型旅游者,应该首先保证其工作的方便,其次才是食、游、购等方面的方便;对商务型旅游者,应该首先提供交通、信息、工作等方面的方便。

（二）安全心理

安全需要是旅游者最重要的需要之一。按照马斯洛的需要理论,安全需要是人类与生俱来的、最基本的需要。如果生理需要和安全需要得不到满足,人就不会产生其他更高级需要。

旅游者离开自己的居住地,来到一个陌生的地方,由于其对环境缺乏把握,所以安全需要更强烈。这是一种正常的心理现象。安全需要主要包括人身安全和财产安全。

旅游业的发展应该在这方面给客人绝对的保证。旅游饭店和旅游景点应强化安全设施,不遗余力地改善硬件设施;对员工的安全防卫方面的技能培训也是旅游企业员工管理的重要内容。此外,旅游者的保险也应作为防范风险的手段;旅游者还应强化自身的安全意识,以保障旅游者在旅游中能愉快安全地度过短暂的旅游生活。

（三）清洁卫生心理

旅游者关心其入住饭店或景点的清洁卫生,是一种正常的心理需求。在满足这一需要的同时,也是满足安全需要的一个方面。旅游者对清洁卫生的高要求,也反映了其安全感的缺乏。因为饭店的卫生状况,不仅关系到旅游者的健康,而且还对旅游者的情绪情感产生影响;景点的环境清洁程度也会使游客的心情受到影响。客人一进入饭店,看到明亮的玻璃、一尘不染的用具、雪白的床单等,就会有一种舒畅、振奋的体验。无论什么级别的饭店,清洁卫生都是不可缺少的条件。景点的设施可以低档次、低成本,甚至服务可以不完善,但是,对清洁卫生的要求是不分档次的,绝不能含糊,必须高标准、严要求。

清洁卫生不仅仅是对饭店服务的一种要求,也是景区景点文明的一种标志,是文明生活、高质量生活的一个组成部分。

(四)安静心理

环境的脏、乱、吵是管理无序的表现。旅游者进行旅游消费,就是追求一种高品质的生活方式,也是放松心情、享受生活的一种高品质消费活动。因此,旅游者希望环境清新、安静、闲适,也是一种正常的心理需求。

旅游饭店的主要功能是为客人提供休息、休闲、度假的场所,如何为客人创造一个安静舒适的环境,消除客人旅途的疲劳,是为客人提供良好的饭店服务的前提条件;旅游景区景点的环境由于旅游者过多,常常熙熙攘攘,混乱不堪,对景区景点来讲,应该强化管理,保持适度增长,避免过于喧闹的环境降低服务质量、影响旅游者的心情。

(五)公平心理

追求公平是现代社会人们的一种普遍心理需求,也是社会文明发展的一个结果。商业文明遵循的就是在金钱面前人人平等,不以人的社会地位、经济地位、外表衣着等方面而在价格与服务上有不同的尺度。

现代旅游服务集中体现了社会文明的发展状况。特权观念、等级思想在旅游服务中不应该有任何市场。客人所享受的旅游服务如果与他付出的旅游服务费用相符,或者他享受到的服务与他的支出费用之比与别人所享受到的服务与支出之比如果一致的话,他就会感到公平合理,心情舒畅;反之,他就会感到不公平,就会产生不满、愤怒,甚至进行投诉,诉诸大众传播媒介或者对簿公堂。这样将给旅游企业带来巨大的声誉和经济损失。

如果客人觉得受到了不公正的待遇,对他来说,就不仅仅是金钱的问题,而且觉得人格尊严受到了伤害。根据学者的研究,服务公平性包括三个方面:一是结果公平,即顾客所费与所得相一致。也就是在消费中,物有所值,顾客支付的价格与得到的服务结果一致,顾客的所得与之前的预期相一致,顾客则认为公平。二是程序公平,即顾客在购买过程中没有受到欺骗,商品信息公开透明,商家承诺兑现,顾客则认为公平。三是交往公平,即顾客受到礼遇,在购买过程中,顾客被尊重。

二、旅游者的旅游活动心理

(一)旅游者在旅游初始阶段的一般心理特征

旅游者出门远行,离开了自己所熟悉的生活环境,其心理会发生显著变化。一般情况下,旅游者会对自己即将开始的旅行充满想象,对服务充满期待。

1. 对安全、方便的期待。

旅游者带着美好的憧憬踏上旅途,一路上都在为正在经历和将要经历的新鲜事物而激动。但是一想到就要进入一个陌生的世界,又不免有些紧张,对于此行是不是一切都会非常顺利,似乎又有怀疑。他们甚至担心自己会不会迷路等。

显然,旅游者的紧张感是旅游者在旅游活动中,对安全、便利等缺乏足够信息或信心而产生的紧张心情。来到异国他乡的旅游者,特别是缺乏经验的旅游者,有这样的紧张心情是不足为怪的。

当旅游工作者与旅游者在一起时,旅游工作者是生活在"自己家里",而旅游者却是生活在"别人家里"。忘记这一点,旅游工作者就不可能为"人生地不熟"的旅游者提供周到的服务,甚至会对旅游者提出的一些问题感到"莫名其妙"。

为了使旅游者的旅游活动能顺利进行,导游人员和旅游接待人员在服务初始阶段要给予旅游者更多的关心,要设身处地多为旅游者着想,尽量预见他们的困难,并及时给予帮助,使旅游者确立安全的信心,感觉生活的便利,让他们带着轻松愉快的心情去享受旅游中的种种乐趣。

2. 对良好服务态度的期待。

旅游者在与旅游工作者的最初接触中,不仅期待其帮助他们解决安全、方便等方面的实际问题,而且还期待着旅游工作者成为他们的"知心人",旅游者对旅游服务的提供者的态度极为敏感,不希望积极的情绪受到影响,因此,旅游工作者的态度和善、服务热情,在主客交往中会使旅游者产生亲切感和自豪感。

3. 对购买效果的期待。

旅游者所购买的旅游产品是一种"经历",是"无形"的产品。这种"经历产品"与其他产品一样,有质量高低之分,只是"经历产品"的质量与旅游者在旅游经历中的心理感受相关。所以,旅游者每次旅游之前,都会对此次旅游所涉及的旅游地、饭店、旅行社、旅游交通等旅游企业的服务充满想象和心理预期。如果旅游给旅游者带来了亲切感、自豪感和新鲜感,他就会觉得这是一次非常愉快的经历,就会感到心满意足。如果旅游使旅游者感到厌倦、隔膜、孤独,他就会认为这是一次很不愉快的经历,就会感到失望。所以,旅游者对服务效果的期待往往成了他衡量服务质量的一把尺子。

客人期待的感觉难以用准确的语言去描述,甚至客人本身也无法精确描述他所期待的服务究竟是什么。但他对服务的体验决定了他对旅游服务质量的评价。主客交往是旅游经历的重要组成部分,对旅游者的感觉往往能产生决定性的影响。许多旅行社、饭店、航空公司之所以能吸引众多的回头客,原因并不在于他们的设施有多么好,而在于这些客人与服务人员建立了融洽的主客关系。

（二）旅游者在旅游中间阶段的一般心理特征

旅游活动中间阶段是饭店服务工作者、景点服务工作者、导游人员服务工作的重点。随着主客交往的逐步增加,双方开始相互适应。在这一阶段,饭店服务人员的素质及服务水平、景点服务人员的服务技能以及导游人员的服务方法将全面展示在旅游者面前,旅游者对服务质量有了更深的体验。同时旅游者也会在初始阶段的基础上,对上述服务人员提出更全面、更具体、更具个性化的要求,做好中间阶段的服务工作,将对旅游者的心理满足起决定性的作用。

1. 对主动服务的要求。

旅游者在旅游活动期间,都希望饭店服务工作者、景点服务工作者、导游人员能主动地关心他们,理解他们,主动提供所需的服务。所谓主动服务,就是要服务在客人开口之前提供服务,也叫超前服务。超前服务将给旅游者带来极大的心理满足,同时通过旅游者的口碑树立企业的良好形象。

2. 对热情服务的要求。

旅游者都希望得到饭店服务工作者、景点服务工作者、导游人员自始至终的热情、友好的服务,而且这种热情应该是真诚的和发自内心的。热情服务在工作中多表现为精神饱满、热情好客、动作迅速、满面春风。旅游者对服务态度的评价,很大程度上是依据服务是否热情、微笑和有耐心,特别对于非本职工作范围的"份外"或"超值"服务和帮助,旅游者会感到更大的心理满足。

3. 对周到服务的要求。

所谓周到服务,是指在服务内容和项目上,想得细致入微,处处方便旅游者,体贴旅游者,千方百计帮助旅游者排忧解难。景区周到服务不仅包括规范化服务,而且包括个性服务。旅游者的需求是多层次的,这些高层次、深层次的要求,往往不是按标准操作的规范服务所能完全解决的。这样,就需要针对不同旅游者的不同需求特点,力所能及地为他们提供周到、细致的优质服务。饭店服务工作者、景点服务工作者、导游人员没有选择旅游者的权利,只能给来自不同地域、不同文化背景、不同年龄、性别及不同人格类型的旅游者以细致、周到的服务。

4. 对友好交往的要求。

人们在社会中生活,必然相互交往。旅游者在旅游期间,面对新的环境,迫切想同其他旅游者、饭店服务工作者、景点服务工作者、导游人员进行友好的交往。这种友好的人际交往能使旅游者心情愉悦,主客关系融洽,从而获得心理上的欢乐和享受。融洽主客关系的关键是必须尊重客人,并以此来赢得客人的尊重。

（三）旅游者在旅游终结阶段的一般心理特征

旅游服务终结阶段是指客人即将离去,饭店服务工作者、景点服务工作者、导游人员与旅游者交往即将结束的这一段时间。这一阶段是客人对旅游期间所接受到的服务进行整体回顾和综合评价的阶段。

1. 旅游者的心情既兴奋又紧张。

兴奋是因为旅游活动结束后,马上要返回家乡,又可见到亲人和朋友,可向他们述说旅游的所见所闻,同他们一道分享旅游的快乐。此时,由于旅游者情绪兴奋,头脑不是很冷静,出发前经常容易丢三落四,忙中出错,饭店服务工作者、景点服务工作者、导游人员应设法安抚旅游者的情绪并做好提醒工作。

紧张是由于正常的生活秩序中断之后,回归正常而产生的不适应感觉,旅游者会表现出难以适应原来家乡社会生活的心理感受。饭店服务工作者、景点服务工作者、导游人员应设法放松旅游者的心情,用旅游的快乐与到家的温馨来引导旅游者的感觉。对客人诚挚美好的祝愿会让客人带着"服务的余热"踏上新的旅途,使旅游者产生留恋之情和再次惠顾之意。这样既树立了旅行社对外的良好社会形象,又扩大了潜在客源。

2. 旅游者的满意度影响旅游态度。

如果旅游者对此次旅游活动和所接受的各方面服务持肯定态度,他们会对当地产生依恋之情,希望有机会重游此地,或因此次旅游的良好印象,体会到旅游活动的极大乐趣,引发出他们再去别的旅游景点旅游的动机。如果旅游者对此次旅游活动和所接受的各方面服务感到不满,如导游人员态度差、吃不好、住不好、产品质量差等,都会造成客人心理上极大的不快,这种不愉快的经历会长时间地保留在客人的记忆里,影响着客人及周围的人对旅游的兴趣。

旅游服务终结阶段是旅游企业和导游人员创造完美形象,对旅游者后续行为施加重要影响的服务阶段。根据近因效应,人们在认知过程中,新近得到的信息比先前得到的信息对事物的认识起更大的影响作用。

三、旅游者的投诉心理

旅游投诉是人际冲突的一种表现形式。从旅游者的角度来讲,首先是一种主观上的判断,认为自己的旅游权益受到损害,或者认为被投诉者的工作有进一步改善和提高的必要,而向有关人员和部门反映,或要求给予旅游服务工作者处理。投诉是不可避免的,旅游企业积极解决投诉,能够消除客人不良情绪,并提高服务和管理的水平。

(一)旅游投诉原因分析

旅游投诉,从旅游者的心理感受来讲,主要是因为旅游者在旅游消费过程中遇到了风险,而且这种风险足以使旅游者感到精神失落、心情不畅。为了弥补和平衡这种心理上的不适,就要进行投诉。

客人的投诉是指客人主观上认为由于旅游服务工作上的差错,损害了他们的利益,而向有关人员和部门进行反映或要求给予处理。投诉既可能是由于旅游服务工作中确实出了问题,也可能是由于旅游者的误解。旅游投诉具有两重性:一方面会影响旅游企业的声誉;另一方面,投诉也是商机,能使旅游企业从投诉中发现自身的问题。引起客人投诉的原因是多方面的,有主观的原因,也有客观的原因。

1. 引起投诉的主观原因。

引起投诉的一个主要原因是不尊重造成的心理影响。客人如果受到服务人员的轻慢,就会反感、恼火并可能直接导致投诉。如待客不主动、不热情,说话没有教养、粗俗、冲撞客人甚至羞辱客人，无根据怀疑客人，在客人休息时大声喧哗，不尊重客人的风俗习惯，未经允许就进入客人房间等，都是不尊重客人的表现，都可能引起客人的投诉。

服务工作不负责任是客人投诉的另一个原因。其主要表现为：工作不主动，对客人的要求视而不见；没有完成客人交代的事情；损坏或遗失客人物品；清洁卫生工作马马虎虎；食品用具不干净，等等。由此引起客人心里不快，产生没有达到预期的不公平感。

2. 引起投诉的客观原因。

客观原因大多由于设施、环境、不可预见的意外情况等引起，但是也与管理不善、危机处理不当有关。客观原因造成的投诉容易得到客人的谅解，但是如果管理不善、处理不当，就会引起客人的不满。

投诉时，客人常常会有共同的心理。对服务不公平的认识，导致投诉客人具有心理上的缺失感。一是自尊心受到伤害。旅游者外出旅游，都有受尊重的需求，受到非礼待遇，会引起旅游者的反感和心理不适，进行投诉。二是人格受到侮辱。客人受到怀疑、蔑视、歧视、奚落等被看做人格受到侮辱，从而进行投诉。

（二）旅游者投诉时的心理特征

旅游者感到不满而投诉，实际上是一个循序渐进的心理发展过程：先是因不满而产生感情抵触，产生情绪反应，这是冲突的潜在阶段。然后会因心理上的挫折和损伤无法得到补偿而愤愤不平，感情抵触终于爆发为行为抵触，或投诉，或冲突，到达纠纷的爆发阶段和高潮阶段。从旅游投诉的原因中，不难看出，旅游投诉具有明显的心理特征，具体可以概括为以下几个方面的内容。

1. 寻求保护的心理。

旅游投诉，是旅游主体的觉醒，是旅游者自我保护意识增强的具体体现。旅游者敢于拿起法律武器进行投诉，从根本上而言，主要出于旅游者寻求法律保护的心理需要。

2. 寻求尊重的心理。

旅游者因为没有受到尊重，没有得到解释，没有得到赔礼道歉，没有辩明是非曲直，所以，希望通过投诉的方式，求得尊重，获得同情。

3. 寻求发泄的心理。

旅游者一旦遇到心理挫折，会愤愤不平，心情抑郁。他们希望通过投诉，使自己的不满和抑郁情绪得到发泄，以便让自己久已沉重的心情有所缓解。

4. 寻求补偿的心理。

寻求尊重的心理和寻求发泄的心理，主要属于精神方面的内容，而寻求补偿的心理则主要属于物质方面的内容。旅游者在旅游过程中，因旅游经营单位的过错或过失造成了一定的经济损失，就希望通过投诉，获得经济和精神上的补偿。

5. 寻求平衡的心理。

旅游者在碰到令他们感到烦恼的事之后，感到心理不平衡，认为自己受到了不公正的待遇。因此，他们可能会利用投诉的方式把心里的怨气发泄出来，以求得心理上的平衡。这是人寻求心理平衡、保持心理健康的正常方式。而客人之所以投诉，还源于客人对人的主体性和社会角色的认知。旅游者花钱是为了寻求愉快美好的经历，如果他得到的是不公平，是烦恼，这种强烈的反差会促使他选择投诉来找回他作为旅游者的权利。

（三）投诉的处理方法

旅游工作者要有这种认识：前来投诉的客人，其实是朋友，即使是用夸大的言辞、激愤的态度、甚至带有挑衅行为的客人，他们的投诉也不是浪费时间，反而对纠正企业服务质量中的问题大有好处。接待客人投诉的过程也是向客人进行补救性心理服务的一个重要组成部分。

1. 把握正确的处理原则。

耐心倾听，弄清真相。客人来投诉时，一般要由高层出面接待，接待时要有礼貌，要耐心倾听，客人可能说得比较多，言辞也可能很激烈，这是正常的，因为他的心里痛苦、愤怒。作为受理投诉的人员，一定要耐心、宽容地倾听客人的诉说，不能轻易打断，也不要急于解释、辩解，更不能反驳。否则，可能会激怒客人。要对客人表示同情、理解，要设法使客人情绪放松，并平静下来。关键还是要设法弄清真相，了解事情发生的原委及客人的要求。

态度客观，不与争辩。在客人情绪比较激动时，服务人员更要注意礼仪礼貌，要给客人讲话申诉或解释的机会，控制住局面，而不能与客人争强好胜，不可与客人争辩；维护企业利益不受损害固然重要，但解答客人投诉时，也要注意尊重事实，既不能推卸责任，又不能贬低他人，避免出现相互矛盾的情况。

区别不同情况，采取恰当方式。如果弄清客人的投诉是由于工作人员的差错给客人带来的麻烦，就要诚恳地给客人道歉，并以企业代表的身份对客人的投诉表示欢迎。一般作为道歉的人应该是企业的重要领导,以此表示诚意,使客人感到他们的投诉得到了重视,满足其自尊心。

如果发现是由于客人的误会而来投诉,首先对客人的投诉也要表示诚恳的欢迎,然后再解释,消除误解,决不能发现自己没有错误,就趾高气扬地指责客人。

如果发现由于工作人员的差错或未履行合同而给客人造成物质损失或严重的精神伤害,首先要道歉,在权限允许范围内,征求客人的意见,并作出补偿性的处理。如果超越了自己的权限,不能马上解决,也要给客人确定一个答复的程序和日期。

如果问题比较复杂,一时弄不清真相,不要急于表达处理意见,要先在感情上给客人以同情、慰藉,记录客人的情况,给客人订立解决问题的程序和日期,而且一定要履行承诺。

2. 遵循处理投诉的程序。

耐心倾听;立即认错、表示道歉;表示安慰和同情;确定事实真相,协调解决问题;主动联系,反馈解决问题的进程及结果;记录全部过程并存档;统计分析。

旅游服务企业对旅游者投诉问题最明智的选择就是尽量避免投诉的发生。力争为旅游者提供完美的服务,使旅游者高兴而来,满意而归,这是旅游服务各部门追求的目标,这个目标若完全实现当然可以避免投诉的发生。然而,受各种条件制约及一些无法预测的因素的影响,旅游者对服务产生不满也是不可避免的。当服务工作已经出现了缺陷,已经使客人产生了不满意时,旅游工作者必须尽一切努力,及时从"功能"和"心理"两个方面去为客人提供补救性服务,使客人由不满意变为满意。

心理学研究认为:当一个人因为自己的需要未能得到满足或者遇到不顺心的事情而产生挫折感时,可以采用替代、补偿、合理化、宣泄等方式进行心理调节。所以,为客人提供补救性服务可以以此为依据。

四、旅游者的满意度

(一)顾客满意度的不同层次

所谓满意度是指期望与体验的比较,当体验与期望发生负面差距时,便会产生不满意。从消费者感知的角度来讲,满意度可以理解为顾客对产品或服务质量的期待与实际所感知到的服务质量之间的差距。

在旅游中,旅游者对于旅游服务的期望与旅游者在接受服务时的体验进行比较而产生的结果会影响满意度。如果体验与期望相比较而产生满足感,那么旅游者便感到满意。顾客满意度是相对的,即使旅游者的实际体验没有实现其期望,但旅游者仍然可以是满意的。满意度是一个由许多独立部分构成的多层概念,对旅游者而言,影响其满意度的可能是旅游设施、自然环境和服务环节等多个层面。

旅游者满意度是旅游者感觉状态下的一种水平,它来源于旅游者对旅游企业提供的某种产品或服务所设想的绩效或产出与自己的期望所进行的对比。即旅游者对服务态度、产品质量、价格等方面直观的感觉,也是企业所提供的产品或服务与旅游者期望、要求等吻合的程度。

旅游者的满意度与其实际感受和期望值有密切的关系。从预期和感受的角度,旅游者可能无法准确地表述他们对旅游服务质量的客观判断,因为很多主观因素都会对旅游者的知觉产生影响,如果旅游者得到的服务水平超过了他的期望值,他就会感知到较高的服务质量,因此就会对该项服务感到满意或非常满意。简而言之,旅游者对旅游服务质量的满意度就是其期望值与实际得到的服务水平之间的差距,即:满意度(S)＝感知(P)－预期(E)。

旅游者的满意度、实际感受和期望值之间的关系存在不同组合。由于这三个变量因素之间的不同影响,最终可能会产生四种不同的满意度:

① 期望值高,实际感受好,旅游者感到如愿以偿,感知服务质量高;

② 期望值低,实际感受好,旅游者感到意外惊喜,感知服务质量极高;

③ 期望值低,实际感受一般,旅游者感到在预料之中,感知服务质量尚可接受;

④ 期望值高,实际感受很差,旅游者感到名不副实,感知服务质量难以接受。

根据以上四种情况,还可以将旅游者的满意度进一步简单地归纳为三种典型状态:不满意、非常满意和满意。不满意:当服务水平低于预期的水平时发生;非常满意:当服务水平超过预期的水平时发生;满意:当服务水平等于预期的服务水平时发生。

（二）影响旅游者满意度的因素

1. 服务差异因素。

旅游服务企业不了解旅游者预期。企业管理部门常常认为他们知道旅游者期望什么样的服务,因此他们通常依据自己对旅游者预期的服务水平的理解设计服务产品。由于没有进行市场调研,因此这些管理者事实上并不知道旅游者到底期望什么样的服务产品,所以就难以真正设计出令旅游者满意的产品。

服务质量标准与旅游者的期望值之间存在差异。服务质量标准的制定应该与旅游者的期望值一致,但是很多旅游企业在制定其服务标准和规范时,都仅仅从其企业本身的利益方面考虑,没有从旅游者的角度考虑问题。因此,有些服务系统趋向于内部化,忽视了旅游者的利益。

服务质量标准与实际的服务表现之间的差异。即使旅游企业的管理部门设计了有效的服务体系、制定了符合旅游者期望值的服务质量标准,员工实际的服务表现也不一定能够使旅游者满意。其原因主要来自三个方面:人力资源方面的问题(例如,员工招聘失误、员工培训不当、激励机制不完善等);技术方面的问题(例如,预定系统出现故障、各种设施设备问题等);旅游者本身的情绪问题。

广告和其他促销手段中承诺的服务水平与实际提供的服务水平之间的差异。如果旅游企业在广告或其他促销宣传中承诺了无法提供的服务,旅游者就会感到失望。除非旅游者事先有心理准备,知道广告上的情景会与实际情况有一定的差距,否则由于企业不能满足旅游者的心理预期,旅游者就会对所得到的服务感到失望和不满意,有一种受欺骗的感觉,尽管旅游企业对自己的产品和服务充满自信,认为所提供的是一流的产品和服务。

2. 容忍区间因素。

在旅游过程中,旅游者的满意度与需求刺激密切相关。如果缺乏刺激或者刺激的强度不够,旅游者会对旅游活动产生乏味感或无聊感,从而导致不满意。如果刺激强度过大,就会使旅游者产生惊慌或恐惧等,也导致不满意。旅游者在旅游过程中只有获得适度的刺激才会感到满意。

旅游者的满意度是在容忍区间产生的,这也是旅游者的满意区间。旅游者在旅游过程中所获得的刺激在"容忍区间"内,就会产生满意感,在这个区间之外,就会感到不满意。在实际旅游的过程中,不同的旅游者的满意度"容忍区间"临界点的位置是不同的,"容忍区间"的范围大小也是各不相同的。例如,有些旅游者害怕乘飞机,害怕冒险活动(如蹦极或漂流),因此对他们来讲,乘飞机、蹦极或漂流等活动就是过度的刺激,就会导致他们的不满意。反之,一些青年旅游者却特别热衷于具有强烈刺激性的活动,例如,漂流、蹦极、动力滑翔伞、登山等,因此这些人的满意度"容忍区间"就很大。

此外,旅游者的满意度还与旅游者愿意接受服务差异的范围有关,即旅游者对服务差异接受的心理跨度。在"容忍区间"内,旅游者对服务质量的变化不敏感;在"容忍区间"外,旅游者对服务质量的变化感知敏感,并且认为不能接受。因此,旅游者的感受状态也会影响到旅游者满意度。

3. 各种压力因素。

旅游者会受到旅游服务过程中各个不同环节的影响,因此,来自旅游过程中的各个阶段和各个方面的各种负面压力因素都会导致旅游者产生不满情绪。产生这些的原因是多种多样的,包括来自企业的原因、来自服务人员的原因、来自旅游目的地的原因、来自其他旅游者的原因、来自旅游交通方面的原因、来自旅游者自身生活习惯和社会习俗方面的原因等。

4. 关键时刻因素。

"关键时刻"的概念是斯堪的纳维亚航空公司(SAS)的首席执行官简·卡尔森于20世纪80年代提出的,指顾客与服务性企业的任何一个方面接触并对其服务质量产生一定影响的任何一个时刻。这个时刻是顾客与企业员工接触的重要时刻,在这个时刻,员工有机会给顾客留下良好的印象,也有机会改正错误并赢得回头客。

关键时刻是影响旅游者满意度的重要时刻因素,旅游服务企业的员工在这个时刻将企业的形象活生生地展现在旅游者面前。关键时刻并非产生在旅游者与旅游服务企业的"一线工作人员"接触的瞬间,是服务传递的短暂时刻,既是成功点,也是失败点。因此,关键时刻对服务质量和旅游者满意影响极大。

第三节　旅游工作者的心理特征

一、旅游工作者的心理素质

旅游工作者的心理素质是其综合素质的一个组成部分,它是由从事旅游工作所必需的各种心理素养及品质所组成的。

(一)气质要求

气质是心理活动的动态特征,具体表现为心理过程的强度、速度和灵活性,要做好旅游服务工作,旅游工作者必须具备以下气质特征。

1. 感受性适中。

感受性是指人对外界刺激产生感觉的能力。一个人对引起感觉所需要的刺激量越小，他的绝对感受性就越大。人的感觉器官能觉察出的最小刺激量是不相同的。例如有的旅游工作者可以马上觉察到客人特殊的外表、举止，而有的旅游工作者却觉察不到。

旅游工作者的感受性不可太高。在工作中，由于接待的客人来自四面八方，形形色色，各个阶层、各个年龄段、各种文化程度的客人都有，如果旅游工作者的感受性太高，则注意力会因外界刺激的不断变化而分散，从而影响服务工作的有序开展。当然，旅游工作者的感受性也不可过低，否则将对客人的服务要求熟视无睹，会怠慢客人，降低服务质量。

2. 灵敏性不宜过高。

灵敏性主要是指旅游工作者心理反应的速度。它包括两类：一是不随意的反应性。例如，有的旅游工作者具有不随意的反应性，可忍受工作中的委屈，有的旅游工作者具有随意的反应性，稍有委屈就受不了。二是一般的心理过程速度，如说话的速度、记忆的速度、注意力转移的灵活程度、一般动作的反应灵活程度。旅游工作者的灵敏性要求不可过高，否则，会让客人产生不稳重的感觉，也无法使旅游工作者保持最佳的工作状态。

3. 耐受性较强。

耐受性是指人在受到外界刺激作用时表现在时间和强度上的耐受程度和在长时间从事某种活动时注意力的集中性。有的服务工作者长时间工作，仍能保持注意力的高度集中，而有的时间稍长，就感到力不从心。显而易见，前者耐受性强，后者耐受性弱。

4. 可塑性较强。

可塑性是指个体适应环境的能力和根据外界事物的变化而改变自己行为的程度。凡是容易顺应环境、行动果断的人，都表现为有较大的可塑性。而在环境变化时，情绪上出现纷扰，行动缓慢，态度犹豫的人表现为较弱的可塑性。但在具体服务过程中，旅游工作者必须根据客人需求的变化进行灵活的调整，旅游工作者必须具备较强的可塑性，只有这样方可做好有针对性的服务，真正提高服务质量。

（二）性格要求

性格一般是指一个人在活动中所形成的对现实的稳定态度，以及与之相适应的习惯化的行为方式。不同人之间性格差异很大,性格对一个人行为的影响是明显的,因此,作为旅游工作者应具备以下几方面性格特征。

1. 友善、诚实、谦虚。

旅游工作者不可避免地要频繁地与各种各样的客人打交道。就工作而言,良好的性格特征可以使旅游工作者始终保持最佳服务状态,使客人感到被尊重,使主客关系变得融洽;对旅游工作者个人而言,良好的性格特征也可以使自己从客人满意中获得个人心理的满足。

2. 自信、热情。

充满自信的旅游工作者,往往能在客人面前充分展现出其出色的服务技能和技巧,给客人以优雅、稳重、大方之感,让客人感受到安全、可靠和愉悦,从而树立旅游工作者及旅游企业良好的形象。旅游服务工作不完全是程序化的工作,旅游工作者必须在服务过程中体现出一定的灵活性。如果旅游工作者缺乏自信,面对突发事件,显得手足无措、一脸慌乱,这样的情绪必然会给客人带来消极的影响。如果旅游工作者充满了自信,则会以稳定的心态,积极寻找解决问题的方案。

（三）情感要求

旅游工作者的情感与情绪是由旅游活动中的客观存在引起的。当旅游工作者工作顺利时,就可能产生高兴、喜悦、满意等情感与情绪;当旅游工作者工作不顺利时,就可能产生生气、不满、愤怒等情绪与情感。情感状态在旅游工作者的工作中有着很大的意义,如果对不良情绪不加以有效控制,会造成行为的失控。通常,旅游工作者工作中的情感形式是多种多样的,主要表现为心境、激情、应激。

1. 心境要求。

旅游工作者在工作时应努力使自己的心境处于平衡状态。处于顺境时,要保持冷静,不喜形于色;处于逆境时,要克制,不把情绪表现出来。

引起心境的根本原因是个人的意愿和欲望是否得到了满足,因此,正确认识和处理主观与客观之间的关系,对于保持良好的心境有着积极的作用。首先,旅游工作者要善于把握自己,做心境的主人。正确认识自己的需要、理想,正确分析自己的能力、性格以及环境,树立较实际的奋斗目标,这样,才能不断强化良好心境,抑制不良心境。其次,旅游企业要为旅游工作者创造保持良好心境的氛围。

2. 激情要求。

旅游工作者对于不良的激情需要动员意志力,有意识地控制自己,转移注意力,以冲淡激情爆发的程度。有些激情是积极的,它可以成为动员人们积极地投入行动的巨大动力,有些激情是消极的,会产生矛盾和分歧。

3. 应激要求。

应激是在出乎意料的紧急情况下所引起的情绪状态。面对突发事件旅游工作者要迅速地判断情况,在瞬间就作出决定。提高旅游工作者的应激能力是做好旅游服务工作的重要条件。

（四）意志要求

旅游工作者在旅游服务过程中,有意识地支配自己的行动,以达到顺利完成旅游服务工作的目的,这就是心理学中所说的意志过程。作为旅游工作者,要想在接待服务环境中,不断地克服由各种主客观原因造成的障碍,就要不断发挥主观能动作用,增强自己的意志素质。旅游工作者良好的意志品质表现在以下几个方面。

1. 自觉性。

这是指旅游工作者在服务工作中具有明确的目的性,充分认识服务工作的社会意义,使自己的行动服从于社会的要求。一个自觉性较强的旅游工作者,往往具有较强的主动服务意识,在工作中不断提高业务水平,并积极克服所遇到的困难。

与自觉性相反的特征是受暗示性和独断性。具有受暗示性的人,只能在得到指示、命令、建议时才表现出积极性,而且他们很快屈从于别人的影响,具有独断性的人会不加评判地接受别人的思想、行为。

2. 果断性。

这是一种明辨是非,迅速而合理地采取决定,并实现决定的品质。具有果断性的旅游工作者在面对各种复杂问题时能全面而又深刻地考虑行动的目的及其达到目的的方法,懂得所做决定的重要性,清醒地了解可能的结果,能及时正确地处理各种问题。

与果断性相反的品质是优柔寡断和草率从事。优柔寡断的主要特征是思想、情感的分散,患得患失,踌躇不前。草率从事主要是由于懒于思考而轻举妄动,这些都是意志薄弱的表现。

3. 坚韧性。

坚韧性是指在实现目标时能坚持到底,在行动中能长期保持充沛的精力、坚韧的毅力,顽强地克服达到目的途中的重重困难的品质。具有坚韧意志的旅游工作者能排除不符合行动目的的主客观诱因的干扰,做到面临纷扰,不为所动,同时能围绕既定奋斗目标做到锲而不舍,有始有终。

与坚韧性相反的品质是顽固、执拗。顽固的人只承认自己的意见、自己的论据,一意孤行,或者一遇到困难就不能控制自己的行动。

4. 自制力。

自制力是指能够完全自觉、灵活地控制自己的情绪,约束自己的行动和言谈方面的品质。有自制力的旅游工作者能克制住自己消极的情绪和冲动的行为,无论在何种情况下,无论发生什么问题,无论遇到多么刁难的客人,都能克制并调节自己的行为。一般具有自制力的旅游工作者,组织性、纪律性特别强,情绪稳定。

(五)能力要求

能力是顺利完成某项活动所必备的心理特征。旅游工作者的基本能力应由以下几个方面所组成:

1. 较强的认识能力。

高水平的服务应该是旅游工作者尽量把服务工作做在客人开口之前。这就要求旅游工作者有较强的认识能力,能充分认识和把握服务对象的活动规律。旅游工作者较强的认识能力包括:观察能力、分析能力、预见能力。

2. 良好的记忆能力。

良好的记忆力能帮助旅游工作者及时回想起在服务环境中所需要的一切知识和技能,也是旅游工作者搞好优质服务的智力基础。为此,强化旅游工作者的记忆力是提高服务能力的重要方面。

3. 较强的自控能力。

自控能力是旅游工作者必须具备的优良品质之一。旅游工作者的自我控制能力体现了他的意志、品质、修养、信仰等诸方面的水平,尤其在与客人发生矛盾时,能否抑制自己的感情冲动和行为,以大局为重,以客人为重,真正做到"宾客至上",这是对旅游工作者心理素质优劣的重要的检验标准之一。

4. 较强的应变能力。

旅游工作者的应变能力是指处理突发事件和技术性事故的能力。它要求旅游工作者在问题面前,沉着果断,善于抓住时间和空间的机遇,排除干扰,使问题的解决朝自己的意愿发展。同时,在处理问题的过程中,既讲政策性,又讲灵活性,善于听取他人的意见,从而正确处理各种关系和矛盾。

5. 较强的语言表达能力。

语言是旅游工作者与客人沟通的媒介。没有较强的语言表达能力，旅游工作者就无法有效地与客人沟通。旅游工作者要特别注重口头表达能力的培养，要能在任何情况下用简洁、准确的语言表达自己的意向，说出应该说的话。选用合适的语句，准确、恰当地表达自己的思想是与客人进行顺利交往的首要环节。

6. 较强的人际交往能力。

旅游服务工作，就某种意义而言，是一种与客人打交道的艺术。旅游工作者要有同各种客人打交道的本领，除了与客人交往之外，还必须协调好与旅游部门和其他相关部门之间的关系。一个缺乏社会交际能力的人，往往会人为地在自己与社会、自己与周围环境、自己与他人之间筑起一道心理屏障，这样的人与旅游服务工作的要求是格格不入的。

二、旅游工作者的职业意识

意识是人特有的心理反应形式，是指人以感觉、知觉、记忆、思维等心理活动过程为基础的系统整体，对自己身心状态与外界环境变化的觉知和认识。意识具有认知功能、计划功能、选择与监控功能。意识具有多层次性，一般具有三种不同的水平：基本水平、中间水平和高级水平。职业意识一旦形成，就会成为制约旅游工作者行为的一种积极力量。

（一）角色意识

在旅游活动中，旅游者的角色是客人，而旅游工作者的角色是接待者、服务者。因此，旅游工作者与旅游者之间同时存在着"平等"和"不平等"的关系。从心理学角度来看，人与人之间的"平等"主要是指"互相尊重"，从这个意义上说，旅游工作者与客人是平等的。"不平等"的含义是角色不一样，旅游工作者不可能与客人"平起平坐"。客人有权利要求旅游工作者为自己提供服务，而旅游工作者有义务按照客人的要求为其提供服务。作为旅游工作者，要树立正确的角色意识，使自己在心理上和行为上适应自己的角色。

（二）质量意识

服务质量是指旅游服务在精神上和物质上适合和满足客人需要的程度。旅游工作者要认识到质量就是旅游企业的生命，质量就是效益。服务质量好，企业才能生存和发展。旅游工作者在思想上要纠正"抓质量是管理者的事"的错误认识,确立提高服务质量是旅游企业每位员工应尽职责的观念,形成整个企业上下都来关心服务质量的良好风气。质量意识是旅游工作者做好服务工作的思想基础,也是体现旅游工作者职业道德和素质的标志。

（三）形象意识

企业形象直接影响企业的生存和发展,是企业最重要的无形资产。因此,许多企业都把塑造良好形象当做企业管理的重要目标。任何一个旅游企业都处在一定的舆论环境之中,其产品或服务必然给人留下某种印象,从而产生某种评价。这些印象和评价,就构成了旅游企业的社会形象。影响一个旅游企业形象的因素很多,它不仅包括设施、设备、经营方针、管理效率以及店容店貌等,还包括旅游工作者的素质及服务行为。作为旅游工作者,应当树立良好的形象意识,明确自己所做的工作都是企业形象的重要组成部分,从而全面提高自己的知识和技能水平。

（四）信誉意识

信誉好的旅游企业,能为客人创造一种消费信心,使客人产生一种信任感,并乐于光顾。强化旅游工作者的信誉意识,就是要以维护旅游企业的声誉为出发点,努力提高业务能力,自觉履行企业的服务承诺和服务标准,以增强客人对企业的信任感。旅游产品的信誉取决于旅游工作者的服务行为。要实现旅游企业承诺的高标准优质服务,必须依赖于旅游企业建立完善的服务规程,保证服务质量的稳定性。

（五）服务意识

服务意识是指旅游工作者有随时为客人提供各种服务的积极的思想准备。服务有主动服务与被动服务之分。主动服务是指在客人尚未提出问题和要求之前,就能够根据客人的心理,提供客人所需的服务。被动服务是指客人提出问题或要求之后,才提供相应的服务。旅游工作者的服务再好,客人也只会认为这是旅游工作者的本职工作,是分内的事,服务稍不及时,就可能招致客人的不满和抱怨。同样是服务,如果方式不同,服务的效果会产生很大的差异。良好的服务意识是提供优质服务的基础,有了强烈的服务意识,即使条件不充分,也能主动地为客人提供优质服务。自我尊重是做好服务工作最重要的心理条件。

三、旅游工作者的心理健康

旅游工作者必须具备健康的心理,才能识别旅游者的心理,提供良好的服务。

心理健康又称心理卫生,是指个体各种心理状态保持正常或良好水平,而且自我内部以及自我与现实之间保持和谐一致的良好状态。

心理健康包括四种状态:正常的健康状态、正常的平均状态、正常的理想状态和正常的适应状态。当出现心理健康问题时,就会出现心理异常,包括:一般心理问题、心理障碍、心理疾病、身心障碍、身心疾病。

旅游工作者的心理健康会受到多种因素的影响。

(一)心理因素

人格因素。人格因素涉及的内容非常广泛,包括性格、气质、世界观、人生观等。其中最重要的是性格。抑郁、孤僻、急躁、自私、虚伪、胆怯、嫉妒、敏感、多疑等不良性格最容易导致心理健康问题。

适应不良。人只有很好地适应周围的环境,才可能心理健康。这种适应包括:物质环境、人际环境以及文化环境。这种适应也不是单向的、被动的,而是双向的、主动的。人际关系的协调是个体适应环境最主要的方面。良好的人际关系使人心情舒畅,体验到安全感与友情感,有助于身心健康。不良的人际关系,使人心情苦闷、烦恼,降低机体的抵抗力,容易导致疾病。

情绪情感因素。忧郁、愤怒、恐惧等情绪情感因素也是导致心理问题的重要因素之一。忧郁是一种消极的心理状态,它使人的工作欲望与创造欲望降低,使人的生理功能与心理功能水平下降,因而使人体的抵抗力降低,在一定的条件下会导致疾病。愤怒是个体的意愿与活动遭到挫折而发生的一种情绪紧张的反应。产生愤怒的原因各种各样,愤怒的程度也各不相同,从轻微不满、生气、愠怒、愤愤不平到激愤、大怒、暴怒。持久愤怒不但可使人的心理能力降低,思维广阔性、深刻性、灵活性、反应准确性降低,而且对人的心血管系统、肠胃系统、肌肉驱动系统影响很大。恐惧是在可怕的、危险的情况下发生的紧张的情绪反应。在恐惧的情绪下,人的生理与心理都会发生很大的变化,强烈的恐惧或持续的恐惧对人体的身心健康都会产生危害。有的旅游工作者在工作岗位上发生事故,与恐惧情绪状态有着密切的关系。

长期应激状态。应激是人体在遇到出乎意料、紧张的情况下所引起的情绪状态。应激与心理健康是相互影响的,应激对心理健康有很大的影响力;相反,心理健康也能改变个体的抗拒或应对能力。管理心理学中研究得最多的是工作应激。所谓工作应激,是指旅游工作者的行为或工作环境所引起的旅游工作者生理、心理反应的综合状态。由于应激会使人体内产生一系列生理和化学反应。因此,如果这种因素持续作用,会使一些器官或系统对某些疾病的抵抗力降低,并导致一系列的心理、行为症状。

(二) 生理因素

生理与心理是交互作用的,不单单心理因素会影响心理健康,生理因素也会影响心理健康。事实上,生理健康是心理健康的基础。

肾上腺素分泌过多导致狂躁症;肾上腺素分泌过少则导致抑郁症。又如,甲状腺功能亢进者,神经系统兴奋性增强,易激动、紧张、烦躁、多梦、失眠等,而甲状腺功能低下者,条件反射活动迟缓,智力下降、记忆力减退、联想和言语减少、嗜睡等。现代医学研究已经深入到基因,基因和心理健康也许存在一些关系。

(三) 社会因素

如果说个体的心理因素是影响心理健康的内因,则社会因素是引起心理问题的直接因素和诱因。这种诱因往往来自三个方面。

组织因素。组织因素是影响个体心理健康的一个重要诱因。组织因素包括工作环境条件、工作性质、组织结构、工作中的人际关系等。工作条件包括物理危险、超载工作、工作单调、倒班工作等。单位人际关系紧张、工作单调乏味、组织结构僵化、工作角色模糊、职业发展不顺等,都容易引起烦躁、压抑、焦虑等心理障碍。因此,管理者应注意营造一个良好的工作环境,为旅游工作者进行良好的职业设计,重新改造工作流程,采取一系列安全保障措施。

家庭因素。家庭是个体生活的重要场所。家庭正常结构的破坏、家庭主要成员不良行为的直接教唆或间接暗示、家庭关系不融洽、家庭主要成员的不良性格等,都会对个体的心理健康产生影响。心理学研究指出,个体从小在家庭遭受忽视、抛弃、敌视,成年后也往往不信任别人,不信任周围环境,尤其是不信任自己的能力,并持续感到焦虑。家庭关系也会影响个体的工作效率,企业如果适当地关心旅游工作者的家庭生活,往往会取得意想不到的效果。

社会风气。社会风气、社会变迁、生活节奏等也会影响到个体的心理健康。社会竞争加剧,生活节奏加快,使得人们的心理压力也逐渐加大。社会政治、经济、文化生活中的一些不健康的因素也都会给个体心理健康带来不利的影响。

旅游工作者心理健康的维护,一方面要求旅游工作者掌握自我心理调节的方法,另一方面企业要提出解决员工心理问题的管理方案。自我心理调节的主要方法有:宣泄负面情绪、建立心理防卫机制、自我暗示、情境转移、健全个性、加强体育锻炼。有助于旅游工作者心理健康的管理方案包括：教育培训旅游工作者学会自我调节、提供心理咨询帮助、提高旅游工作者心理内驱力、职业生涯管理、参与式管理、不断学习、锻炼意志、提高工作生活质量、情感管理。

四、旅游工作者的挫折与压力

由于受到社会、政治、经济等外界环境的制约，个体并不是任何时候都能达到目标。行为的结果受到阻碍，达不到目标的情况是常有的，这就是挫折。研究挫折理论，对改变人的行为，提高人的积极性是很有意义的。

（一）挫折及其产生

挫折是指个体从事有目的的活动，在环境中遇到障碍或干扰，使其需要和动机不能获得满足时的情绪状态。它是一种社会心理现象。

挫折通常有两方面的作用。从积极的方面看，挫折可以帮助人们总结经验教训，促使人提高解决问题的能力，引导人们以更好的办法去满足需要。从消极的方面看，如果心理准备不足，挫折可能使人痛苦沮丧、情绪紊乱、行为失措，甚至会引起种种疾病，这无疑将大大挫伤人的积极性，影响工作效率。

挫折是人的一种主观心理感受，一个人是否体验到挫折，与他自己的抱负水平密切相关。所谓抱负水平，是指一个人给自己要达到的目标规定的标准。规定的标准越高，其抱负水平越高；规定的标准越低，其抱负水平也越低。由于各人的心理状态、需要、动机以及思想认识的不同，在遇到挫折时的表现也会大不一样。

引起挫折的因素很多，各种因素所引起的挫折强度也不尽相同。总结起来，这些因素可以分为两类：一类为客观因素，包括环境、社会及个人诸方面的客观条件的限制；另一类为主观因素，包括个人的各种形式的内在冲突。

外在原因。环境的限制会对人们的动机形成阻碍，使人们达不到目的，从而引起人们的挫折。社会因素也常常是挫折的诱因。可以说，作为社会的成员，社会上一切宗教的、政治的、法律的、道德的、经济的、习俗的、人际关系的因素，都可能经常使我们的动机遇到阻碍而无法实现自己的目的，引起挫折。

内在原因。包括个人的生理条件与动机的冲突。个人的生理条件是指个人具有的智力、能力、容貌、身材以及生理上的缺陷疾病所带来的限制，导致个体活动的失败。动机的冲突是指个人在日常生活中，经常会同时产生两个或两个以上的动机,这些并存的动机无法同时获得满足,而且互相对立或排斥,其中某一个动机获得满足,其他动机受到阻碍,则产生难以作出抉择的心理状态,称为动机的冲突。常见的动机冲突有:趋避冲突、双趋冲突、双重趋避冲突和双避冲突。

组织原因。造成旅游工作者挫折的原因除了上述一般性因素外,还有下列几种属于组织特有的重要原因:组织的管理方式、组织内的人群关系、工作性质、工作环境。

在日常生活中所遇到的冲突,常常会使个体产生挫折感,概括起来,主要有以下四种类型:

趋避冲突。当同一个目标既能够满足个体的需要,同时又会给个体心理上带来威胁,对个体有某种伤害性的时候,个体趋近这一目标和逃避这一目标的动机同时存在,并相互冲突。

双趋冲突。当个体在有目的的活动中同时存在两个目标,并且两个目标对个体具有相近的吸引力时,使个体有相近强度的趋近动机,但又由于各种原因的限制,使"二者不可兼得",必须放弃其中一个目标的时候,就会在心理上产生难以作出取舍的内在冲突。

双重趋避冲突。当同时有两个目标存在时,而每一个目标既有益同时又不利时,就出现了双重趋避冲突。

双避冲突。同时存在两个目标,都有害,而现实又迫使个体必须选择一个,这会给心理上带来很大压力,并由此产生强烈的心理冲突,导致挫折感产生。

(二) 挫折的行为表现与心理防卫机制

人们在工作和生活中遇到挫折后,会表现出各种各样的态度和情绪反应。研究这些反应有助于理解周围发生的各种事件,同时也能提高自己抗拒挫折的能力,对于从事旅游工作的人来说这是很重要的。

1. 挫折后的行为表现。

由于受挫折的人各有特点,所以其受挫折后的行为表现也各有不同。一般有两类:有的人采取积极进取的态度,即采取减轻挫折和满足需要的积极适应的态度;也有的人却采取消极的态度,甚至是对抗的态度,比如攻击、焦虑、冷漠、幻想、退化、固执等。

攻击。攻击是一种常见的对挫折所采取的公开对抗行为。这种攻击行为又可分为直接攻击和转向攻击两类。直接攻击是把攻击行为直接指向阻碍达到目标的人或物。转向攻击是指当不能直接攻击阻碍自己达到目标的人或物时,把攻击行为转向某种替代的人或物。在旅游企业中，如果员工遭受挫折，很可能向顾客发泄，引起冲突，这是旅游工作的大忌。

焦虑。挫折后引起的最直接反应是攻击，但有时攻击非但不能解决问题和消除挫折，甚至会因攻击而引出更大的挫折。即使是一个充满自信的人，如果一而再、再而三地遭到挫折和失败，也会慢慢失去信心，对某些情况产生茫然的预感，而在情绪上出现一种由紧张、不安、焦急、忧虑、恐惧等心理感受交织而成的复杂状态，这种状态被称为焦虑。同时在生理上也出现头昏、冒冷汗、心悸、胸部紧缩、脸色苍白等反应。焦虑不仅影响身心健康，也使人无法正常工作和学习。

冷漠。当一个人受到挫折后压力过大，无法攻击或攻击无效，或因攻击而导致更大的痛苦，于是便将他愤怒的情绪压抑下来，采取冷漠的行为。从表面上看来，似乎对挫折漠不关心，表示冷漠退让；但是，人的内心痛苦可能更甚，严重的可能变为忧郁型精神病人。

幻想。幻想是人受到挫折后的另一种退缩式的反应，它是指个人遭受挫折后退缩、脱离挫折的情况，把自己置于一种想象的境界，企图以非现实的虚构方式来应付挫折或解决问题。

退化。退化是指个体遇到挫折时会表现出与自己年龄、身份不相符的行为，是一种反常的现象。一般来说，人们随着年龄与经历的增加和社会生活的影响，由儿童时代的任意发泄，逐步学会如何控制，如何在适当的时机作出适当的情绪反应。但是，有的人在遇到挫折时会失去控制力，像小孩儿一样的哭闹、暴跳如雷，或蒙头大睡，甚至装病不起，这种行为属于幼稚退化。

固执。个体在生活环境中遇到挫折时，需要有一种随机应变的能力，才能顺利解决所遇到的问题。但在某些情况下，如个体一再遇到同样的挫折，他可能会采取一种一成不变的反应方法，即使以后情况已改变，而这种已有的刻板反应方法仍会继续盲目出现，这种现象就叫固执。

2. 受挫后的心理防卫机制。

受挫后的有害情绪体验，会严重影响人的心理功能的充分发挥，危害人的心理健康。为了避免痛苦的焦虑体验，心理活动会自然地、无意识地运用歪曲、夸大、补偿、否认、升华等方法来平息内心焦虑，继续维持自我同外部世界的满意关系。心理活动的这种自我保护倾向，就是心理防卫机制。

压抑作用。受挫时将不能忍受的经历、欲望或动机压抑到无意识当中去，使意识觉察不到,也称动机性遗忘。

合理化作用。也叫文饰作用,是人们日常生活中运用最多的心理防卫机制之一。当人们的行为或动机的结果不符合社会公认的价值标准,或是自己的意愿、目的不能实现时,为了减轻受挫感,人们会为自己寻找一个"合理的"解释,以便使自己的所作所为看起来合乎逻辑或与社会要求不相违背。

补偿作用。当一个人由于自己某些方面的不足(如形象不佳或身体残疾时),为了弥补由于这些不足所带来的自我价值缺失,他会在其他方面加倍努力,力求出类拔萃,以求得心理上的平衡,保持自我价值感。

升华作用。许多社会所不允许的欲望或动机,若是直接表现,将会受到严厉的责罚和自我谴责,引起痛苦的情绪体验;但是,若以社会允许的方式表现出来,却可以受到社会的欢迎,自己的良心也可以得到慰藉。这种以社会允许的方式来表现社会所不接受的欲望或动机,既释放了心理能量又不用担心受到责罚的心理防卫机制,就是升华作用。

(三)压力及其应对

所谓压力,就是个人面对需求时所体验到的抗争或逃避的一种无意识的准备状态。压力是个体的一种主观心理体验,是一种应激行为反应。体验到压力的个人可能出现的反应可以分为行为的、生理的和心理的三个方面。

旅游工作者的压力与个体认知、工作经验、社会支持、控制点观念和敌意感有关。从组织角度讲,员工压力感低于中等水平时,管理者们可能并不在意。因为,低于中等水平的压力感有助于员工提高绩效。但如果压力感水平过高,或者即使压力水平较低,但持续时间过长,都会使员工绩效降低。因此也需要管理人员采取行动。

员工个人减少压力的策略。员工个人通过承担责任能够减轻自己的压力感。有效的个人策略包括:实行时间管理法,增强体育锻炼,进行放松训练,扩大社会支持网络。

组织减少员工压力的策略。几种导致工作压力感的因素,尤其是任务要求和角色要求及组织结构,是由管理人员控制的。这样,就可以对它们进行调整和改变。管理人员可以用来减轻员工压力感的方法有:加强人事甄选和工作安排;设置实现可行的目标;工作再设计;提高员工的参与程度;加强与员工作正式的组织沟通;设立公司身心健康项目,等等。

练习思考

1. 旅游服务有何特点?
2. 服务市场中消费者的心理契约如何形成的? 其行为有何特点?
3. 旅游服务中的客我关系有何特点?
4. 论述旅游服务的心理功能。
5. 旅游者消费心理的共同特征是什么?
6. 分析旅游者的旅游活动心理。
7. 分析旅游者投诉心理的原因、特点,以及如何处理旅游者投诉。
8. 旅游者满意度的影响因素有哪些?
9. 旅游工作者的心理素质要求包括什么?
10. 旅游工作者的职业意识包括什么?

实训练习

拟定一份调查问卷,调查身边的同学、朋友或老师对某一旅游吸引物或旅游企业的满意度,了解影响顾客满意度的因素有哪些。

案例分析

文化旅游满意度

一、案例选择

近些年来,以独特文化底蕴和文化吸引力著称的文化旅游,逐渐受到广大旅游者的青睐。虽然目前国内学者对文化旅游还没有明确定义,但已基本达成共识,即文化旅游是指人们离开他们的常住地,到文化吸引物所在地,如遗产遗迹、艺术与文化表演、艺术与歌剧等的一切移动。本文以绵山风景区作为文化旅游的研究对象,采用层次分析法(Analytic Hierarchy Process, AHP)和专家打分法对绵山文化旅游满意度进行定性和定量评价,从旅游者的角度发现文化旅游中存在的问题,并为绵山文化旅游发展提出可行性方案,旨在对山西文化旅游的发展作出较合理的定位。

绵山也称介山,位于山西省介休市区约20千米的东南处,地跨灵石、介休、沁源三市,"无峰不奇,无水不秀,无洞不幽,无道不险"正是其自然景观的真实写照,但丰富的文化旅游资源更加引人入胜。绵山最初是以介子推割股取义、高风亮节而得名。后来,绵山经过两千多年的沉淀,发展成为佛道儒三教合一的文化旅游胜地,2008年4月5日,绵山被中国文联命名为"中国寒食清明文化之乡"。在山西境内具有很强的独特性,是旅游者和信徒参观祈福的必到场所,也是教育下一代、陶冶情操的圣地。

二、指标确定

从文化旅游者满意度角度出发,根据文化旅游的特点,针对满意度评价体系和问卷设计的相关问题,向有关方面专家进行探讨和求证,将其影响因素分为文化景区品牌形象满意度、旅游资源环境满意度、景区感知质量满意度、文化景观满意度4个大类16个指标体系。具体见表9.1。

表9.1　绵山文化旅游满意度评价体系

目标层	准则层	指标层	
		指标内容	表现形式
绵山文化旅游满意度A	品牌形象B1	总体品牌形象C1 景区品牌感知C2 文化品牌形象C3	旅游者对文化景区品牌形象的总体评价 旅游者对文化景区文化品牌形象的感知 文化旅游景区在发展过程中的文化品牌形象的树立
	资源环境B2	游览价值C4 科考价值C5 户外休闲价值C6 求新求异价值C7	旅游者对文化景区自然人文景观的参观游览 旅游者对景区内自然资源独特性进行科学考察 休闲度假,愉悦身心 追求独特创意,求新探险
	感知质量B3	可进入性C8 服务质量和管理水平C9 基础设施C10 信息传达C11 旅游商品C12	旅游交通设施、景区道路情况 导游或服务人员、解说、票务、信息、环境、安全、卫生 餐饮、住宿、交通、娱乐设施、通讯、医疗保健 准确的通过某种媒体或媒介获得文化宣传或服务信息 旅游商店的管理和特色旅游产品
	文化景观B4	文化景观的多样性C13 文化景观的精神性C14 文化景观的传播性C15 文化景观的奇特性C16	文化景观所具有的相互交融和多元性 文化景观带给旅游者的精神文化价值和享受 文化景观通过宣传和推广的方式进行文化传播 独特的文化景观所表现出来的稀有性特质

在考察绵山文化旅游的发展情况时,主要采用问卷调查的方式,通过网络和景区实地进行调查,历时12天,时间为2013年7月13日至7月24日,在绵山旅游区

随机发放问卷共150份,回收有效问卷131份,有效回收率为87.33%。设评价目标层的权重为1.0,将1—9标度法作为判断尺度,构造比较判断矩阵来确定模型各层次评价权重,以了解旅游者满意度。具体见表9.2和表9.3。

表9.2　1—9标度法

定　义	极其重要	重要得多	明显重要	稍显重要	同等重要	稍不重要	不重要	很不重要	极不重要
判断尺度	9	7	5	3	1	1/3	1/5	1/7	1/9

表9.3　绵山文化旅游

	品牌形象	资源环境	感知质量	文化景观	Wi	排名
品牌形象	1	2	3	1/2	0.2776	2
资源环境	1/2	1	2	1/3	0.1603	3
感知质量	1/3	1/2	1	1/4	0.0953	4
文化景观	2	3	4	1	0.4668	1

三、满意度评价

采用德尔菲法对评价指标进行逐一打分,对应各指标权重可得,绵山文化旅游满意度最终得分=相对应的最终权重×相对应的专家打分。各层次权重分布见表9.4。

表9.4　各层次权重分布

目标层	准则层		指标层		
	内　容	准则层权重	内　容	指标层权重	最终权重
绵山文化旅游满意度	景区品牌形象	0.2776	总体品牌形象	0.5396	0.1498
			景区品牌感知	0.1634	0.0454
			文化品牌形象	0.2970	0.0824
	旅游资源环境	0.1603	游览价值	0.4765	0.0764
			科考价值	0.0810	0.0130
			户外休闲价值	0.2879	0.0462
			求新求异价值	0.1547	0.0248
	景区感知质量	0.0953	可进入性	0.3475	0.0331
			服务质量和管理水平	0.1259	0.0120
			基础设施	0.0701	0.0067
			信息传达	0.3849	0.0367
			旅游商品	0.0716	0.0068
	文化景观	0.4668	文化景观的多样性	0.4723	0.2205
			文化景观的精神性	0.1697	0.0792
			文化景观的传播性	0.0725	0.0338
			文化景观的奇特性	0.2854	0.1332

从整体最终得分来看，能基本反映绵山文化旅游的实际情况。旅游者对绵山文化旅游的总体满意度较高，总分达到 72.77 分，主要取决于文化旅游景区采取的"景区运营"的模式，对景区采取文化包装，以文化吸引旅游者，让旅游者在游览过程中充分感受文化景观和自然景观的双重魅力。因此，绵山在未来的发展中要做好文化定位，将文化内涵和大众休闲娱乐相结合，突出旅游文化产业的竞争优势，促进旅游业与文化产业的融合发展。具体见表9.5。

四、研究结果

文化景区品牌形象满意度。文化景区旅游经济发展的深层次的影响因素是文化品牌，旅游者在游览前对旅游景点间综合比对中，文化内涵的高低、品牌形象的好坏、是否有好的口碑对旅游者总体满意度的影响最大。从表9.5可知，绵山旅游景区的总体品牌形象得分较高，但是文化品牌形象却差强人意。因此，在未来发展中应该注重文化内涵的升华和文化品牌的树立。

表9.5　评价得分表

评价指标	最终权重	专家打分	最终得分
总体品牌形象 C1	0.1498	75	11.2350
景区品牌感知 C2	0.0454	80	3.6320
文化品牌形象 C3	0.0824	70	5.7680
游览价值 C4	0.0764	85	6.4940
科考价值 C5	0.0130	60	0.7800
户外休闲价值 C6	0.0462	90	4.1580
求新求异价值 C7	0.0248	70	1.7360
可进入性 C8	0.0331	75	2.4825
服务质量和管理水平 C9	0.0120	60	0.7200
基础设施 C10	0.0067	80	0.5360
信息传达 C11	0.0367	65	2.3855
旅游商品 C12	0.0068	60	0.4080
文化景观的多样性 C13	0.2205	75	16.5375
文化景观的精神性 C14	0.0792	70	5.5440
文化景观的传播性 C15	0.0338	70	2.3660
文化景观的奇特性 C16	0.1332	60	7.9920
总　分			72.7745

旅游资源环境满意度。在绵山文化旅游满意度调查中，旅游者在闲暇时间选择文化旅游，最看中的是自然景观和文化景观的游览价值以及所能得到的户外休闲满意程度。绵山旅游景区由前山文化景观和后山自然景观共同构成，而自然景

观和人文景观相互补充、相得益彰更是绵山旅游资源环境规划的重中之重,使旅游者在体验绵山独特自然景观的同时,感受跨越千年的文化内涵。因此,两者的协调发展,对绵山文化旅游品牌的树立具有促进作用。

景区感知质量满意度。景区感知质量对旅游者的总体满意度有强烈而直接正向影响,文化旅游景区的可进入性、服务质量和管理水平、基础设施、信息传达、旅游商店的质量好坏,直接影响着旅游者对景区的印象。针对绵山文化旅游景区来讲,服务质量、基础设施和旅游商品的得分最低。因此,对旅游从业人员的素质培养和对绵山相关基础设施的建设,以及旅游购物商店、特色旅游产品的质量保证和购买渠道正规化是当务之急。

文化景观满意度。在绵山文化景观满意度的得分中,文化景观的多样性得分最高。目前,绵山共有游览区14个,大小景点360余处,分别有一日至七日游的格局,如户外休闲自然游、寒食清明文化游、三教文化游、历史考察游、军事养生文化游等。这种多样化的旅游新格局,对文化产业和旅游业的融合发展具有积极的促进作用。但在注重多样性发展的同时,还要努力加强文化景观的精神性、传播性以及奇特性方面的建设,使绵山成为综合性的游览胜地。

案例来源:田璐、林宪生、邓薇、江海旭:《基于AHP对绵山文化旅游满意度的评价研究》,《经济研究导刊》,2014年第19期,第222—229页。

案例讨论

1. 什么是文化旅游?
2. 案例对文化旅游满意度的研究方法有何特点?
3. 旅游者对文化旅游景区的满意度感知可以用哪些指标来衡量?

案例点评

乡村旅游服务质量的提升

乡村旅游被称为21世纪中国乡村传统产业的重要替代产业和乡村发展的战略产业。国家"十二五"规划纲要中也提出"利用农业景观资源发展观光、休闲、旅游等农村服务业"。国家旅游局更是专门制定了《全国乡村旅游发展纲要(2009—2015)》,对乡村旅游进行了全面部署。乡村旅游的发展既满足了城市居民的旅游需求,也促进了农村经济的发展,实现了旅游富民的目标。

乡村旅游服务质量被广泛认为是差异化乡村旅游产品及建立竞争优势的主要因素。面对在乡村旅游发展中出现的产品同质化现象严重、文化内涵不突出等问题,乡村旅游服务质量方面的研究显得尤为重要。

一、案例选择

河南乡村旅游近年来实现了飞跃式的发展,发展乡村旅游与休闲农业是河南省经济发展的一个新的方向,对于河南"旅游立省"战略的实施意义重。本研究将SERVQUAL差距分析模型引入到河南乡村旅游服务质量的评价当中,为河南乡村旅游服务质量的定量化分析提供理论基础;通过问卷调查、实地考察的方式对河南乡村旅游景点进行了服务质量的调研,并根据调研结果进行统计分析,针对分析内容采取相应的改进措施,提高整体服务质量水平,这对河南乡村旅游的可持续发展具有重要的现实意义。

2013年5月到2013年6月期间,在荣获全国首批"全国休闲农业与乡村旅游示范点"的新乡市龙泉村、河南省特色文化名村的郭亮村和新乡市八里沟景区的乡村旅游点三个乡村旅游地对游客进行随机抽样调查。本次调查共发放问卷280份,收回有效问卷254份,有效问卷回收率为90.71%,对调查问卷采用SPSS17.0进行统计分析。

二、SERVQUAL差距分析模型

SERVQUAL模型是第一个系统的评价服务质量的量表,该量表由5个因子22个题项组成,主要用来测量顾客对服务提供者总体水平的绩效期望和事实感知之间的差异。1985年,帕拉苏拉-曼、蔡特哈梅尔和拜里(Parasura-man, Zeithaml & Berry)首次提出SERVQUAL模型后,该模型在银行、零售、保险、旅游等各服务行业都得到了广泛运用。经研究证实,SERVQUAL模型,尤其是修正的SERVQUAL和扩展的SERVQUAL能为服务企业提供有价值的诊断信息。

三、问卷设计

本研究以SERVQUAL测量模型的问卷为基础,参考学者设计的乡村旅游地服务质量测评量表,并结合大量的实地访谈,得到了反映河南乡村旅游服务质量的量表。该量表由5个维度29个题项构成,问卷分两部分,第一部分是基于SE-

RVQUAL 模型的河南乡村旅游服务质量测量问项见表9.6。这部分问题采用李克特5点量表进行测量,评分越高表明旅游者对该项目的评价越高;第二部分是受访者的个人信息,包括旅游者的性别、年龄、职业、月均收入、教育程度等。具体见表9.6。

表 9.6　基于 SERVQUAL 模型的河南乡村旅游服务质量测量问项

维　度	题　　项
有形性	A1 空气清新,乡村气息浓厚 A2 拥有完善的公共基础设施和旅游配套设施 A3 服务人员的服装与当地环境协调并易于旅游者识别 A4 住宿设施齐全,整洁舒适 A5 菜肴具有农家特色和当地特色 A6 整体环境卫生状况良好
可靠性	B1 对旅游者承诺的服务能及时完成 B2 所承诺的服务内容与旅游者实际体验相符合 B3 服务人员能提供正确的服务 B4 服务人员总是热心帮助游客
响应性	C1 服务人员的服务效率高 C2 旅游者提出的要求及问题能够得到及时的回应 C3 旅游者可以方便地预定各项服务 C4 旅游者可以很容易地进行投诉
保证性	D1 服务人员熟悉业务,操作熟练 D2 服务人员解说准确,易懂 D3 服务人员能与旅游者进行有效沟通 D4 服务人员对旅游者能微笑服务、热情招待 D5 旅游地交通便利 D6 旅游地不会过度拥挤 D7 旅游者在乡村旅游过程中感到安全 D8 旅游商品从业人员诚信经营
移情性	E1 休闲活动项目丰富多彩,有浓厚的乡村文化 E2 活动项目可参与性高 E3 服务人员能积极了解旅游者的需求 E4 服务人员能针对不同的旅游者提供个性化的服务 E5 服务人员能事先告知旅游者服务的时间及注意事项 E6 服务人员能主动告知旅游者各种设备设施的使用方法 E7 能为特殊群体(如老人、小孩)提供特殊的服务方式或活动内容

四、样本特征

本次调查的受访旅游者女性居多,占总样本的 56.69%。年龄段在 24 岁以下及 31—40 岁的旅游者所占的比例较大,分别为 32.68% 和 30.71%。月平均收入低于 3500 元的受访旅游者居多,占 83.86%。受访旅游者以教育程度为本科的居多,占 47.24%。50.39% 的受访旅游者不确定是否会重游,39.76% 的受访旅游者表示会重游,只有 9.84% 的受访旅游者明确表示不会重游此旅游地。具体见表 9.7。

表 9.7　样本人口统计特征

项　目	选　项	人数(人)	比例(%)
性　别	男	110	43.31
	女	144	56.69
年　龄	≤24 岁	83	32.68
	25—30 岁	45	17.72
	31—40 岁	78	30.71
	41—50 岁	20	7.87
	51—60 岁	15	5.91
	>60 岁	13	5.12
职　业	学　生	43	16.93
	政府工作人员	43	16.93
	教　师	24	9.45
	企业人员	40	15.75
	个体经营者	20	7.87
	自由职业者	25	9.84
	离退休人员	17	6.69
	其　他	42	16.54
月平均收入	≤2000 元	111	43.70
	2001—3500 元	102	40.16
	3501—5000 元	32	12.60
	5001—6500 元	7	2.76
	6501—8000 元	0	0
	>8000 元	2	0.79
教育程度	初中及以下	11	4.33
	高中(含中专)	40	15.75
	大　专	70	27.56
	本　科	120	47.24
	硕士及以上	13	5.12
重游意愿	会	101	39.76
	不确定	128	50.39
	不会	25	9.84

五、调查结果

旅游者对于乡村旅游服务质量的期望值比较高,达到 4.1 以上,各维度在服务质量期望值的标准差在 0.73 至 0.79 之间,表明各维度样本所反映的情况相对集中,大部分旅游者的观点基本上一致。各维度在乡村旅游服务质量感知的均值都在 3.0—3.5 之间,相比期望服务质量而言,旅游者对于乡村旅游服务质量的感知值相对较低;各维度在服务质量感知值的标准差在 0.85 至 0.96 之间,表明各维度样本所反映的情况较期望服务质量而言相对比较分散。由此可见,旅游者感知服务质量的差异性比较大。

另外,在乡村旅游服务质量方面,各维度的顾客对于服务质量的期望值和感知值存在较大差异,差异分值在 −0.81 至 −1.03 之间,表明旅游者对乡村旅游服务质量存在明显的不满意。各维度的服务质量均值的标准差均在 1.02 以上,说明各维度样本对服务质量的评价比较分散,即不同旅游者对服务质量评价存在较大的差异性。

从问卷总体结果来看,尽管差距值是负差距,但是差距的范围大多是小于 1 的。也就是说,从总体上来评价,河南乡村旅游地在服务质量方面虽然与旅游者期望存在差距,但是旅游者对乡村旅游地还是很有好感的,这也说明河南乡村旅游地还是具有一定的吸引力。具体见表 9.8。

表 9.8　河南乡村旅游服务质量描述性统计表

维度	问项	期望均值	期望标准差	感知均值	感知标准差	服务质量均值	服务质量标准差
有形性	A1	4.44	0.713	3.96	0.809	−0.48	0.927
	A2	4.19	0.753	3.41	0.779	−0.78	1.021
	A3	3.83	0.849	3.05	0.870	−0.78	1.108
	A4	4.22	0.768	3.15	0.997	−1.07	1.117
	A5	4.17	0.754	3.40	0.873	−0.77	1.060
	A6	4.31	0.685	3.36	0.850	−0.95	1.028
	合计	4.193	0.7537	3.388	0.8630	−0.805	1.0435
可靠性	B1	4.34	0.768	3.39	0.782	−0.95	0.962
	B2	4.30	0.787	3.29	0.853	−1.01	1.008
	B3	4.24	0.730	3.36	0.835	−0.88	1.051
	B4	4.25	0.770	3.31	0.929	−0.94	1.053
	合计	4.283	0.7638	3.338	0.8498	−0.945	1.0185

(续表)

维度	问项	期望均值	期望标准差	感知均值	感知标准差	服务质量均值	服务质量标准差
响应性	C1	4.20	0.741	3.18	0.808	−1.02	1.023
	C2	4.24	0.776	3.26	0.917	−0.98	1.054
	C3	4.07	0.789	3.12	0.903	−0.95	1.100
	C4	4.07	0.850	2.89	1.012	−1.18	1.193
	合计	4.145	0.7890	3.113	0.9100	−1.033	1.0925
保证性	D1	4.19	0.806	3.33	0.867	−0.86	1.019
	D2	4.18	0.736	3.44	0.895	−0.74	0.987
	D3	4.15	0.727	3.34	0.859	−0.81	1.010
	D4	4.22	0.771	3.43	0.958	−0.79	1.061
	D5	4.37	0.703	3.61	0.835	−0.76	0.978
	D6	4.35	0.717	3.56	0.971	−0.79	1.084
	D7	4.57	0.610	3.69	0.917	−0.88	0.996
	D8	4.41	0.753	3.37	0.923	−1.04	1.115
	合计	4.305	0.7279	3.471	0.9031	−0.834	1.0313
移情性	E1	4.15	0.697	3.15	0.900	−1.00	1.125
	E2	3.93	0.790	3.00	0.939	−0.93	1.051
	E3	3.99	0.807	2.94	0.909	−1.05	1.104
	E4	3.92	0.849	2.76	1.030	−1.16	1.129
	E5	4.22	0.776	3.27	1.018	−0.95	1.097
	E6	4.15	0.760	3.14	0.982	−1.01	1.054
	E7	4.23	0.735	3.03	0.908	−1.20	1.088
	合计	4.084	0.7734	3.041	0.9551	−1.043	1.0926
	SQ	4.299	0.6866	3.362	0.7969	−0.925	1.0512

六、研究结论

提高个性化服务意识,尤其要重视特殊群体的特殊需求。在五个维度中,保证性和有形性的旅游者感知值得分较高,移情性和响应性得分则较低,其中移情性中的"能为特殊群体(如老人、小孩)提供特殊的服务方式或活动内容"的旅游者感知值得分 3.03,与期望值的差距为 1.20,是项目中得分最低的,这说明河南乡村旅游地在针对特殊群体的特色服务上还需要极大提高。据调查,虽然在河南乡村旅游的过程中,特殊群体的数量占的比例很少,但是在调查的三个乡村旅游地中没有一个旅游地提供任何相关服务,这极大地影响了旅游者对乡村旅游地服务质量的评价。

对旅游者投诉方面的认识需要加强。在响应性这一维度中，"旅游者可以很容易地进行投诉"的旅游感知值为2.89，仅高于"能为特殊群体（如老人、小孩）提供特殊的服务方式或活动内容"一项。调查表明，乡村旅游地没有明显的旅游者投诉标志和方式，即使在游览过程中有相关的投诉电话，但是公示牌设置的地方往往比较隐蔽，旅游者很难发现，所以大多数旅游者遇到问题时，往往找不到解决的途径，这也影响了旅游者对旅游地的评价。同时乡村旅游地不能及时了解旅游者的反馈意见，对旅游服务质量的认识和提高也存在很大的障碍。

加强对旅游地服务人员的培训。提高服务人员的服务意识，使其掌握沟通技巧，不仅掌握如何提供高效优质的服务，同时能针对不同的旅游者提供个性化的服务。在培训的过程中，管理人员应鼓励服务人员创造性地为旅游者解决各种服务质量问题。当有投诉或者抱怨发生，服务人员应有能力及时地进行处理，给旅游者满意的答复。此外，管理人员应授予员工必要的权力，鼓励员工打破常规，主动、灵活地处理问题，这对于提高乡村旅游地的服务质量有十分重要的影响。

进一步加强硬件设施的建设，尤其是住宿设施。虽然旅游者对有形性方面的评价最高，尤其是对乡村旅游地的环境评价最高，但是有形性中"住宿设施齐全，整洁舒适"一项的评价在整体评价中处于较低水平。所以乡村旅游地的经营者还需要在住宿设施方面加大建设，不仅要保留乡村旅游地的建筑文化特色，更需要满足旅游者安全、卫生及舒适的需求。

由以上分析可以看出，河南乡村旅游地的服务质量还存在着许多问题。面对日趋激烈的市场竞争，河南乡村旅游地要在竞争中处于优势地位，需要及时了解旅游者的需求，进一步提高软实力，同时还要加强硬件配套设施的建设。河南乡村旅游地可定期使用服务质量评价模型进行测评，及时了解服务质量方面的问题，从而不断提高其服务质量。

案例来源：宋静雅：《河南乡村旅游服务质量提升研究——基于SERVQUAL模型分析》，《河南机电高等专科学校学报》，2014年第1期，第29—33页。

点评：

虽然理论上和实践中对服务质量的概念界定和测评都没有形成一致的认识，但是服务质量的好坏是顾客主观评价的结果。学者格罗鲁斯（Gronroos，1982）首次提出"顾客感知服务质量"的概念，认为服务质量是一个主观范畴，它取决于顾客对服务质量的期望(即期望服务质量)同其实际感知的服务水平(即体验的服务质量)的对比。即:顾客感知服务质量＝顾客感知服务绩效－顾客期望的质量。因此,乡村旅游服务质量的提升应该从顾客感知入手,贴近顾客需求,了解顾客心理,强化服务意识。

第十章

旅游企业服务心理

核心提示

由于旅游服务产品不同于有形产品,旅游服务营销具有更加独特的营销手段。顾客行为具有个人因素和人际因素。导游人员必须具备一定的心理品质才能提供良好的服务。饭店服务人员也要掌握客人的心理提供个性化服务。

学习要点——1.旅游服务营销中顾客心理依据;2.导游人员的心理品质;3.饭店客人的心理需求;4.饭店工作者的心理素质和职业意识;5.前厅、客房、餐饮、购物心理需求及服务心理策略。

基本概念——旅游营销服务心理、顾客行为、心理策略。

第一节　旅行社服务心理

一、旅游营销服务心理

旅游者行为的依据是什么,这是旅游服务营销中必须回答的问题。如果能够理解旅游者行为，就可以更好地决定服务、价格、促销和分销，从而更好地满足旅游者需求。

旅游服务营销的特点表现为服务的非耐用性、更加感性的购买驱动、经营证据更加重要、特别强调形象、更加多样的分销渠道、更加依赖协作组织、服务更容易被效仿、更加强调淡季促销。因此，旅游服务营销具有更加独特的营销手段，超出传统的 4P 手段，顾客的口碑更重要，促销中更多应用顾客感性驱动，并且尝试新概念的困难更大。这就要求旅游营销人员掌握旅游营销服务心理的一般规律。

（一）旅游服务营销中顾客行为的心理依据

顾客行为就是指顾客选择、使用和购买服务后的表现方式。有两种类型的因素会对个体顾客产生影响：个人因素和人际因素。个人因素是单个顾客的心理特征，包括：需求、愿望、动机、感知、学习、性格、生活方式、自我概念。

1. 个人因素。

顾客需求是营销的基础，满足顾客的需求是取得长期成功的关键所在。科特勒认为，人类需求就是感觉缺乏某种满足的状态。当顾客所拥有的和想要拥有的东西之间存在差距时，就产生了需求。顾客心理和生理两方面均可能产生需求。

愿望就是顾客对于能够满足他们需求的具体事物的渴望。个人的需求在数量上相对较少，而愿望则多得多。一个需求可能有几个相应的愿望。顾客需要有动机促使其满足自己的愿望。

马斯洛的需求层次论是一种关于人类动机的认知理论，该理论假设顾客行动前会思考，采取理性决策过程。赫茨伯格的双因素激励理论从另一个方面研究了人的动机，说明顾客对于满足品和不满足品同样关注。

顾客通常更多依赖于其对事实的感知进行决策，而非事实本身。不仅要促使顾客购买，还要让他们感觉到购买这项服务能够满足他们的需求和愿望。

感知就是个体选择、组织和解译信息以产生一个关于世界的有意义画面的过程。顾客以自己的感觉来评估旅游服务。顾客的感觉差异来自感知的四个过程：感知过滤、感知偏差、选择性保留和结束。

研究表明，顾客可能倾向于以下行为：筛选出熟悉的信息；保留与自己需求相关的信息；选购与自我形象相符的服务；注意与众不同的信息；注意以前经历过的、留下好印象的信息；相信人际因素信息。而顾客可能较少作出以下行为：利用感知偏差，扭曲人际因素信息；吸收需费力理解的复杂信息；注意所满意的品牌的竞争对手的信息。

顾客常常利用五感来评估信息呈现的证据,刺激因素就是顾客所察看的大部分证据。如:规模、颜色、强度、移动、位置、对比、隔离、材质、形状、周边环境等因素均可用于支持顾客渴望的感知。

顾客的性格是前面所讨论过的大部分旅游者心理因素的综合体,包括动机、感知、学习和情感。实际上,性格就是体现一个人不同于其他人的思考和行为方式,体现人的独特性的东西。心理分析对各类人的性格归类包括:友善、自信、安静、控制欲强、善于社交、随遇而安、自我保护、善于变通,等等。心理学家认为顾客的性格和购买行为之间有密切的联系。

生活方式就是态度、兴趣和观点相互作用的结果。态度就是一种评价一些象征、物体或者世界的某些方面的赞同或否定的倾向。兴趣就是在其上花费时间,能够吸引注意力的事物。观点就是正确或不正确的信念,是对各种事物的看法。生活方式影响顾客行为。

顾客的自我概念就是意象中的图像,由四个不同元素组成:真实自我、理想自我、参照自我和自我形象。具体体现在以下几个方面:我们实际是怎么样的(真实自我);我们想要成为的方式(理想自我);我们认为其他人眼中的自己(参照自我);我们眼中的自己(自我形象)。几乎没有人认识真实自我,而且很多人也不愿意认识。相反,人们更愿意谈论和考虑理想自我。理想自我具有强烈的动机影响力,人们本身在不断地试图接近这个理想状态。

顾客的自我形象是营销的自我概念理论中最重要的元素。它通常由真实自我、理想自我和参照自我综合组成。顾客经常为了给参照群体留下积极的印象而购买一些东西;顾客大多喜欢跟随同类人的潮流。

2. 人际因素。

人际因素体现了其他人的外部影响。个人因素和人际因素的影响会同时发生。人际因素包括:文化和亚文化、参照群体、社会阶层、意见领袖和家庭。

文化就是由信仰、价值、态度、爱好、传统、习惯和行为模式组成的,由一群人所共有的东西。顾客的文化学习影响着其购买旅游服务的决策。文化通过影响顾客的动机、感知、生活方式和性格等个人因素而发生作用。

文化也是最广泛的社会群体所拥有的习俗,文化以整体的方式影响着社会,同样也影响着社会的各个社会群体和单个顾客。文化说明了社会能够接受的行为和动机的类型,说明了顾客要接受的社会制度和社会习俗。

所有顾客都从属于各自确认的参照群体。主要有两种类型的参照群体:基本组和二次组。基本组包括其家人和朋友,二次组包括其工作中或其他组织中的伙伴、同事。顾客大多都会被同向参照群体或异向参照群体所影响。异向人群就是一些顾客不想与之有任何关联的人,会尽量避免购买他们这些人购买的产品或服务。

由于顾客通常会追随这些社会群体的某些行为规范,这些社会群体就叫做参照群体。也就是说,顾客以他们的行为作为购买或者不购买的参考。有多种多样的参照群体,有的会对其他人产生非常重大的影响,他们也会影响人们购买旅游服务的情况。

顾客总是从属于某个社会阶层。社会阶层主要由职业、收入来源、累计财富、最高教育水平、住宅位置和家庭背景等决定。不同等级的社会人群表现出对于服装、家具、汽车和休闲活动完全不同的品牌偏好。由于和休闲活动的密切联系,这些社会阶层对于旅游服务业十分重要。社会各等级人群对于媒介有不同的偏好,他们的交流方式也不相同。

每个社会群体都有为所有人传达信息的意见领袖。他们通过寻找信息或者购买别人没有尝试过的服务、产品来引导潮流。很少会有综合领袖,一般来说,每个社会群体都会有好几个领袖,他们分别对不同类型的旅游服务各有专长。

家庭因素是对顾客行为影响最大的人际因素之一。在现代社会,传统家庭经历了几个阶段,专家们称之为家庭生命周期概念。购买行为在家庭生命周期的不同阶段也有所不同。家庭的生命周期分为九个阶段:单身、新婚、满巢一期(最小的孩子年龄小于6岁)、满巢二期(最小的孩子年龄超过6岁)、满巢三期(孩子未成年的年长夫妇)、空巢一期(户主有工作,孩子独立)、空巢二期(户主已退休,孩子独立)、中老年单身者(有工作)、中老年单身者(已退休)。单身、新婚和空巢一期的人群没有孩子的束缚,在旅游度假选择上约束较少,可以花较多时间和金钱去度假。其他人群的特征则有所不同。

总之,顾客的购买或决策过程是顾客行为的一个重要方面。这一过程反映了顾客购买时经历的各个阶段。大多数专家认为,顾客购买过程共分为五个明显不同的阶段:需求意识阶段、信息搜索阶段、不同项目评价阶段、购买阶段、购买后评价阶段。

(二)旅游服务的双重性

旅游者作为旅游企业的客人,不仅期待着旅游服务人员帮助他们解决种种实际问题,而且还期待着旅游服务人员成为他们的"知心人",帮助他们消除种种不愉快的感受,获得各种愉快的感受,留下可以"长期享用"的美好记忆。所以,旅游服务一方面要为客人提供优质的功能服务,另一方面还要为客人提供优质的心理服务。

旅游服务包含的双重服务主要是:旅游服务的功能服务是指帮助旅游者解决吃、住、行、游、购、娱等方面的种种实际问题,使旅游者感到安全、方便和舒适的服务;旅游服务中的心理服务是指通过服务语言和技能,让旅游者获得精神上、心理上的愉悦体验,满足旅游者的心理需求的服务。

对心理服务的较全面的解释是:让旅游者获得心理上的满足——让他们在旅游中获得轻松愉快的经历,特别是要让他们经历轻松愉快的人际交往,在人际交往中增加亲切感和自豪感。实现旅游服务的心理功能,就要实现优质服务,提供超出旅游者预期的超值服务,就要在为旅游者解决种种实际问题的同时,还能让旅游者得到心理上的满足;而且即使不能完全按照旅游者的要求解决他们的实际问题,也要在客我交往中让客人得到心理上的满足。

旅游功能服务的质量往往要受到旅游企业所具有的种种物质条件的制约,同时也取决于服务人员所具有的知识技能;而旅游心理服务的质量主要取决于服务人员是否有爱心、有满腔热忱,是否善解人意和具有一定的表现力,以及对旅游者心理与行为规律的理解。

为旅游者提供心理服务,一是要使旅游者获得更多的亲切感,二是让旅游者对自己更加满意,获得更多的自豪感。这需要具有谦恭的态度、讲究的措辞、无声语言的运用、细致的观察力。增加自豪感是旅游者所得到的心理上的最大满足。

二、导游人员的心理品质

导游人员是运用专门知识和技能,为旅游者组织、安排旅行和游览事项,提供向导、讲解和旅途服务的人员。导游工作是一项综合性很强的工作,工作范围广,责任重大,作为"民间大使",往往代表了旅游地的形象。优秀的导游人员最重要的是人品和人格,其人品和人格正是其心理素质的体现。

(一)仪表、气质与服务心理

旅游业是服务行业,导游人员则是旅游业的门面。顾客从不与工业制成品的生产者见面,可是在旅游业旅游者直接看到导游人员的优缺点,导游人员本身就是产品的一部分,导游人员的态度、行为和形象,与旅游者对旅游产品的看法有至关重要的联系。这就意味着导游人员要注重自身形象的塑造,其在做每一件事情时都是在宣传其自己和其所在的旅行社。

仪表、气质与人的行为表现是紧密联系的,旅游服务人员的服务表现应该是外部形象仪表美和内在气质品德美的和谐统一。

1. 仪表与服务心理。

仪表是指导游人员的容貌、姿态、服饰等外在形象表现,是导游人员精神面貌的外观体现,它与导游人员的道德、修养、文化水平、审美情趣及文明程度有着密切的关系。人际关系中,外貌吸引产生的原因一般认为有两个方面:一是审美需要是人的一种高层次的、重要心理需要,二是较佳的外表会产生人际知觉中的晕轮效应,带来人际吸引力。

如果导游人员在旅游者心中树立起良好的形象,他就有将旅游者团结在自己的周围的可能;如果旅游者信任导游人员,他们就会帮助导游人员解决困难,正确对待旅游活动中出现的问题和矛盾,积极配合、协助导游人员顺利完成整个导游工作。

2. 气质与服务心理。

气质是人的心理特征,它包括人与外界事物接触中反映出来的感受性、耐受性、敏捷性、兴奋性以及心理活动的内向性与外向性等特点。在旅游服务中,导游人员为客人提供的是面对面的服务。要做好导游服务工作,服务人员必须具备一定的气质特征。

一是感受性、灵敏性不宜过高。感受性是指人对外界刺激产生感觉的能力和对外界信息产生心理反应需要达到的强度。灵敏性主要是指心理反应的速度。导游人员在工作中,由于接待的客人来自四面八方,形形色色,各个阶层、各个年龄段、各种文化背景、文化程度的旅游者都有,如果导游人员感受性太高,则注意力会因外界刺激的不断变化而分散,从而影响服务工作的有效开展。当然,导游人员的感受性也不可过低,否则将对客人的服务要求熟视无睹,会怠慢客人,降低服务质量。此外,导游人员的灵敏性要求不可过高,否则,会让客人产生不稳重的感觉,也无法使自己保持最佳的工作状态。

二是耐受性、兴奋性不能过低。耐受性是指人在受到外界刺激作用时表现在时间和强度上的耐受程度和在长时间从事某种活动时注意力的集中性。兴奋性是指情绪发生的速度和程度。在导游服务中,一位导游人员在自己熟知的景点,重复着早已记忆于心的解说词,重复的工作使人感到厌倦,工作的热情受到极大的影响,而这些情绪、思想不能表露出来,这就要求导游人员要有极大的克制力,在每天的工作中都能以微笑、诚信对待每位旅游者,使客人时时感受服务人员饱满的工作热情,高效、优质的服务。因此,导游人员必须具备较高的耐受性和情绪兴奋性。

三是可塑性要强。可塑性是指人适应环境的能力和根据外界事物的变化而改变自己行为的可塑程度。凡是容易顺应环境、行动果断的人,表现为较大的可塑性。而在环境变化时,情绪上出现纷扰,行动缓慢,态度犹豫的人表现为较弱的可塑性。在旅游服务中,导游人员必须掌握一定的服务程序和服务规范,但在具体服务过程中,导游人员还必须根据旅游者需求的变化进行灵活的调整,否则会给旅游者一种服务生硬的感觉。

(二)性格、情感与服务心理

1. 性格与服务心理。

性格是指一个人在先天生理素质的基础上,在不同环境熏陶下和实践活动中逐渐形成的比较稳定的心理特征。如热情、开朗、活泼、刚强或淡漠、沉默、懦弱、温柔等。

良好的性格特征可以使服务人员始终保持最佳服务状态,使客人感受到被尊重,使主客关系变得融洽;对服务员个人而言,良好的性格特征也可使其从客人满意中,获得个人心理的满足。服务工作所要求的热情服务应内化为导游人员性格特征的自然流露而不是表面上的逢场作戏。导游人员一般应该具备下列性格特征:独立、外向、热情、富有同情心,乐群、幽默、乐观、富于理性。时时保持灿烂的笑容,用真诚和热情赢得旅游者的信任,用坚忍和耐心化解旅游者的不满。

2. 情感与服务心理。

导游人员对导游工作的热爱,对旅游者的爱都是其情感的体现,爱一行才能干好一行,工作起来才会有热情,而服务热情对导游工作是必不可少的。旅游业是一个"高接触"行业,导游人员不可避免地要频繁地与各种各样的旅游者打交道,与他们进行着特殊的人际交往。要让旅游者在与自己的交往中感到轻松、亲切和自豪,就必须调整好自己的情绪状态。

此外,人的情绪会向周围扩散,会使周围的人受到感染。作为导游人员,必须调整好自己的情绪状态,这不仅因为情绪状态会通过表情向旅游者传递重要的信息,而且因为情绪状态会通过表情使周围的游客受到感染。

掌握情绪调整的方法也十分必要,当情绪状态发生变化时,应当及时地调整自己的情绪状态。人的情绪状态的变化,主要是在七种不同的状态之间转换,心理学家曾用七种不同的颜色来代表这七种不同的情绪状态,排列起来就形成了下面这样一个"情绪谱":

"红色"情绪——非常兴奋;"橙色"情绪——快乐;"黄色"情绪——明快、愉快;"绿色"情绪——安静、沉着;"蓝色"情绪——忧郁、悲伤;"紫色"情绪——焦虑、不满;"黑色"情绪——沮丧、颓废。

如果导游人员在与旅游者接触时,能以"情绪谱"上的"黄色"情绪作为自己情绪状态的"基调",这样就能给旅游者一个精神饱满、工作熟练、态度和善的良好印象。

(三)意志、能力与服务心理

1. 意志与服务心理。

作为导游人员,在接待服务中要不断克服由各种主客观原因造成的困难,要不断发挥主观能动性,增强自己的意志素质。一个自觉性较强的导游人员,往往具有较强的主动服务意识,在工作中能不断提高业务水平,并积极克服工作中所遇到的困难。

具有意志果断性的导游人员在面对各种复杂问题时,能全面而又深刻地考虑行动的目的及达到目的的方法,懂得所作决定的重要性,清醒地了解可能的结果,能及时正确地处理各种问题;具有坚韧意志的导游人员能排除不符合目的的主客观诱因的干扰,做到面临纷扰,不为所动,同时能围绕既定目标做到锲而不舍,有始有终;具有自制力的导游人员能克制自己的消极情绪和冲动行为,不论在何种情况下,无论发生什么问题,无论遇到多么刁难的旅游者,都能克制并调节自己的行为,做到不失礼于人。一般具有自制力的导游人员,组织性、纪律性特别强,情绪较稳定。

2. 能力与服务心理。

服务水平的高低依赖于与之相适应的能力结构。一名合格的导游人员的基本能力应由以下几个方面所组成。

一是较强的认识能力,高水平的服务应该是导游人员尽量把工作做在旅游者开口之前,这就要求导游人员有较强的认识能力,能充分把握服务对象的活动规律;二是良好的记忆能力,良好的记忆力是导游人员搞好优质服务的智力基础;三是较强的自控能力,导游人员的自控能力体现了他的意志、品质、修养、信仰等诸方面的水平;四是较强的应变能力,它要求导游人员在问题面前,沉着果断,善于抓住时间和空间的机遇,排除干扰,使问题的解决朝自己的意愿发展;五是较强的语言表达能力,没有较强的语言表达能力,导游人员就无法有效地与旅游者沟通;六是较强的公关交际能力,导游工作是一种与客人打交道的艺术,导游人员除了与旅游者交往之外,还必须协调好与旅游部门和其他相关部门之间的关系;七是良好的组织协调能力,导游人员面对的常常是十几个或几十个人的团体,负责安排吃、住、行、游、购、娱等工作,事无巨细,都要亲力亲为。没有良好的组织协调能力,将会遇到许多棘手的问题。

总之,能力是具有复杂结构的各种心理品质的总和。导游人员应具有的能力素质,作为一种互相制约的多元化的能力系统,其构成要素之间是相互联系、紧密结合在一起而发挥作用的。

第二节　旅游饭店服务心理

一、饭店客人的心理要求

服务就是为了满足顾客需要,饭店服务体现了服务的有形性和无形性的结合。饭店面临的是消费经验日益丰富、消费行为日趋精明、消费需求日渐个性化、自我保护意识不断增强的消费者。

饭店服务人员要对客人充分认识理解,读懂客人心理。只有充分理解客人的角色特征,掌握客人的心理特点,提供令客人舒适和舒心的服务,才能满足客人需求。

(一)饭店客人的角色特征

1. 客人是具有优越感的人。

客人是饭店的"衣食父母",是给饭店带来财富的"财神"。所以,在与饭店的交往中,客人往往具有领导的某种特征,表现为居高临下,发号施令,习惯于使唤别人。为此,在饭店服务中,必须像对待领导和上帝一样对待客人。

首先,必须表现出尊重,关注客人,主动向客人打招呼,主动礼让。其次,必须表现出服从,乐于被客人使唤。第三,必须尽力用心服务,注重细节,追求完美,达到最佳的效果。第四,必须注重策略,采取委婉和含蓄的方法帮助顾客调整指令和改正错误。

2. 客人是情绪化的"自由人"。

客人是不同的个体,具有各不相同的个性特征。为此,饭店要提供人性化、个性化的服务。

首先,饭店必须充分理解客人的需求。客人的需求是多种多样、瞬息万变的,它具有多样性、多变性、突发性的特点。而且,不同的客人又有不同的需求层次,其主导需求也不尽相同。这就要求饭店从业人员既要掌握客人共性的、基本的需求,又要分析研究不同客人的个性和特殊需求;既要注意客人的静态需求,又要在服务过程中随时注意观察客人的动态需求;既要把握客人的显性需求,又要努力挖掘客人的隐性需求。其次,饭店必须充分理解客人的心态。由于其行为举止不受各种职业规范制约,客人会显得特别放松而比较情绪化。对此,饭店应意识到客人是需要帮助、关爱的朋友,应努力以自己的真诚和优良的服务去感化客人,要努力发现客人的兴奋点,培养客人良好的情绪,以保证与客人的有效沟通。再次,饭店必须充分理解客人的误会与过错。由于文化、知识等方面的差异以及身体、情绪、利益等方面的原因,客人对饭店规则或服务不甚理解而拒绝合作,或采取过激的行为,饭店应向客人作出真诚、耐心的解释。

3. 客人是来寻求享受的人。

饭店服务不是一种生活必需品,而是一种享受品。客人到饭店是来享受的,这是客人最基本的角色。作为消费者,客人有消费者所具有的追求"物有所值"的共性。对现代饭店而言,不能心存任何侥幸心理,无论客人出于何种原因来饭店,但都有一个共同的要求,即享受。

首先,饭店必须向客人提供标准化的服务。客人看到的必须是整洁美观的环境,提供给客人使用的必须是安全有效的设施,员工对待客人必须是亲切礼貌的态度。其次,饭店必须向客人提供差异化的服务,在服务时应避免千篇一律,而应针对不同客人的多样化和多变性的需求和特点,投其所好,随机应变,提供具有个性化的服务,满足客人的个性化需求。再次,饭店要努力为客人提供超常化服务,即给客人以出乎意料或从未体验过的服务。

4. 客人是最爱面子的人。

爱面子,喜欢听好话,这是人类的天性之一,也是大众中普遍存在的心理现象。作为饭店的客人,尤其如此。几乎所有的客人都喜欢表现自己,显得自己很高明,而且希望被特别关注,获得特殊待遇。对此,饭店必须给客人搭建一个"舞台",给客人提供充分表现自己的机会,让客人在饭店多一份优越和自豪感。

首先,饭店必须给客人营造一种高雅的环境气氛和浓厚的服务氛围,有一种"高贵之家"的感觉,以显示其身份和地位。为此,饭店必须努力做到设计合理、装修精致、布置典雅、店容整洁、秩序井然、服务亲切。其次,饭店员工必须懂得欣赏和适度恭维客人的艺术,要善于发现客人的闪光点。再次,饭店员工必须对客人像对待自己的朋友一样关注,真正体现一种真诚的人文关怀精神,营造出一种"特别的爱给特别的你"的境界。

(二) 饭店客人的需求心理

饭店顾客是把饭店当做家外之家,而寻求一种舒适、安全的休闲、放松的场所,为此,要了解饭店客人的需求心理。

便利心理。求方便是顾客最基本、最常见的心理需求。通常人们认为地理、交通位置的便利条件比较符合顾客的需求。实际上,"方便"二字有着更深层次的含义,它能够反映在饭店的前厅、客房、餐饮、娱乐等各个方面的服务中,因此,处处都方便是饭店客人最基本的心理需求。

安全心理。按照马斯洛的需要理论,安全需要是人类最基本的需要。如果人的生理需要和安全需要得不到满足,就不会产生更高级的需要。安全需要主要指人的人身安全及财产安全需要。因此,饭店必须在安全上给予客人绝对的保证,除去在硬件设施方面提供的安全保障以外,在服务流程中的安全操作也是安全保障的重要内容。

卫生心理。几乎所有的饭店客人都将清洁卫生需要列为重要需求。饭店客人对卫生要求的重视程度极高,因为这关系到卫生安全和是否舒适。卫生清洁不仅是对饭店服务最基本的要求,同时也反映了社会文明发达的程度。

安静心理。饭店是客人休息的特选场所。除客房、餐厅应为客人提供安静、舒适的环境以外,客人往来频繁的前厅区域同样要保持安静的气氛。饭店一方面要加强对前厅客流的疏导及控制,另一方面服务人员在说话、走路和操作时也要坚持井然有序,由此反映出员工的素质、职业道德水准和饭店管理水平。

公平心理。追求公平是现代社会中人们的一种普遍心理。旅游者在旅游、商务活动中存在消费档次高低之分,但求公平、求合理的心态是一致的;客人感到不公平,会产生不满和愤怒,甚至进行投诉。这些将极大地影响饭店及旅游业的声誉,也会造成经济损失。

二、饭店从业人员的职业意识和心理要求

(一) 饭店工作者的职业意识

意识是存在的反映,同时意识也对客观存在产生强大的反作用。职业意识一旦形成,就会成为制约服务人员行为的一种积极力量。一般来讲,饭店从业人员应具备以下职业意识。

1. 角色意识。

人是社会人,都隶属于某一社会和团体。每个人在某一社会和团体中,都有一个标志自己的地位和身份的位置,即社会角色,而社会也就对占有这一位置的人抱有期望并赋予与他所占有的社会位置相适应的一套权利、义务和行为准则,并以此来评判他的角色承担情况。

在饭店服务中,客人和服务人员是不同的社会角色,他们之间的关系是一种与私人关系不同的角色关系。作为饭店服务人员,要树立正确的角色意识,使自己在心理上和行为上适应自己所充当的角色。对服务人员的角色定位,是服务人员实现角色化的基础。

饭店服务人员是一种社会分工,在社会上服务是相互的。虽然服务人员与客人之间的角色关系是不平等的,但就人格而言,饭店服务人员与客人应该是平等的。作为饭店服务人员,既然选择了这一社会角色,就要努力去学习角色、适应角色、实现角色,使自己的个性尽量同服务人员的角色特性相融合。

2. 质量意识。

服务质量是指饭店向客人提供的服务,在精神上和物质上适合和满足客人需要的程度。

质量意识就是服务人员认识到质量就是饭店的生命,质量就是效益。服务质量好,企业才能生存和发展。服务人员在思想上要纠正"抓质量是管理者的事"的错误认识,确立提高服务质量是饭店每位员工应尽的职责的观念,形成整个饭店都

来关心服务质量的良好风气,为提高服务质量创造良好的思想条件和物质条件。

质量意识是服务人员做好服务工作的思想基础,也是体现服务人员职业道德和素质的标志。服务人员要不断强化自己的质量意识,就必须做到热爱自己的工作,努力提高自己的工作能力,严格执行服务标准和规范,自觉在工作中为客人提供最满意的服务。

3. 形象意识。

企业形象是企业最重要的无形资产。饭店形象是社会公众对饭店在经营活动中的行为特征和精神面貌的总体印象,及由此产生的总体评价。

任何一个旅游企业都处在一定的舆论环境之中,其政策、行为、产品或服务,必然给人们留下某种印象,从而产生某种评价。这些印象和评价,就构成了饭店客观的社会形象。影响饭店形象的因素很多,不仅包括设施、设备、经营方针、管理效率以及店容店貌等,还包括服务人员的素质及服务行为。

作为饭店员工应当树立良好的形象意识,明确自己所做的工作都是企业形象的重要组成部分,从而全面提高自己的知识和技能水平。饭店管理水平的高低体现在一线服务人员身上,因此,在对客服务中,服务人员必须注重讲求礼仪规范,做到热情、主动、周到、细致地为客人服务;在处理主客关系上,不断提高道德修养,坚持宾客至上、服务第一的原则。服务人员的一举一动,往往都会成为一个企业形象的标志。

4. 信誉意识。

信誉是企业无形形象中的主体内容。一个信誉好的饭店,能为客人创造出一种消费信心,使客人产生一种信任感,并乐于光顾。从经营管理方面看,饭店的信誉表现为重合同、守信用;从服务方面看,饭店的信誉表现为服务的可靠度高,对待客人一视同仁。

强化饭店服务人员的信誉意识,就是要以维护旅游企业的声誉为出发点,努力提高自己的业务能力,自觉履行企业的服务承诺和服务标准,以增强客人对企业的信任感。

5. 服务意识。

服务意识是指服务人员有随时为客人提供各种服务的积极的思想准备。服务有主动服务与被动服务之分,主动服务是指在客人尚未提出问题和要求之前,就能根据客人的心理,提供客人所需的服务。它使客人有一种安全感和信任感,自然也会收到良好的服务效果。被动服务是指客人提出问题或要求之后,才提供相应的服务。在此情况下,服务人员的服务再好,客人只会认为这是服务人员的本职工作,是分内的事,服务稍不及时,就可能招致客人的不满和抱怨。

同样是服务,如果方式不同,服务的效果会产生很大的差异。良好的服务意识是提供优质服务的基础,有了强烈的服务意识,即使条件不充分,也能主动地为客人提供优质服务。

(二)饭店工作者的基本心理要求

在饭店服务工作中,服务人员是工作的主体,服务人员是否具有良好的心理素质,是饭店提供优质服务的基础条件。

有生活和工作的热情。由于饭店服务工作要在酒店的有限空间日复一日从事比较单调、辛苦的工作,服务时间弹性大,容易使服务人员产生疲劳。如果不全身心地投入,是无法为客人提供优质服务的。而对于客人,饭店是新鲜的、陌生的,要体验一种亲切和温馨的感受,贵宾的待遇,因此热情是饭店从业人员应具备的基本心理条件。

有艰苦创业的品格和创新的能力。饭店的工作需要员工对饭店服务非常投入,特别是在旺季时期,员工经常需要连续走动为顾客服务。艰苦创业思想是伴随饭店服务工作始终的,依据客人的不同,饭店要提供在标准服务基础上的个性化超值服务;随着科技文化和社会的进步,饭店要提供与时俱进的优质服务,这些都需要饭店从业人员不断进取,不能有懈怠思想。

有不怕挫折的忍耐心理。对于饭店从业人员来讲,由其工作特点带来的挫折,更为多见。除了工作本身繁忙、疲惫带来的压力之外,还有来自客人的不理解,甚至刁难,这就需要员工具备不怕挫折的心理素质,在遭受挫折时,能恢复自信,相信自己是一个完全有能力去应付挫折的强者。

三、前厅服务心理

前厅是饭店的门面与窗口,是客人与饭店最初接触与告别的部门。它是饭店销售产品、组织接待服务、调度业务经营和为客人提供应接服务的一个综合性服务部门。前厅服务贯穿于客人在饭店内活动的全过程,是整个饭店的中枢与灵魂。

（一）客人对前厅接待的心理需求

前厅接待服务处于饭店服务工作的第一阶段。从客人步入饭店、办理好住店手续、进入房间，直到把客人的行李送到客房，所占的时间是很短的，但它给客人留下的心理影响却有"先入为主"的效果。客人对前厅接待服务的心理需求主要有以下几个方面：

得到尊重。被尊重是人类高级层次的需要。客人一进入饭店，内心就期待着一种被尊重的心理。这种尊重首先通过前台服务员的接待来表现。这就要求前厅服务人员必须微笑迎客、主动问候、热情真诚、耐心细致，这是尊重客人的具体表现。

快捷服务。客人经过旅途奔波的辛劳，刚进入饭店后就渴望能够尽快休息，以便准备下一步的活动安排。因而，焦虑、急切的心理表现得明显。而前厅服务的接待及入住登记又需要一定的时间，行李接运也需要一定的时间，因此，前厅服务人员要提前做好充分准备，在服务过程中尽量不使客人烦恼，操作要快、准、稳。否则，容易让客人情绪不稳定。客人离店的心理也与来店时的心理相同。因此，结账人员在结账时要快捷、准确。

尽快熟悉。当客人到达一个与他原来的生活环境完全不同的地方时，迫切想知道这个地方的风土人情、交通状况、旅游景点等各种情况，以满足自己的好奇心理。因此，前厅服务员在接待客人时，一方面要介绍本饭店的房间分类、等级、价格以及饭店能提供的其他服务项目，让客人做到心中有数；另一方面，如果客人询问其他方面的问题，服务员也应热情耐心的介绍。

（二）前厅服务心理策略

做好前厅服务工作，是整个饭店服务能否成功的关键。前厅服务人员必须重视对客人的接待和送别服务，给客人留下良好的第一印象和最后印象。

1. 环境设施的整洁美观。

客人对饭店的第一印象，首先来源于客人对饭店的感性认识。而第一印象的形成，将在很大程度上影响客人对饭店的整体印象。客人进入饭店，最先感知到的就是饭店的前厅环境。清洁美好的前厅环境，将使客人感到愉快、舒畅。

饭店前厅的环境设计既要有时代感，又要有地方民族感，要以满足客人的心理需要为设计的出发点。在一般情况下，前厅的光线要柔和，空间宽敞，色彩和谐高雅，景物点缀、服务设施的设立和整个环境要浑然一体，烘托出一种安定、亲切、整洁、舒适、高雅的氛围,使客人一进饭店就能产生一种宾至如归、轻松舒适、高贵典雅的感受。前厅布局要简洁合理,各种设施要有醒目、易懂、标准化的标志,使客人能一目了然。前厅内的环境和设施要高度整洁,温度适宜,可以使客人产生良好的情绪。

2. 服务人员良好的言行仪表。

前厅服务人员的言行仪表要与环境美协调起来,因为服务员的言行仪表也是客人知觉对象的一部分。言行仪表是人的精神面貌的外在体现,是给客人良好印象的重要条件,也是为客人营造美好经历的一部分。

员工的言行仪表美包括语言美、举止美、形体美、服饰美、化妆美。语言是人际交流的重要工具之一,服务员的语言直接影响、调节着客人的情绪,而且服务的成效在很大程度上取决于服务员语言的正确表达。语言美表现在语气诚恳、谦和,语意确切、清楚,语音悦耳动听。另外,前厅服务员的相貌要求比较高,要身材挺拔、五官端正、面容姣好;衣着整洁挺括,具有识别性,使客人容易区分。这是由角色身份决定的,也是对客人的一种尊重。

3. 总台的熟练服务技能。

作为整个饭店服务工作的中枢,总台的工作既重要又复杂,包括预定客房、入住登记、电话总机、行李寄存、贵重物品及现金保管、收账结账以及建立和保管客人档案等等。只有熟练地掌握各种服务技能,动作敏捷,不出差错,才能使经过车船劳顿的客人很快办完各种手续,体验到放松和舒适。没有熟练的服务技能和能力,即使环境布置再好,态度热情有加,也做不好服务工作。

4. 细致周到的个性化服务。

饭店前厅的应接服务体现了一个饭店的管理水平和服务规格,它必须使客人感到方便、舒适和周到。服务人员要做到周到服务,就需要不断的自我提高,应在工作中不断提高自己的文化修养,职业修养和心理修养,有了广博的文化知识、职业知识和乐观向上的心境,才能主动自觉地形成和保持良好的服务态度,对客服务才能游刃有余。

四、客房服务心理

客房是饭店的基本设施和重要组成部分,是客人休息的重要场所。客房对客人来说,不仅是生存的基本条件,而且是享受和发展的重要因素。因此,搞好客房服务,对旅游者来讲是非常重要的。做好客房服务的关键是要了解客人在住店期间的心理特点,这样才能有预见地、有针对性地采取主动和有效的服务措施,使客人感到亲切、舒适和愉快。

（一）客人对客房服务的心理需求

1. 整洁。

对客房清洁卫生的要求是客人普遍的心理状态。作为客房服务人员,其主要工作职责之一就是整理客房,做好清洁卫生工作,做到客房内外清洁整齐,使客人产生信赖感、舒服感、安全感,能够放心使用。

客房是客人在饭店停留时间最长的地方,也是其真正拥有的空间,因而,客人对客房整洁方面的要求比较高。服务人员清理客房应该遵循一定的程序,此外客房卫生还包括服务人员自身的卫生和整洁,让客人觉得服务人员干净、利索、精神状态好。

2. 安静。

客房的主要功能是用于客人休息,客房环境的宁静是保证实现这一目的的重要因素。

保持客房宁静也就是要防止和消除噪音,必须做到硬件本身不产生噪音,在软件上也要不产生噪音。同时,服务人员还要以自己的言行去影响那些爱大声说笑的客人,用说服、暗示等方式引导客人自我克制,放轻脚步。

3. 安全。

安全感是愉快感、舒适感和满足感的基石,客人是把自己外出旅游期间的安全放在首位的。安全感不仅局限于卫生方面,还包括防火、防盗和防人身意外伤害。客人在住宿期间,希望自己的人身与财产得到安全保障,能够放心地休息和工作。因此,客房的安全设施要齐全可靠。

4. 亲切。

客房服务是客人每天接触和享受的基本服务,客房服务离客人最近,也与客人关系最密切。当客人入住饭店以后,客房服务就成为客人感受到的最重要的服务。客人住店,希望自己是受服务人员欢迎的人,希望看到的是服务人员真诚的微笑,听到的是服务人员真诚的话语,得到的是服务人员热情的服务;希望服务人员尊重自己的人格、尊重自己的生活习俗,希望真正体验到"宾至如归"的感觉。

　　客房服务人员亲切的服务态度,能够最大限度地消除客人的陌生感、距离感等不安的情绪,缩短客人与服务人员在情感上的距离,增进彼此的信赖感。客人与服务人员情感接近了,会使其对饭店的服务工作采取配合、支持和谅解的态度。出现这种局面将非常有利于饭店顺利完成日常的服务工作,也有利于提高饭店的声誉。

　　(二) 客房服务的心理策略

　　保持客房设施功能的完好。服务设施是客房提供优质服务的物质基础。饭店客房是为客人提供住宿服务,满足其物质和精神享受的场所。设施设备必须配套齐全,并与饭店的等级规格相适应,各种设备要求造型美观,质地优良,风格、样式、色彩统一、配套,给客人以美观和使用方便感。不仅如此,客房的所有设备必须是完好的,才可供客人使用。这要求服务人员平时要加强设备的保养和检查,具有吸收和应用新技术的能力,遇有损坏要及时维修,以确保客房使用功能的完整性。

　　提供热情周到的服务。主动就是指服务要先于客人开口,它是客房服务意识的集中表现。主动服务包括:主动迎送,主动引路,主动打招呼,主动介绍服务项目,主动照顾老弱病残客人等。热情服务就是帮助客人消除陌生感、拘谨感和紧张感,使其心理上得到满足和放松。客房服务人员在服务过程中要精神饱满,面带微笑,语言亲切,态度和蔼。

　　礼貌服务要求服务人员要讲礼节、有修养、尊重客人心理。耐心服务要求根据各种不同类型的客人的具体要求提供优质服务。

　　及时周到服务要求客房服务人员能在最短的时间内提供客人所需的服务,并做到细致入微。这要求服务人员要善于了解客人的不同需要,采取有针对性的服务。根据每个客人的需要、兴趣、性格等个性特点,确定合适的服务方式。

五、餐饮服务心理

　　餐饮服务是饭店服务中不可缺少的环节。因此,探讨客人就餐心理,提供相应服务,也是饭店服务质量的一个重要方面。

　　(一) 客人对餐饮服务的心理要求

　　清洁卫生。就餐客人对就餐中的卫生要求非常强烈,这也是客人对安全需要的一种反映,同时,对客人情绪的好坏产生直接影响。只有当客人处在清洁卫生的就餐环境中,才能产生安全感和舒适感。客人对餐厅卫生的要求体现在环境、餐具和食品几个方面。客人总希望在餐厅吃的食物都是新鲜、卫生的，餐具都经过了严格的消毒，餐厅的环境整洁雅静，空气清新，在安全、愉快、舒适的环境中，品尝美味佳肴。

快速上菜。客人到餐厅就餐时，希望餐厅能提供快速的服务，有以下几个方面的原因：现代生活的高节奏使人们形成了一种对时间的紧迫感，养成了快速的心理节律定势，过慢的节奏使人不舒服，也不适应；一些客人就餐后还有很多事情要去做；心理学的研究表明：期待目标出现前的一段时间使人体验到一种无聊甚至痛苦；客人饥肠辘辘时如果餐厅上菜时间过长，更会使客人难以忍受，当人处于饥饿时，由于血糖下降，容易发怒。

公平合理。只有当客人认为在接待上、价格上是公平合理的，才会产生心理上的平衡。如果客人在就餐的过程中，并没有因为外表、地位或消费金额上的不同而受到不同的接待，在价格上没有吃亏受骗的感觉，他就会觉得公平合理，会感到满意。因此，餐厅在价格、接待规格上都要注意尽量客观，做到质价相称，公平合理。

尊重人格。外出就餐需要一是为了替代家中日常的进餐活动，二是把在餐厅进餐看做消遣和娱乐活动。客人对餐厅的需求实际上隐含了客人对情感、社交、自我实现等较高层次方面的需要。

位置与环境。餐厅的位置是消费价位的间接反映，好地段的位置肯定在价格上同其他地段有区别，但其中存在着对顾客群定向的选择和餐厅经营类型问题。环境问题就不能停留在狭义上的清洁。利用位置、环境的特色满足顾客不同的精神需求，能营造顾客就餐的情绪，同时也让其得到享受和尊崇感。

（二）餐厅服务的心理策略

1. 美好的餐厅形象。

为了给就餐客人创造一个优美舒适的环境，餐厅应注意环境的美化，就餐环境可以影响到就餐客人的情绪和态度。

一是美好的视觉形象。餐厅的门面要醒目，要有独特的建筑外形和醒目的标志，餐厅内部装饰与陈设布局要整齐和谐，清洁明亮，要给人以美观大方、高雅舒适的感觉。餐厅的整个设计要有一个主题思想，或高贵、或典雅、或自然、或中式、或西式、或古典、或现代。色彩也要依据餐厅设计的主题思想来选定。在选择色彩时，要了解不同色彩所产生的心理效果。

二是愉悦的听觉形象。优美的听觉形象能制造良好的进餐气氛，它一方面来自服务员的文明礼貌语言，另一方面来自轻松悦耳的音乐配置。播放音乐要因地制宜,根据不同餐厅、不同营业时间来选取不同的乐曲。心理学研究证明,在餐厅播放节奏轻快的音乐,客人停留的时间短些;播放节奏悠扬的音乐,客人停留的时间就长些。此外,在餐厅里播放优美动听的音乐,不仅使客人愉悦,增加食欲,还可掩盖厨房和其他地方传来的嘈杂声。

三是良好的嗅觉和温度形象。由于餐厅大量客人同时用餐,餐厅里容易混杂各种饭菜味、酒味、油腻味,所以,餐厅应该采用空调、换气扇等手段来保持空气清新和恒温环境。此外,服务员不要使用气味浓烈的香水,以免干扰客人的味觉和嗅觉。

2. 良好的食品形象。

中餐素以色、香、味、形、名、器俱佳著称于世。就餐的客人不但注重食物的内在质量,也越来越注重其外在形式。因此,餐厅提供的食品,既要重视品质,也要重视形式的美感。

一是美好的色泽。这是客人鉴赏食品时最先反应的对象。在人们的生活经验中,食物的色泽与其内在的品质有着固定的联系。良好的色泽会使得客人产生质量上乘的感觉,同时会激发客人的食欲。当然,在客人中,由于种族与文化背景的差异,在颜色的偏好上存在着一定的差别,这就要求餐厅服务人员了解客人的特殊要求,针对不同的服务对象作出相应的调整,以满足不同客人的需要。

二是优美的造型。食品不但有食用价值,而且还是艺术作品。通过烹饪大师的切、雕、摆、制、烹等技艺,为客人提供造型优美、色味俱佳的美味佳肴,给客人带来艺术享受。

三是可口的风味。味道是菜肴的本质特征之一,也是一种菜的主要特色的体现。味道好坏,常常是客人判断菜肴好坏的标准,而品味也常常是客人就餐的主要动机。因此,餐厅要根据客人的饮食习惯及求新求异的饮食特点,制作味道各异的食品,使客人在口味体验上得到最佳效果。

3. 优秀的餐厅员工形象。

在餐厅服务过程中,餐饮服务是依托有形制品和服务人员的无形服务相结合的综合服务。服务人员给客人形成的第一印象就是仪容仪表,它将会影响客人对服务人员和餐厅的观感。此外,服务人员的服务技能也影响客人对餐饮服务质量的感知。所以,餐厅的服务人员不仅要注重仪容仪表,还应在严格遵守操作程序基础上,为客人提供规范化和个性化的服务。

第三节　旅游商品服务心理

　　旅游是一个综合性服务行业,通常饭店、景区都设有商品部,专门负责旅游纪念品、字画、文物复制品、服饰、日用品等各种商品的销售,以满足旅游者购物的需要。由于旅游活动的特殊性,客人在购物过程中的心理活动与一般的购物消费相比既有共性,也有其特殊性。

一、旅游者购物的心理需求

　　（一）求纪念价值的心理

　　客人希望在景区、旅游地商场购买具有纪念意义的工艺美术品、古董复制品、服饰、土特产等旅游纪念品。一方面是为了留做纪念,另一方面也是为了放松心情。很多旅游者都喜欢把在旅游点买的纪念品连同他们在旅行中拍的照片保存起来,留待日后据此回忆他们难忘的旅行生活。此外,旅游者购物也是为了馈赠亲友,并以此提高自己的声望和社会地位。

　　（二）求新奇的心理

　　在旅游者购物过程中,好奇心起到一种导向作用。旅游者在旅游地看到一些平时在家看不到的东西时,就会产生好奇感和购买的欲望。这是一种旅游者外出旅游常见的兴奋、好奇情绪下产生的购买决策,加之其他的暗示、从众等因素的作用,旅游者作出购买决策有时是盲目的。

　　（三）求实用的心理

　　这种心理的核心是"实用"和"实惠",一些理性的旅游者特别注意商品的效用、质量和价格,通常喜欢购买物美价廉的实用商品。

　　（四）求知的心理

　　这种心理的特点是通过购物获得某种知识。有些旅游者特别喜欢售货员和导游人员能介绍有关当地特殊商品的特色、制作过程及有关字画的年代、轶闻趣事,以及鉴别商品优劣的知识等等。对当地的非物质文化遗产及民俗制品尤为感兴趣。

二、旅游商品服务的心理策略

在硬件方面,旅游商品经营企业的环境布置很重要,除整洁、美观外,要有浓郁的地方特色,能够吸引来往的客人。此外,所备旅游商品要符合旅游者的购物心理需求,特别是当地名特产品及有代表性的纪念品,更需丰富,同时也要考虑到旅游者对日用品的临时需求,以方便旅游者。

在软件方面,在旅游商品服务中,人员推销要掌握服务技术:

一是善于沟通,恰到好处。服务员除注意自己的着装和仪容仪表外,更要善于与客人沟通。一般来说,客人刚一进店,服务人员不可过早同客人打招呼。因为过早接近客人并提出询问,就会使客人产生戒心,而过迟则往往使客人觉得服务人员缺乏主动和热情,使客人失去购买兴趣。接触客人的最佳时机,是在客人认知与喜欢商品之间。通常表现为:当客人长时间凝视某一种商品的时候;当客人从注意的商品上抬起头来时;当客人突然止步盯着看某一商品时;当客人用手触摸商品时;当客人像是在寻找什么的时候;当客人的眼光和自己的眼光相碰的时候。

二是展示商品,激发兴趣。接近客人后的重要工作就是向客人展示商品,让客人观看、触摸、嗅闻。目的是使客人看清商品特征,产生对商品质量的信任,引起其购买欲望,加快成交速度。展示商品是一项技术性较高的工作,需要服务人员具有丰富的商品知识和熟练的展示技术。在展示时动作要敏捷、稳当,拿递、搬动、摆放、操作示范等动作不可粗鲁、草率,否则会显得服务人员对工作不负责任,对商品不爱惜,对客人不尊重。

三是热情介绍,增进信任。当客人对某一商品产生喜欢情绪并对商品进行比较、评价的时候,服务人员应适时地介绍商品知识,如名称、种类、价格、特性、产地、厂牌、原料、式样、颜色、大小、使用方法、流行性等等。

四是抓住时机,促进成交。服务人员在介绍商品的特点后,如果客人仍犹豫不决,就要抓住时机,采用增进信任的办法,打消客人的顾虑,促成交易。增进信任的关键在于掌握客人的喜好。

五是真诚待客,切忌误导。旅游者在旅游地购物时,由于好奇心、缺乏认知以及从众的因素的影响,常常购物决策是不理性的,因此,旅游商品服务人员要有良好的职业道德,真诚待客,为顾客着想,不能乘人之危,误导购买。

练习思考

1. 分析旅游服务营销中顾客心理依据。
2. 分析导游人员的心理品质。
3. 饭店客人的心理需求包括哪些内容?
4. 简述饭店工作者的心理素质和职业意识。
5. 分析前厅、客房、餐饮、购物心理需求及服务心理策略。

实训练习

设计调查问卷,针对景区或饭店等不同顾客了解顾客心理感受及其对服务的评价。

案例分析

旅游炫耀性购物消费特征

一、旅游购物

观光购物在旅游业中对经济增长和旅游者满意度的作用越来越显著,其相关研究也越来越得到广大学者的关注。大量案例研究也表明购物活动对旅游的影响表现在两个方面。第一,购物活动对旅游经济有着重要的贡献作用。第二,购物活动是一种提高旅游体验的有效手段。从旅游者本身的角度来看,旅游者在旅行过程中对旅游地产生兴趣,会激发对当地文化了解的欲望,而通过购买当地产品并赠送礼物给亲友,能够分享快乐和增强彼此友谊。

在大量实证研究中,购物活动对旅游体验和观光质量的显著性影响也得到了多次验证。旅游购物及消费行为不仅对经济发展有着积极的贡献,而且对旅游者的良好体验有着积极的作用。更为重要的是,购物是一种体验性活动,而快乐的旅游体验会进一步引发个人多次购买的行为。从这个意义上来讲,旅游中的购物行为作为一种有效的市场策略,有必要不断开发相关项目吸引旅游者,刺激旅游产业的发展。

因此,旅游购物被认为是有效推动旅游产业持续长期发展的重要组成部分。

作为旅游购物中的奢侈品消费,由于其对整个购物经济的巨大拉动作用,贡献更是不可小觑。奢侈品购物行为的实质是炫耀性消费行为,如何正确理解旅游中的炫耀性消费是理解奢侈品购买行为的关键。

二、炫耀性消费行为

对于炫耀性消费的研究其实由来已久,早在 19 世纪末,凡勃伦(Veblen)就把炫耀性消费(Conspicuous Consumption)解释为"有闲阶级维持名声和体面的手段",即个体为了增加和维持相应的名声和地位所需要的一种持续消费。尽管学者们对炫耀性消费有着不同的理解和分类,但大部分学者还是同意把炫耀消费定义为"为给别人看"所引起的所有消费。具体到个别学者来看,贝克尔(Belk)把炫耀消费定义为消费者为了拓展自我以及期望他人以自己希望的方式感知自己而进行的购置与拥有的行为。本质上来说,炫耀性消费都被理解为个人物质的一种表达方式,体现了自己的所属于或想归属于某种社会阶层的行为。

而对于炫耀行为类型问题,学者们有不同的分类。比如,费塞林(Phenserine)把炫耀行为分为三类:品牌追求型消费、地位追求性消费和流行追求性消费。而马库塞(Marcoux)等把炫耀性消费区分为社会地位展示、人际调节效应、群体归属效应、物质享乐主义和挥霍炫耀主义五个维度。阿彻卡伦(Acikalin)等则提出了声望、地位、物质主义等三维测度模型。

本文选择费塞林的三维度进行研究,其原因在于这三个因子更好地概况了奢侈品消费的情况,比如与社会地位和人际关系相比,品牌追求、流行追求等因子都能更好地反映奢侈品消费的内容。

三、模型与假设

根据炫耀性消费类型、品牌利益、品牌忠诚度的相互影响关系,建立的奢侈品消费行动模型如图 10.1 所示。

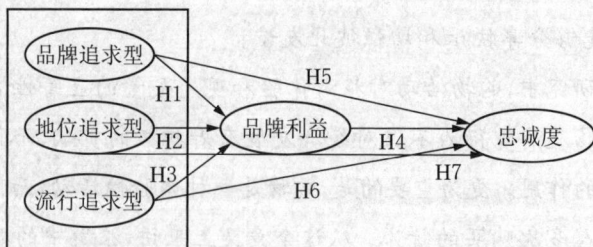

图 10.1　研究模型

具体来看,炫耀性消费对品牌利益和品牌忠诚度都有显著性影响,其中品牌利益在其中充当媒介因子的作用。媒介作用分为两类:完全通过介质传递给其他变数的称做完全媒介,部分通过介质传递的称做部分媒介。根据巴伦(Baron)和肯尼(Kenny)对媒介作用的测定方法,观察直接影响的关系中,路径系数的变化可以判定是完全媒介还是部分媒介。举例来说,如果当 H1 和 H4 的路径同时成立的话,只能说明品牌追求型通过品牌利益对忠诚度产生影响。但当品牌追求和品牌路径同时作为自变量时,H1 的路径上的影响力变小,就被称做部分媒介。如果没有显著性影响,则称做完全媒介。根据以上因果关系和媒介关系,本研究的假设设定如下:

H1:品牌追求型消费对品牌利益有显著性影响

H2:地位追求型消费对品牌利益有显著性影响

H3:流行追求型消费对品牌利益有显著性影响

H4:品牌利益对品牌忠诚度有显著性影响

H5:品牌追求型消费对品牌忠诚度有显著性影响

H6:流行追求型消费对品牌忠诚度有显著性影响

H7:地位追求型消费对品牌忠诚度有显著性影响

四、样本测定

所调查的品牌包含迪奥(Christian Dior)、路易威登(Louis Vuitton)、历峰(Richemont)、古奇(Gucci)、保罗(Polo)、蒂芙尼(Tiffany)、普拉达(Prada)、阿玛尼(Armani)、博柏利(Burberry)、范思哲(Versace)等国际一线奢侈品。调查对象问卷中包含两部分:

第一部分包含关于炫耀性消费、品牌利益和忠诚度的问卷问题。其中,炫耀性消费包含的 9 个问题来自夏因(Shin)的研究尺度(例如:在购买礼物的时候,我会尽量购买名牌奢侈品;我想选择别人能够识别出来的商品;我一定会购买;如果是现在的流行衣服,我一定会购买),品牌利益包含 3 个问题,来自黄(Huang)和杨(Yang)研究中的测度(例如:我觉得名牌可以提高我的身份和地位),忠诚度包含 4 个问题,来自金(Kim)研究中的测度(例如:今后我会持续购买名牌商品)。第二部分包括人口统计学的特征变量,如性别、职业、文化程度、名牌购物次数等问项。所有问项都采取李克特 5 分测度,1 分为"完全不同意",3 分为"一般",5 分为"非常同意"。

本研究共发放问卷400份,去掉不实问卷,最终收回有效问卷320份。调查时间从2012年9月10日到10月25日,共计一个半月。为保证样本的代表性,调查时间在周末和工作日同时进行,调查地点选择在中国旅游者最常光顾的韩国三大城市(首尔、釜山、济州)的五个免税店中。在获得免税店经营者的许可下,调查组分别在免税点门口设置了问卷调查台。答题顾客会给予一张免税店商品优惠券以提高问卷真实性。在调查过程中,调查人员首先会向答题人展示列有奢侈品名单的目录,如答题人在免税店购买这些品牌的产品,则被邀请到进一步的问卷中,否则就此终止。随后,调查员会当场检查问卷的完整性,督促答题人完整完成答卷。

人口特征的结果显示,男性占33.5%(107人),女性占66.5%(213人);从从事的职业来看,学生21.6%(69人),专业类职业(医生或教师等)占到6.9%(22人),家庭主妇25.9%(83人),公司白领20.0%(64人),自营业18.8%(60人),公务员5%(16人),其他1.9%(6人);从学历方面来看,高中以下学历占13.1%(42人),大学生15%(48人),大学毕业生53.4%(171人),研究生以上占到18.4%(59人);从婚姻情况来看,未婚占33.8%(108人),已婚占66.3%(212人);从购物经验来看,1次购物经验者占到19.4%(62人),2次的占到21.6%(69人),3次12.2%(39人),4次以上占46.9%(150人);从拥有名牌的比例来看,0—20%的占20.3%(65人),21%—40%的占到21.9%(70人),41%—60%的占15.6%(50人),61%—80%的占19.4%(62),81%—100%的占22.8%(73人)。

五、数据测算

经测算,变量的信度和效度均得到验证。经过回归分析,得到如下测算结果,具体见表10.1。

表10.1　回归分析结果

| 自变量 | 因变量 | 回归系数 | | t 值 |
		非标准化	标准化	
方程式1:$BP = \beta_0 + \beta_1 B + \beta_2 S + \beta_3 F + \varepsilon$				
品牌性消费	品牌利益	0.070	0.069	1.674
地位性消费		0.477	0.581	13.762**
流行性消费		0.254	0.287	7.347**
R^2 (adjusted R^2) = 0.632				

自变量	因变量	回归系数		t 值
		非标准化	标准化	
方程式 2：$BL = \beta_0 + \beta_1 BB + \varepsilon$ 品牌利益	品牌忠诚	1.027	0.815	24.997**
R^2 (adjusted R^2) = 0.662				
方程式 3：$BL = \beta_0 + \beta_1 BB + \beta_2 S$ $+ \beta_3 cF + \varepsilon$				
品牌利益	品牌忠诚	0.685	0.543	10.825**
地位性消费		0.286	0.276	6.001**
流行性消费		0.903	0.112	2.996*
R^2 (adjusted R^2) = 0.704				

注：** $p < 0.001$，* $p < 0.01$。

方程式 1 表明，地位性消费（$\beta = 0.477$，$t = 13.762$，$p < 0.01$）和流行性消费（$\beta = 0.254$，$t = 7.347$，$p < 0.01$）对品牌利益有显著影响，而品牌性消费则对品牌利益没有显著影响。这表明在奢侈消费的三种类型中，对地位和流行性消费看重的消费者感受到了品牌所带来的利益，而追求品牌的消费者则没有显著感受到品牌带来的利益。

方程式 2 表明，品牌利益对品牌忠诚有显著影响（$\beta = 1.027$，$t = 24.997$，$p < 0.01$）。这表明品牌利益对品牌忠诚度有较强的建立作用，提高消费者对品牌所带来利益的感受会直接引发消费者对品牌的喜爱情感。因此，H2、H3 和 H4 成立，而 H1 没有得到支持。

方程式 3 验证了品牌利益的媒介作用。当品牌利益加入到方程式 3 中的时候，地位性消费（t 值从 13.762 减少到 6.001）和流行性消费（t 值从 7.347 减少到 2.996）都大幅减弱。

由此可知，由于这些结果满足巴伦和肯尼部分媒介的条件，所以品牌利益在炫耀性消费对品牌忠诚度的关系中，对地位性消费和流行性消费有着部分的媒介作用。换言之，地位性消费和流行性消费中的一部分消费者是通过所感受到的品牌利益而产生对品牌喜好的感情。而品牌性消费类型由于在方程式 1 中并没有显著影响，所以品牌利益也就对品牌消费没有任何媒介作用。因此 H6、H7 成立，而

H5 则没有得到支持。综合来看,炫耀性消费不同类型对品牌利益的影响,以及品牌利益在其关系之间的作用在连续的方程式中得以阐明。

六、研究结论

回归分析结果展示了旅游购物的炫耀性消费行为中,品牌性消费、地位性消费及流行性消费行为如何通过品牌利益最终形成品牌忠诚度的过程。设定的七个假设均建立在广泛文献研究的基础之上,数据来自有过名牌商品购买经历的旅游购物者。从回归分析的结果来看,其中五个假设都得到了支持。结果可在理论和实践层面进行讨论。

第一,很少有相关研究考虑到炫耀性消费、品牌利益和品牌忠诚度三者之间相互关系。以此,把市场营销中重要的三个概念集合成一个全面的、有效的行为模型是研究的目的。根据模型,不同类型的炫耀性消费者,会不同程度地对品牌所提供的利益有不同的反应,并且会进一步增加他们对品牌的忠诚度。

第二,不同类型的炫耀性消费对品牌利益及品牌忠诚度的相对影响力被认知。结果显示,地位性消费和流行性消费均会通过所购产品给予的利益最终形成品牌忠诚度,而品牌性消费则不会形成对品牌的忠诚度。这意味着旅游者在购物时会注意这些名牌奢侈品是否会提高自己的身份和这些商品是否会符合当下的潮流,但却不会特别区分选择某一个固定品牌。也就是说,他们不会区分香奈儿和路易威登在功能上有什么区别,而只是关心这些品牌是否会提高自己的身份和是否追随了当今的流行趋势。

因此对于从事奢侈品销售的旅游业者来说,市场营销策略制定的重点应该放在让顾客最大程度地感知到自己购买的商品是世界流行名牌,而不必费心向他们普及这些品牌的相关知识。因为他们也许对了解这些产品复杂的相关信息根本不感兴趣。从具体的销售手段来说,商品广告宣传的内容应突出这些名牌商品代表着一种身份和一种流行前沿。顾客购买这些产品的时候,店面的气氛、灯光、售货员的衣着和仪态都应给顾客不同于购买平常产品的购物体验和感知,以体现购物者的高贵身份。而在讲解产品的相关信息的时候,应首先讲解当今世界流行趋势的内容,着重强调这些产品正是引领世界潮流的品牌。当顾客认识到自己所要购买的商品代表着高贵身份和流行文化时,会形成对这些品牌的依赖,并产生多次的购买行为。

从具体影响力来看,地位性消费对品牌利益的形成有着最强的作用力($t=$

13.762，$\beta = 0.477$，$p < 0.001$），其次是流行性消费（$t = 7.347$，$\beta = 0.254$，$p < 0.001$）。因此，旅游市场的营销者应该明白地位性消费和流行性消费的相对重要性。换言之，营销中首当其冲的任务是要让顾客感受到一种身份的象征意义，其次才是流行趋势的感知。

第三，从媒介作用的类型来看，品牌利益对两种炫耀性购物类型（地位追求型和流行追求型）起着部分媒介的作用，对另外一种炫耀性购物类型（品牌追求型）没有媒介作用。这说明，尽管炫耀性消费在很大程度是通过品牌提供的利益实现对品牌的忠诚，但其本身对品牌忠诚也有直接的影响。也就是说，有些消费者由于其炫耀性购物的特性，虽然没有获取到品牌利益，但仍然会对品牌产生忠诚度。因此，营销者们应该认识到，通过大众媒体或是口口相传，引导个人的消费类型也不失为一种良好的营销策略。

案例来源：崔雪梅、孟波：《旅游炫耀性消费类型的实证分析》，《华南农业大学学报（社会科学版）》，2013 年第 2 期，第 96—101 页。

案例讨论

1. 旅游购物有哪些积极作用？
2. 炫耀性购物行为有何特点，如何分类？
3. 炫耀性购物行为的心理要素是什么？

案例点评

希尔顿饭店的服务质量标准

希尔顿饭店公司是世界公认的饭店业中的佼佼者。希尔顿饭店以优质的服务，严格而高效的管理和超群的经济效益在同行业中素享盛名。希尔顿饭店的宗旨是"为我们的顾客提供最好的住宿和服务"，"希尔顿就是殷勤服务"。无论是商务出行还是休闲度假，希尔顿饭店可以满足不同顾客的不同需求。希尔顿的品牌名称已成为"出色"的代名词了。

希尔顿服务标准是让每位客人：

得到迅速、准确和礼貌的预订确认服务。

受到酒店高效、整洁、专注、礼貌的门卫、行李员、接待员的问候,他们热情的微笑表达着真挚的欢迎。

感觉提供的膳宿服务干净、舒适,并很有吸引力。

一、服务效率标准

希尔顿指出,酒店服务是有时间性的,时间的长短反映了服务效率的高低。按照国际通行的做法,其服务效率的标准具体如下:

(一)餐厅服务

1. 客人等候点菜的时间——当客人步入餐厅就座以后,餐厅服务员最迟要在 2 分钟之内前来接待客人,为客人点菜。

2. 菜点服务到桌的时间——当客人点菜以后,客人点的第一道菜点要及时服务到桌,早餐 10 分钟,午、晚餐均为 15 分钟。

3. 清桌——客人就餐完了并离开餐桌,服务员要在 4 分钟之内完成清桌,并做到重新摆台。

4. 送餐服务——客人在客房内用电话点菜用餐,其菜点要及时送进客人的房间,早餐送餐服务为 25 分钟;午餐送餐服务为 30 分钟;晚餐送餐服务限定在 35 分钟之内。

(二)大堂酒吧(酒廊)服务

1. 客人在酒廊等候服务时间——客人在酒廊就座以后,服务员要在 30 秒之内前来为客人服务。

2. 客人酒水服务到桌的时间——在营业低峰时,客人的酒水(饮料)应在 3 分钟之内服务到桌;在营业高峰时要在 5 分钟之内服务到桌。

3. 酒廊餐台清桌——客人离开酒廊餐台后,要在 2 分钟之内完成清桌,并保持清洁,以便迎接新的客人入座。

(三)劳动强度及服务效果

1. 每位餐厅服务员每人每天要负责完成 40—50 名客人的点菜、送餐服务。

2. 引座员每小时负责引领 20—50 位客人入席进餐。

3. 调酒师每小时负责完成 5—6 位客人的鸡尾酒调制。

4. 餐厅厨师每小时要完成 6—12 位客人的菜点制作,每天要完成 40—60 位客人的菜点烹饪制作。

（四）客房服务

1. 客房服务员每人每天要负责整理 16—18 间客房（国际酒店业标准），酒店客房服务员每人每天负责整理 10—15 间客房（中国）。

2. 客房服务员整理 1 间客房的时间为 25—30 分钟，同时要达到整洁、舒适、方便、安全的标准。

3. 客人临时需要的浴巾、加床等额外服务，要在客人呼叫开始 10 分钟之内送进客人房间。

（五）工程维修服务

1. 客房维修：如果客人用电话通知前厅或电话总机室通知有关客房要维修的项目，工程维修人员要在 5 分钟之内到达客房维修地点。

2. 公共场所，如餐厅、会议厅等的维修项目：工程维修人员在接到维修电话或维修通知单后 15 分钟之内赶到维修地点，以便及时维修。

3. 会议设施布置：酒店多功能厅的使用也是经常的，特别是大小型研讨会、贸易洽谈会等。会议的一切安排、布局，如音响、灯光等，工程人员负责在会议开始前 1 小时全部安排好，保证会议效果。

（六）前厅服务

1. 客人在前厅服务台等候接待的时间：客人一旦步入前厅服务台，不管是办理迁入登记下榻还是有事问询，前厅服务台接待人员必须在 60 秒之内问候客人，欢迎客人的到来，否则便是缺乏服务礼节。

2. 客人办理迁入登记的时间：前厅服务台接待人员不仅要热情地为客人办理迁入下榻手续，而且要遵守服务效率时间，即为客人办理迁入手续所用时间限定为 2 分钟。

3. 客人迁出结账时间：为客人办理迁出结账及其收款手续限定高效率服务时间为 1 分钟。

4. 电话服务：客人往来酒店之间的电话交际，要在电话铃响 3 声之内接通，给予回答。总服务台必须有 24 小时的电话服务。

二、服务顾客的 15 个要点

在希尔顿饭店，关于如何成功地达到顾客满意效果，建立在以下 15 个关键点上，希尔顿曾在他的自传中提到这些要点，并且它们一直贯穿于希尔顿饭店的经营之中。

站在顾客的立场上考虑问题,你唯一的目标就是满足他们的一切需要;

记住你出售的不是商品、劳务,甚至效益,你出售的是价值;

顾客有其自身的价值观,如果你希望他们从你那里得到满意,你必须学会用他们的眼光来看待你的商品或服务;

如果在售后出现任何影响顾客获得至少是他们所预期的价值的因素,顾客就会觉得他们并没得到与他们的付出相当的回报,那就意味着你又多了一位对你不满意的顾客;

不满意顾客不仅不对企业构成威胁,而且还是个最好的机会;

有所要求的顾客才是你们公司要极力争取的对象,他们能否获得充足的满意感,是公司能否真正发展兴旺的关键;

如果你希望成功地处理好与不满意顾客之间的关系,那你该把工作重心放在顾客身上,而不该是在销售本身上;

善待你的职员,这样他们才能善待你的顾客;

只有顾客的满意和忠诚才是最基本的,除此之外,不存在其他方案;

以诚待客。当顾客较注重诚意时,你就该充分地向他表露你对这桩交易的诚意;

给顾客以意外的惊喜,要想把一位不满意顾客转变为满意顾客,必须在你原先所承诺的、但未提供的价值之外,附加一部分额外的价值给顾客;

要把每一个顾客都当做你长期的合作伙伴,而千万不能随意应付顾客;

给不满意顾客以适当的、充分的理由来和你做再次的交易;

制造、销售产品或提供劳务的全过程,必须遵循有助于提高顾客对你们公司的满意度和忠诚度的原则;

每一组织都有其自身的顾客群,只有那些能持续给顾客以满意感的公司才能真正兴旺发达起来,并能对其自身的发展充满信心。

如果你真正信奉希尔顿的"顾客是一笔长期投资"的信条,那以上15点将是你从事这项投资所必须遵循的、最基本的原则。

三、10条顾客服务原则

在下列的10条原则中,反映了希尔顿对酒店客户的基本认识,熟读并践行它们将对你所在的饭店提高服务水平有着重要的作用。

1. 与其他任何工作相比,首要的一条就是要学会帮助你的顾客。

2. 你必须牢记你站在这儿就是为了满足顾客的需要,而其他的一切原因则是次要的。

3. 顾客永远是对的,因为只有他们才知道自己是否已完全满意,是否已得到了与他们所付出的金钱相称的回报。

4. 当不满意的顾客给你寄来投诉信或打电话过来抱怨时,已表明他们未得到他们原本所期望的回报。

5. 顾客不满意不是麻烦,对你而言是一次挑战或一次机遇,他们并没有向其他人抱怨,而是给了你一次改正错误的机会。

6. 站在不满意顾客的立场上看待问题,并想想如果你处于他的立场,你会要求对方如何做。这样,你就能很好地变他们为满意顾客。

7. 如果出现了不满意顾客,仅给予他们你原来就已承诺的一切是远远不够的,你需另外附加一些利益以给他们一些惊喜。

8. 而那部分附加的利益则应刺激他们,使他们能转变为你的固定客源。

9. 当你接待不满意顾客时,你应该明白你是在挽留一名即将离去的顾客,而不是一笔即将失去的交易。

10. 要把顾客当做长期顾客来耐心热情地接待,应杜绝在接待顾客上的任何草率、轻视态度。

四、服务员的17条纪律

希尔顿指出,服务人员服务的好坏直接影响到顾客的感受,如服务得好,能够让顾客满意,这个客人会一再光顾,成为旅馆的常客;如服务得不好,让客人不满意,并不是代表某某服务员不好,而是代表旅馆服务不好,不久这位客人就不会再来住这一家旅馆了。所以服务人员本身应具备以下服务条件,才能胜任并愉快地工作。

服从主管的命令,上班时不可随便打瞌睡。

上班时间内严禁接见亲友及闲谈。

上班时间内严禁接听私人电话及打私人电话。

同事间不可发生金钱或物品上的借贷关系。

上班要守时,与同事相处要有信用,共同合作解决困难。

处理事情最好适当请教同事,不要独断独行。

保持旅馆内的整洁与幽静,维持正常的私生活,保持身心健康。

熟记同事和上司的名字,可以增进彼此之间的感情,增强彼此合作的力量。

不可因私人情绪不佳而影响自己的工作。

准时上下班,接班时应早到,接班人未到达时当班人不得离开工作岗位或先行下班。

交接班时应将未完成的工作或特别事项交代清楚。

电话留言、信件、电报等应随收随送,不得迟延,如遇房客不在时,应放置于房内容易看到的明显地方。

为客人递送信件、电报或找零钱,不得用手直接传送,应用小托盘递送。

服务员上班时,不应携带太多金钱。

每一位服务员上班前必须注意保持全身清洁、整齐,并亲切地为客人服务。

不得窥视客人的行动或窃听客人的谈话。

房内的纸质印刷物,除非放置垃圾篓内,不得任意抛弃,必须经过检查或请示客人后方可扫掉。

案例来源:陈志学:《饭店服务质量管理与案例解析》,中国旅游出版社2006年版。

点评:

国际著名饭店集团非常重视服务质量,并且制定了极其细致的服务标准,管理极其严格。案例中的希尔顿饭店在各个方面制定了严格的服务规范,从客人的实际需求出发,考虑了客人的心理感受,使客人感受到周到细微的服务。案例中的饭店管理者制定了服务标准、服务要点、服务原则、服务纪律,从顾客的心理需求出发,试图为顾客提供超值服务。

参考文献

[美]阿拉斯塔·莫里森著:《旅游服务营销》,朱虹等译,电子工业出版社 2004
  年版。

[美]查尔斯·R.戈尔德奈,布伦特·里奇,罗伯特·麦金托什著:《旅游业教程》,贾
  秀海译,大连理工大学出版社 2003 年版。

陈福义:《旅游心理学》,湖南大学出版社 2005 年版。

陈国权:《组织行为学》,清华大学出版社 2006 年版。

陈觉、何贤满:《餐饮管理经典案例及点评》,辽宁科学技术出版社 2005 年版。

陈觉:《餐饮经营失败与案例评析》,辽宁科学技术出版社 2007 年版。

陈琦:《旅游心理学》,北京大学出版社 2006 年版。

陈志学:《饭店服务质量管理与案例解析》,中国旅游出版社 2006 年版。

崔伶:《旅游心理学》,经济科学出版社 2008 年版。

杜炜:《旅游心理学》,旅游教育出版社 2005 年版。

甘朝有:《旅游心理学》,南开大学出版社 2001 年版。

高金城、舒静:《旅游心理学》,重庆大学出版社 2009 年版。

何丽芳:《酒店服务与管理案例分析》,广东省出版集团、广东经济出版社 2008
  年版。

胡林:《旅游心理学》,华南理工大学出版社 2005 年版。

江林:《消费者行为学》,首都经济贸易大学出版社2002年版。

金盛华:《社会心理学》,高等教育出版社2006年版。

李长秋:《旅游心理学》,郑州大学出版社2006年版。

李琛:《北京市女性休闲行为特征研究》,载宁泽群、王兵:《现代休闲方式与旅游发展》,中国旅游出版社2007年版。

李国宁:《旅游心理学》,中国劳动社会保障出版社2009年版。

李昕、李晴:《旅游心理学基础》,清华大学出版社2006年版。

李雪冬:《旅游心理学》,南开大学出版社2008年版。

李祝舜:《旅游心理学》,高等教育出版社2002年版。

梁建宁:《心理学导论》,上海教育出版社2007年版。

林崇德:《管理心理学》,人民教育出版社2006年版。

刘纯:《旅游心理学》,科学出版社2004年版。

刘纯:《旅游心理学(第二版)》,高等教育出版社2005年版。

吕勤:《旅游心理学导论》,重庆大学出版社2007年版。

麻益军、卢爱英:《旅游心理原理与实务》,旅游教育出版社2009年版。

马莹:《旅游心理学》,中国旅游出版社2007年版。

马勇、刘名俭:《旅游市场营销管理》,东北财经大学出版社2003年版。

宁泽群、王兵:《现代休闲方式与旅游发展》,中国旅游出版社2007年版。

乔修业:《旅游美学》,南开大学出版社2001年版。

秦明:《旅游心理学》,北京大学出版社2005年版。

邱扶东:《旅游心理学》,立信会计出版社2003年版。

沈祖祥:《旅游心理学》,福建人民出版社2009年版。

苏立、侯爽:《旅游心理学》,电子工业出版社2008年版。

苏勇、何智美:《现代组织行为学》,清华大学出本社2007年版。

孙喜林:《旅游心理学》,东北财经大学出版社2004年版。

王婉飞:《旅游心理学》,浙江大学出版社2006年版。

王玮:《北京娱乐性主题公园国内游客消费行为分析》,载宁泽群、王兵:《现代休闲方式与旅游发展》,中国旅游出版社2007年版。

吴必虎、伍佳:《杭州市本地居民休闲游憩行为与偏好研究》,载宁泽群、王兵:《现代休闲方式与旅游发展》,中国旅游出版社2007年版。

吴正平、阎纲:《旅游心理学》,旅游教育出版社2003年版。

谢彦君：《基础旅游学》，中国旅游出版社 2004 年版。

徐文燕、赵艳辉：《旅游心理学》，中国科学技术出版社 2008 年版。

薛群慧：《旅游心理学：理论案例》，南开大学出版社 2008 年版。

薛群慧：《现代旅游心理学》，科学出版社 2005 年版。

阎纲：《导游实操多维心理分析案例 100》，广东旅游出版社 2003 年版。

杨哲昆：《旅游公共关系学》，东北财经大学出版社 2005 年版。

叶伯平：《旅游心理学》，清华大学出版社 2009 年版。

[英]约翰·斯沃布鲁克，苏珊·霍纳：《旅游消费者行为学》，俞惠君、张鸥、漆小燕
　　译，电子工业出版社 2004 年版。

曾力生：《旅游心理学》，中南大学出版社 2005 年版。

曾郁娟：《餐饮消费心理分析》，广州出版社 2004 年版。

张国宪：《旅游心理学》，合肥工业大学出版社 2008 年版。

张京鹏：《旅游心理学》，科学出版社 2005 年版。

张树夫：《旅游心理学》，高等教育出版社 2001 年版。

张贤平：《旅游广告的奥秘》，广东经济出版社 2004 年版。

章海荣：《旅游美学导论》，清华大学出版社、北京交通大学出版社 2006 年版。

赵淑去：《旅游心理学》，安徽大学出版社 2009 年版。

周静莉：《旅游心理学》，电子工业出版社 2008 年版。

庄静：《旅游心理服务与技巧》，中国劳动社会保障出版社 2009 年版。

邹统钎：《旅游景区开发与经营经典案例》，旅游教育出版社 2003 年版。

白凯、马耀峰、游旭群：《基于旅游者行为研究的旅游感知和旅游认知概念》，《旅游
　　科学》，2008 年第 1 期。

范钧、杨丽钗：《服务消费情境中的顾客心理契约形成机制研究》，《江苏商论》，2009
　　年第 2 期。

郭英之：《旅游感知形象研究综述》，《经济地理》，2003 年第 20 期。

胡华、宋保平、马耀峰：《基于旅游者个性差异的旅游购物感知风险研究》，《统计与
　　决策》，2009 年第 14 期。

胡绿俊、文军：《乡村旅游者旅游动机研究》，《商业研究》，2009 年第 2 期。

李小亮、刘新平：《基于聚类分析和对应分析的旅游动机行为模式》，《重庆工商大学
　　学报（自然科学版）》，2008 年第 4 期。

刘睿、李星明：《老年群体旅游心理类型与特征分析》，《旅游论坛》，2009 年第 2 期。

刘焰:《旅游心理承载力:决定因素及计量模型》,《上海经济研究》,2003 年第 2 期。

罗建基、周桂林、蒋乐琪:《国内游客旅游地感知研究综述》,《长江大学学报(社会科学版)》,2009 年第 1 期。

毛道云:《新一代旅游者的旅游感知及行为研究》,《商场现代化》,2009 年第 3 期。

粟路军、黄福才:《城市居民乡村旅游满意度的实证研究——以长沙市为例》,《旅游科学》,2009 年第 8 期。

王恩旭、武春友:《旅游满意度模糊综合评价研究——以大连为例》,《旅游论坛》,2009 年第 5 期。

徐绍玲、司觅、司双双:《国内游客年龄特征与旅游动机相关性浅析》,《技术与市场》,2009 年第 7 期。

薛会娟:《旅游者对旅游地感知场的形成机制探析》,《桂林旅游高等专科学校学报》,2007 年第 3 期。

晏鲤波:《中国旅游心理研究二十年述评》,《旅游科学》,2004 年第 3 期。

张宏梅、陆林:《近 10 年国外旅游动机研究综述》,《地域研究与开发》,2005 年第 2 期。

张宏梅、陆林:《跨文化旅游态度和行为研究:技术、方法和启示》,《旅游学刊》,2009 年第 8 期。

张理华:《内地游客香港购物的行为心理探析》,《地域研究与开发》,2007 年第 10 期。

赵玉宗、李东和、黄明丽:《国外旅游地居民旅游感知和态度研究综述》,《旅游学刊》,2005 年第 4 期。

修订后记

　　本书作为高等院校旅游管理专业课程通用教材,于 2010 年 5 月出版了第一版,在编写过程中充分考虑了旅游管理专业的应用性和实践性,在参考国内外有关教材和理论文献的基础上,依据心理学的基本原理,结合旅游活动中涉及的旅游消费心理、旅游服务心理及旅游管理心理的实际问题,试图将最新的心理学理论研究成果与旅游活动实践相结合,将旅游心理学研究领域的前沿问题融入本教材之中。

　　本书再版过程中,在广泛征询教材使用单位、学生、教师、有关专家学者,以及出版社编辑等多方面宝贵意见的基础上,结合旅游心理学、旅游消费者行为学的最新理论研究成果及实践热点问题,编著者进行了认真修订,更新了部分陈旧的资料,改正了部分文字错误。同时,保持了教材原有的应用特色,在原有章节不变的基础上,将部分章节中陈旧的案例做了更新,更新后的案例更加贴近旅游发展的实际,又体现了学术研究特点。

　　由于编著者研究视角的局限,书中难免有不当叙述及错误之处,敬请专家学者及使用者联系编著者(xwy1965@163.com),批评指正。

徐文燕

2014 年 12 月

图书在版编目(CIP)数据

旅游心理学原理与应用/徐文燕主编.—2 版.
—上海:格致出版社:上海人民出版社,2015.2(2018.8 重印)
高等院校旅游学科 21 世纪规划教材
ISBN 978 - 7 - 5432 - 2471 - 1

Ⅰ.①旅…　Ⅱ.①徐…　Ⅲ.①旅游心理学-高等学校-
教材　Ⅳ.①F590

中国版本图书馆 CIP 数据核字(2015)第 021868 号

责任编辑　王亚丽　裴乾坤
装帧设计　路　静

高等院校旅游学科 21 世纪规划教材
旅游心理学原理与应用(第二版)
徐文燕 编著

出　　版	格致出版社	
	上海人 & 大 版 社	
	(200001　上海福建中路 193 号)	
发　　行	上海人民出版社发行中心	
印　　刷	上海商务联西印刷有限公司	
开　　本	787×1092　1/16	
印　　张	16.75	
插　　页	1	
字　　数	278,000	
版　　次	2015 年 2 月第 1 版	
印　　次	2018 年 8 月第 3 次印刷	
ISBN 978 - 7 - 5432 - 2471 - 1/F・802		
定　　价	36.00 元	